Les criminels dangereux

Comité International des Pénalistes Francophones

La présente collection se destine à la publication des travaux du Comité des Pénalistes francophones. Elle comprend notamment les actes des congrès internationaux organisés par le Comité.

Sous la direction de
Jean-Paul CÉRÉ et Piotr STĘPNIAK

Les criminels dangereux

L'Harmattan

5-7, rue de l'École-Polytechnique, 75005 Paris
http://www.editions-harmattan.fr
ISBN : 978-2-343-21518-1
EAN : 9782343215181

Avant-Propos

L'ouvrage collectif présenté sous le titre « Les criminels dangereux » est le fruit des activités du Comité International des Pénalistes Francophones et représente les actes du Ve congrès international dudit comité.

La problématique du crime et des criminels dangereux a pris une importance considérable au cours des dernières décennies. De nombreux facteurs l'expliquent. Parmi eux il faut mentionner une nette augmentation du nombre des infractions les plus graves, en particulier les infractions relevant de la criminalité organisée et du terrorisme, ainsi que les infractions sexuelles, liées aux stupéfiants, et la traite des êtres humains. En raison de cette tendance, de plus en plus de pays en Europe et dans le monde cherchent à répondre à la menace croissante de ce type de criminalité et à protéger leurs sociétés contre les criminels dangereux. Tous ne sont pas touchés de la même manière, néanmoins, les criminels dangereux sont un problème mondial croissant. Un des effets de sa montée en puissance est le renforcement de l'idéologie de la peur sans frontières et de la société du risque. Dans un tel contexte, les Etats doivent prendre des mesures efficaces pour limiter autant que possible l'impact de la criminalité dangereuse.

C'est pourquoi lors du quatrième congrès qui s'est tenu en septembre 2017 à Rio de Janeiro, il a été décidé d'organiser le 5e Congrès en Pologne, à Poznan, sous la responsabilité du professeur Piotr Stepniak. L'organisation a été entreprise par l'Université Adam Mickiewicz de Poznan en coopération avec l'Université de Gdansk. Le président de la ville de Poznań a accepté le patronage honoraire du Congrès. Ceci est la marque de l'importance du sujet traité. Ce congrès s'est déroulé les 10 et 11 octobre 2019 à Poznan à l'Aula représentative de Lubrański de l'Université Adam Mickiewicz de Poznan, ainsi que dans la salle du Conseil de la Faculté des Études Éducatives de cette Université.

La problématique du 5e Congrès découle du titre retenu : "Criminels dangereux". Il s'agit d'une catégorie spéciale d'individus entrant en conflit avec le droit pénal. Dans la politique criminelle et la législation de divers pays du monde, ces individus se distinguent des autres criminels en raison de la menace particulièrement élevée qu'ils représentent pour la sécurité publique et pénitentiaire. La prise en charge de ces détenus nécessite l'utilisation de systèmes de sécurité spéciaux ainsi que des traitements appropriés. Ils représentent un état de dangerosité qui, il y a plusieurs décennies, était parfaitement décrit par le criminologue français Jean Pinatel.

Cet ouvrage collectif comprend des expertises et des études permettant de mesurer la complexité du phénomène de la criminalité dangereuse, en montrant ses spécificités, ainsi que sa structure, sa dynamique et une tendance au développement dans divers pays du monde. Il fait la part belle aux interventions d'éminents spécialistes de 8 pays, à savoir la France, l'Espagne, la Bulgarie, le Canada, l'Argentine, le Brésil, le Maroc et la Turquie, ainsi que des experts et des praticiens polonais, y compris la direction de l'Administration Pénitentiaire et le tribunal régional de Poznan. L'ouvrage recouvre plusieurs aspects fondamentaux.

1. Le concept de criminel dangereux autour de sa genèse, sa portée et sa signification dans la politique criminelle et les systèmes juridiques. Dans ce cadre, il convient de souligner l'étude de Philippe Nélidoff sur « Le criminel dangereux dans l'ancien droit pénal français » ; de Wojciech Zalewski sur le « Criminel endurci : retour d'une idée, moyens et méthodes d'influence » ou encore de Eylem Aksoy Retornaz sur « La notion de criminel dangereux en droit pénal turc ».

2. Les solutions juridiques concernant les criminels et les détenus dangereux au travers des contributions de : José Luis de la Cuesta sur « le Traitement pénal et pénitentiaire des délinquants dangereux en Espagne » ;Tomasz Kalisz sur « Les détenus dangereux dans le système pénitentiaire polonais » ; Adam Kwieciński sur le « Traitement des auteurs d'infractions pénales sexuelles graves dans le système juridique et pénal polonais » ; Tarsis Barreto Oliveira sur « Le régime disciplinaire différencié et le traitement pénal des criminels dangereux au Brésil » ; Simon Roy sur « Le régime juridique applicable aux délinquants dangereux en droit pénal canadien » ; Ognyan Velev sur « Les criminels dangereux en droit bulgare » ; Jean Pradel sur « l'octroi d'avantages pénitentiaires aux criminels repentis » et Paulina Perska-Gradowska sur « Les droits et devoirs des prisonniers dangereux et les normes internationales ».

3. La notion et la conception de la dangerosité d'un criminel autour des études de Philippe Bonfils sur « La dangerosité et les grands

principes du droit pénal » et ceux de Muriel Giacopelli sur « La dangerosité pénitentiaire ».

4. La Casuistique et l'étude du phénomène des criminels dangereux à l'aune du texte de Mohamed Jaouhar intitulé « Criminels dangereux par meurtres multiples et traitement judiciaire. Étude analytique d'un cas marocain ».

5. La complexité de problèmes liés aux détenus dangereux au sein des institutions et systèmes pénitentiaires d'après les contributions de Piotr Stępniak concernant les « Détenus dangereux – de l'isolement carcéral renforcé à la perspective de réinsertion sociale » ; de Gustavo Garibaldi sur le « Classement des personnes détenues selon leur dangerosité. Incidence sur l'exercice de leurs droits au cours de la détention » et de Włodzimierz Markiewicz sur les « Prisonniers « dangereux ». Les aspects juridiques choisis et problèmes pénitentiaires ».

Le dénominateur commun de ces contributions, au travers d'une approche juridique, politique et sociale, fait apparaître une tentative de caractérisation du criminel et du détenu dangereux et permet de sérier les mesures utilisées dans de nombreux pays pour assurer la sécurité publique. L'observation et l'analyse des législations nationales sous couvert de la prise en compte d'une dimension régionale, voire mondiale laisse transparaître une certaine similarité des réponses apportées dans le domaine du traitement des criminels et des détenus dangereux. Pour autant, certains pays limitent radicalement la portée des libertés laissées au délinquant en cas d'emprisonnement lors de l'application de régimes de sécurité renforcés, ce qui pose la question de la conformité de ces solutions avec les droits de l'homme. Il subsiste au final la nécessité cruciale et incontournable de prendre des mesures adaptées au niveau croissant de menace de criminalité dangereuse afin de contrôler son ampleur et d'endiguer un phénomène universel.

Jean-Paul Céré

Piotr Stępniak

Les auteurs

Eylem Aksoy Retornaz, Université de Galatasaray (Turquie)

Tarsis Barreto Oliveira, Université Fédérale de Tocantins et Université d'Etat de Tocantins (Brésil)

Philippe Bonfils, Université d'Aix-Marseille (France)

Jose Luis de la Cuesta, Université du Pays Basque (San Sebastian, Espagne)

Gustavo Garibaldi, Université de Buenos Aires (Argentine)

Muriel Giacopelli, Université d'Aix-Marseille (France)

Mohamed Jaouhar, Université Hassan II de Casablanca (Maroc)

Tomasz Kalisz, Université de Wroclaw (Pologne)

Adam Kwieciński, Université de Wroclaw (Pologne)

Włodzimierz Markiewicz, Université Adam Mickiewicz (Poznań, Pologne)

Philippe Nelidoff, Université de Toulouse (France)

Paulina Perska-Gradowska, Université Adam Mickiewicz (Pologne)

Jean Pradel, Université de Poitiers (France)

Simon Roy, Université de Sherbrooke (Québec, Canada)

Piotr Stępniak, Université Adam Mickiewicz (Pologne)

Ognyan Velev, Université de Roussé (Bulgarie)

Wojciech Zalewski, Université de Gdańsk (Pologne)

Le criminel dangereux dans l'ancien droit pénal français

Philippe Nélidoff

Doyen de la Faculté de droit et science politique
Université Toulouse Capitole (France)

Ce cinquième Congrès international des pénalistes francophones qui nous réunit dans votre belle et prestigieuse Université de Poznan est l'occasion pour moi de renouer avec des recherches entreprises dès avant ma thèse dans le domaine de l'histoire du droit pénal et de la pensée pénale avant la Révolution française[1]. Je suis donc heureux de reprendre ses anciennes recherches et honoré de rejoindre le groupe très uni des pénalistes francophones dont je salue le désir d'ouverture à la dimension historique.

Le sujet que j'ai proposé, il y a quelques semaines, à notre ami, le Pr Piotr Stepniak, autour d'une approche historique de la notion de criminel dangereux dans l'ancien droit français s'est avéré rapidement quelque peu téméraire. En effet, l'ancien droit pénal français, celui des ordonnances, des traités des anciens juristes et de la pratique judiciaire s'intéresse essentiellement au crime et non au criminel, même si, contrairement à une première conception matérielle du crime, un certain nombre d'éléments psychologiques ont fait l'objet d'une progressive prise en compte, en raison de l'approche morale des théologiens qui a influencé celle des canonistes[2].

---

[1]Philippe NELIDOFF, *La philosophie pénale au XVIIIe siècle,* Sous la direction du Pr Gabriel Roujou de Boubée, Mémoire pour le Diplôme d'Etudes Approfondie en droit pénal et science criminelle, Université des Sciences sociales de Toulouse, 1986, 69 p.

[2] Nous avons plaisir à rappeler ici la mémoire et la réflexion de notre ancien professeur de droit pénal et procédure pénale à Toulouse, la professeur Roger MERLE, *La pénitence et la peine, Théologie-Droit canonique-Droit pénal,* Paris, Edition du Cerf, Edition Cujas, Collection Ethique et Société, Essai, 1985.

La première impression générale est donc celle de « la pauvreté de la doctrine pénale (qui) est d'ailleurs significative de l'indifférence des (anciens) juristes au ... au sort individuel des délinquants [3]». Tout au plus, se réfèrent-ils à la distinction classique entre grand criminel et petit criminel, indiquant qu'au palais, le grand criminel concerne les affaires qui sont instruites à l'extraordinaire et peuvent entrainer des peines afflictives relevant de la chambre criminelle ou tournelle des parlements alors que le petit criminel relève de la chambre des enquêtes, les affaires de moindre importance étant sanctionnées par des amendes et des réparations au profit des victimes[4].

Toutefois, il faut indiquer que les sources de la philosophie pénale ou de ce qui en tient lieu, car les anciens juristes s'intéressent surtout aux questions de procédure, sont liées aux conceptions religieuses chrétiennes et invitent à un questionnement entre péché et délit, peine et pénitence, pardon et réconciliation. D'où une deuxième impression liée à cet arrière-plan plus moral et religieux que l'on aurait tort de négliger et qui est propice à la réflexion.

Entrant plus avant dans une approche historique du sujet, nous laisserons de côté la question de la date de naissance de la criminologie qui a souvent été posée[5]. On peut se référer certainement à une période comprise entre le premier tiers et le dernier quart du XIXe siècle, période qui est celle des premières études à prétention scientifique du côté de la psychiatrie, de la statistique et de la sociologie, avec également des études portant sur les prisons et le système pénitentiaire et surtout, les plus connues, celles de l'Ecole positiviste italienne de la fin du XIXe siècle avec Lombroso[6], Ferri ou Garofalo. On pourrait également se référer à la création, encore plus

---

[3] *Ibidem*, p.70.

[4] Voir en ce sens : Claude-Joseph de FERRIERE, Dictionnaire de droit et de pratique concernant l'explication des termes de droit, ordonnances, de coutumes et de Pratique avec les juridictions de France, Paris, Chez Briar et fils, 1740, Tome 1, p. 584 ; Jean-Baptiste DENISART, Collection de décisions nouvelles et de notions relatives à la jurisprudence actuelle, Paris, première édition 1754-1756), neuvième édition, 1775, Tome 1, p. 585.

[5] Nous renvoyons en particulier à Christian DEBUYST, Françoise DIGNEFFE, Jean-Michel LABADIE et Alvaro P. PIRES, *Histoire des savoirs sur le crime et la peine, Tome 1, Des savoirs diffus a à la notion de criminel-né,* Larcier, Crimen, 2008, p. 38-48.

[6] Cesare LOMBROSO (1835-1909), *L'homme criminel*, 1876.

tardive, de véritables enseignements de criminologie dans nos différents pays.

Malgré toutes ces difficultés qui sont indéniables, nous pensons qu'il n'est pas inutile de remonter plus haut, l'histoire du droit pénal nous invitant à solliciter une approche classique de la question qui n'ignore pas les anciens juristes. De ce point de vue, il faut centrer l'étude sur le dernier siècle (*lato sensu*) de l'ancien droit pénal entre le règne de Louis XIV et la période qui a immédiatement précédé la Révolution. La référence majeure est ici la grande ordonnance sur la procédure criminelle de 1670. Il convient donc de présenter d'abord les conceptions classiques (I), au plan des principes en les confrontant à leur application concrète, et rappeler ainsi les conceptions admises durant des siècles. Celles-ci seront mises en cause, avec plus ou moins de succès dans la seconde moitié du XVIIIe siècle, autour des idées de Beccaria qui incarne le courant de la philosophie des Lumières appliquée au droit pénal et à la procédure criminelle (II), période de débats et de confrontation, surtout entre 1748 qui est l'année de *L'Esprit des lois* et les années 1780 qui sont marquées par de grandes réformes royales françaises inspirées par les idées nouvelles.

I. Les idées classiques

Pour avoir une idée des conceptions classiques, il faut interroger les sources juridiques du XVIIIe siècle. On peut consulter en particulier le *Traité des matières criminelles* de Rousseaud de La Combe[7], le *Dictionnaire* de Ferrière[8], la *Collection* de Denisart[9], le *Nouveau commentaire sur l'ordonnance de 1670* et le *Traité de la justice*

---

[7] Guy du ROUSSEAUD de LA COMBE (mort en1749), *Traité des matières criminelles*, 1ère édition,1732 ou 1741, 6e édition, 1769.

[8] Claude de FERRIERE (1639-1715), Dictionnaire de droit et de pratique contenant l'explication des termes de droit, ordonnances, coutumes et de Pratique avec les juridictions de France, Paris, chez Briar et fils, Tome 1, 1734. L'ouvrage reprend une œuvre parue en 1684 sous le titre : Introduction à lapratique. Son fils Claude-Joseph de FERRIERE (1666-1747 ou 1748) a complété et refondu l'œuvre de son père.

[9] Jean-Baptiste DENISART (1713-1765), *Collection de décisions nouvelles et de notions relatives à la jurisprudence actuelle,* 3 volumes, Paris,1754-1756, 6 volumes, 1768 en 3 volumes.

criminelle en France de Jousse[10], le *Traité* (posthume) de Pothier sur la procédure criminelle[11], *Les Institutes au droitcriminel* ainsi que les *Lois criminelles* de Muyart de Vouglans[12] et le *Répertoire* de Guyot[13].

A parcourir cette littérature juridique, on mesure combien l'ancien droit pénal a fait l'objet d'une grande continuité à travers les siècles, à la fois par révérence pour le passé, souvent assimilé à un âge d'or, et aussi, parce que, les mentalités de l'époque placent au premier plan, non pas les notions de prévention, de réinsertion sociale ou de resocialisation mais, à côté de l'amendement du coupable, les impératifs de la punition, celle infligée par l'Etat se substituant, non sans mal, à la vengeance privée, du châtiment du coupable et de l'exemplarité de la peine, de manière à intimider les méchants pour les dissuader de passer à l'acte. C'est donc la notion d'intérêt public, d'ordre public et la préservation de la société, parfois le retranchement ou la stigmatisation physique de ses membres dangereux considérés comme perturbateurs qui constituent les priorités, avant tout autre considération.

Il n'est, pour s'en convaincre, que de rappeler les définitions que l'on trouve chez nos anciens criminalistes. Pour Ferrière, le crime est « un fait défendu par la loi qui blesse directement l'intérêt public et qui est commis par dol ». Denisart considère que le crime est « tout ce qui est fait contre la défense des lois et tout ce qui blesse l'intérêt public, soit directement, soit indirectement ». Guyot définit le crime comme « une action méchante qui blesse directement l'intérêt public ou les droits des citoyens ». A propos de la punition des crimes, Guyot poursuit : « On punit un crime tant pour empêcher le coupable d'en commettre de nouveaux, que pour contenir par la terreur des châtiments ceux qui seraient disposés à se rendre criminels comme lui. On peut donc dire que la punition du crime est une vengeance

---

[10] Daniel JOUSSE (1704-1781), *Nouveau commentaire sur l'ordonnance du mois d'août 1670*, Paris, 1753, Traité de la justice criminelle, 1771.

[11] Robert-Joseph POTHIER (1699-1772), Traité de la procédure criminelle, 1778.

[12] Pierre-François MUYART de VOUGLANS (1713-1791), Institutes au droit criminel (1757), Les lois criminelles dans leur ordre naturel (1780).

[13] Joseph-Nicolas GUYOT (1728-1816), *Répertoire universel et raisonné de jurisprudence civile, criminelle, canonique et bénéficiale,* Paris, Vissé, 1784-1785 en 17 volumes continué par MERLIN de DOUAI.

publique que la loi veut qu'on tire du criminel »[14]. On voit donc nettement que pour nos anciens auteurs, le crime repose à la fois sur le non-respect de la loi, le dol, la violation de l'intérêt public.

Il faut également souligner, comme le relevait Adhémar Esmein que, par rapport aux ordonnances précédentes, et en particulier à celles de Blois de mars 1498 et d'août 1539 sur le fait de la justice, l'ordonnance criminelle de 1670 a été « plutôt bienfaisante que rigoureuse ». Jusqu'au milieu du XVIIIe siècle au moins, un certain nombre de notions, de classifications apparaissaient naturelles aux anciens juristes, héritiers d'une longue tradition qui allie la réflexion à la pratique. Elles nous surprennent, aujourd'hui par leur rigorisme à l'égard de l'accusé, eu égard à nos mentalités contemporaines, ainsi le système des preuves légales, le caractère secret des procédures, le principe des peines laissées à l'arbitrage du juge, le recours à la question, l'absence d'avocat, la non motivation des jugements ou la grande diversité des modes d'exécution de la peine de mort ou des peines corporelles.

C'est surtout le caractère spectaculaire de la justice criminelle, « l'éclat des supplices » qui retient l'attention et spécialement les peines corporelles. Dans son *Dictionnaire*, Claude-Joseph de Ferrière considère que, même si la peine capitale englobe aussi la condamnation aux galères perpétuelles ou l'exil perpétuel hors du royaume, à proprement parler, par peine capitale, on entend la peine de mort. Elle s'exécute de différentes manières : pendaison, décapitation, roue, bûcher, suivant la nature du crime dont un criminel est convaincu ou suivant la qualité des personnes car les nobles en France sont décapités, à moins que l'énormité de leur crime ne les fasse déchoir de ce privilège. La potence est la peine ordinaire du vol avec effraction ou du vol domestique. La roue est la peine de l'assassinat et des vols faits sur les grands chemins. Le feu est celle des impiétés, des sacrilèges et du poison »[15]. La peine non capitale est celle qui ne fait perdre ni la vie naturelle, ni la vie civile, comme la fustigation, l'amputation des mains, l'application de la marque publique sur les épaules, la condamnation au carcan, la condamnation aux galères au-dessous de dix ans ».

---

[14] *Ibidem*, p. 172.

[15] Claude - Joseph de FERRIERE, Dictionnaire, *op. cit.*, p. 465-472.

Traditionnellement, les personnes de condition noble ne subissent pas de peines corporelles. Si, « en crime qui mérite la mort », les nobles sont décapités et non pendus, sauf le cas des crimes atroces, ils doivent être plus sévèrement punis, selon Loyseau en matière de trahison, larcin, parjure, fausseté qui sont jugés comme des délits incompatibles avec l'état de noblesse. A l'époque moderne, on constate une plus grande indulgence à l'égard des nobles qui s'ajoute aux privilèges de compétence juridictionnelle[16] et à une moindre utilisation de la question à l'égard des nobles.

Dans son *Dictionnaire de droit et de pratique*, Claude-Joseph de Ferrrière pense que « le juge doit considérer trois choses à l'égard de la personne du criminel. La première est le sexe, car le juge doit modérer la rigueur des peines à l'égard des femmes, d'autant qu'elles sont de nature faibles et fragiles ». La deuxième est l'âge. « Quoique les impubères soient punissables quand ils ont délinqué, ils doivent être punis de peines moins rigoureuses quand ils sont encore dans une extrême jeunesse. La troisième est la qualité du criminel, car les personnes de basse condition sont ordinairement appliquées à des supplices plus rigoureux que celles d'une condition honnête et relevée »[17].

Ferrière ajoute qu'il faut que le juge « ait toujours en vue de suivre le parti de la douceur dans les crimes légers et celui d'une sévérité modérée dans les crimes. (Il) ne doit jamais imposer une peine à un accusé qu'il ne soit entrainé à le faire par des raisons évidentes qui lui fassent voir que l'accusé est coupable. Ainsi dans le doute, non seulement il doit retenir son glaive en suspens, mais il le doit renvoyer »[18].

Il est nécessaire de confronter les conceptions des criminalistes à la pratique judiciaire. A cet égard, on constate que ces peines sévères

---

[16] Paul d'ARGAIGNON, La condition juridique de la noblesse gasconne (1550-1790), Thèse droit sous ma direction, Université Toulouse Capitole, 2019. Se reporter également à André LAINGUI, La responsabilité pénale dans l'Ancien droit pénal (XVIe-XVIIIe siècles), Paris LGDJ, 1970, p21, note 84 ; Jean-Marie CARBASSE, Histoire du droit pénal et de la justice criminelle, Paris, PUF, 2014, p. 269-270.

[17] Claude-Joseph de Ferrière, Dictionnaire de droit et de pratique, *Op. cit.*, p. 465-472.

[18] Ibidem.

sont effectivement prononcées et exécutées, de manière publique[19] comme le confirme la thèse de Claire Stivanin-Faure, consacrée à la justice criminelle des capitouls de Toulouse[20] dans laquelle nous puisons les exemples qui suivent. En annexe de cette thèse se trouve un tableau[21] qui recense les crimes rapportés dans les *Annales* manuscrites des capitouls. Si l'on s'en tient à la période comprise entre l'ordonnance criminelle de 1670 et la Révolution française, l'auteur recense près de 70 cas au moins de peines de mort prononcées par les capitouls. Ces peines sont confirmées par le parlement dans au moins 38 cas, décompte qui est difficile à faire de manière exacte car on ne dispose pas toujours de l'arrêt rendu en appel par le parlement. Il faut d'ailleurs souligner que le maintien de la justice criminelle des capitouls à Toulouse se fait au prix d'un alignement de cette justice municipale sur la justice royale, d'où un taux de confirmation en appel important. De manière majoritaire, dans les cas recensés, lorsque le parlement ne confirme pas la sentence capitale des capitouls, il diminue la peine : ainsi par exemple le prononcé de la peine du fouet et les galères pour quatre ans au lieu de la pendaison pour concussion (1677), les galères perpétuelles au lieu de la décapitation pour menaces de mort et violences avec entrée par effraction et flagrant délit (1677), les galères perpétuelles au lieu de la peine de mort pour vols nocturnes et recels (1696), les galères au lieu de la pendaison pour vol de jour sur grand chemin (1705), la seule mutilation du poing au lieu de la mutilation suivie de pendaison pour violence d'un mari à l'égard de son épouse (1716), le fouet et les galères perpétuelles au lieu de la pendaison pour vols (1721), l'amende honorable, fouet sur le lieu du délit, galères pour dix ans et marque GAL au lieu de la pendaison pour vol nocturne avec effraction (1732), les galères perpétuelles au lieu de la pendaison pour vol commis par un

---

[19] Pour Toulouse, se reporter au témoignage de Pierre BARTHES, Les heures perdues de Pierre Barthès, répétiteur en Toulouse ou recueil des choses dignes d'être transmises à la postérité, arrivées en cette ville ou près d'icy, manuscrit, 1737-1738.

[20] Claire STIVANIN – FAURE, *La justice criminelle des capitouls de Toulouse (1566-1789)*, Sous ma direction, Thèse pour le doctorat en droit, Université Toulouse Capitole, 2015. Prix Cujas de l'Institut Fédératif de la Recherche (2015) et Prix Ourliac de l'Académie de législation (2016).

[21] *Ibidem*, p. 456 à 513. Ces tableaux précisent la source avec l'année de commission de l'infraction, le prénom et le nom du criminel, la qualification du crime, les circonstances matérielles du crime, divers éléments du crime tels que le nom de la victime, le lieu de l'infraction, la sentence des capitouls et la décision de confirmation ou d'infirmation du parlement.

domestique, question ordinaire et extraordinaire, galères perpétuelles au lieu de rompu vif, claie, pendaison et jeté à la voirie (1742), simple pendaison au lieu de la peine de la roue pour assassinat (1770). Plus rarement, le parlement aggrave la peine : pendaison au lieu d'amende honorable et bannissement pour cinq ans pour vols et recels (1702), galères perpétuelles au lieu de galères à temps pour un attroupement de laquais contre un avocat général (1717), vol avec récidive sur des objets de faible valeur : galères perpétuelles réformées en galères pour cinq ans et marque V (1729), galères pour dix ans au lieu de bannissement pour le vol d'un cheval (1730), rompu préalablement à la pendaison et appliqué à la question au lieu de pendaison pour vol sacrilège (1734), question ordinaire et extraordinaire au lieu de simple pendaison (1743), peine de mort portant un cartel « receleur public » au lieu de galères perpétuelles (1747).

Le caractère spectaculaire de la justice criminelle s'exprime de différentes manières : le vol avec pistolet du courrier est puni de la roue devant le bureau des courriers (1676). Le supplice de la roue (vif) est encore infligé à l'auteur d'un meurtre fratricide (1730). Le vol, surtout commis avec circonstances aggravantes (vol par un domestique, vol nocturne, vol avec effraction, avec port d'armes) est puni de mort par pendaison ou roue en 1681, 1753. Des vols nocturnes et recels sont punis de peine de mort, galères perpétuelles, amende honorable et fouet (1696). Un vol d'argent et bijoux de plus de 6000 livres, commis avec effraction, est puni de pendaison (1698). Un voleur de profession et assassin est condamné à la roue vif, le cadavre découpé en deux et placé dans deux sacs jetés dans le puits des Pénitents blancs (1715). Les galères perpétuelles sont infligées à l'auteur d'un vol nocturne chez un conseiller au parlement (1754). Le vol d'habits et de linge à son maitre par un domestique entraine le prononcé de la peine de mort en 1723.

Les crimes qui présentent un caractère religieux[22] sont sévèrement réprimés : un vol nocturne et sacrilège portant sur des objets sacrés est puni de pendaison et du bûcher. Une irrévérence

---

[22] On peut se reporter à la thèse de Ludovic Azema, *La politique religieuse du parlement de Toulouse sous le règne de Louis XV*, Université Toulouse I-Capitole, 2008, Publiée par la Société française de publication de textes en histoire juridique, Collection d'histoire du droit fondée et dirigée par le Pr Antoine LECA, Série « Thèses et Travaux », N° 18, Presses Universitaires d'Aix-Marseille, 2010.

commise par un marchand à l'égard du Saint-Sacrement est punie de l'amende honorable et amende au profit du luminaire de l'église (1689). Un vol sacrilège commis par un prêtre dans la sacristie du monastère des religieuses de la Visitation est puni de l'amende honorable et du bûcher (1695). Le blasphème avec chansons impies et abominables est puni de la langue percée, pendaison et bûcher (1700). Un crime d'impiété commis dans l'église de Saint-Sernin est puni de l'amende honorable et galères perpétuelles (1702). Un vol sacrilège commis par un serrurier est puni de la pendaison précédée de la roue et question (1734).

La prostitution est punie du fouet (1668), de la pendaison, de la peine de la cage, fouet et bannissement (1683). Cette « spécialité toulousaine » [23]qui consiste à enfermer la coupable dans une cage immergée dans la Garonne est encore appliquée en 1716, en 1731 et en 1749 à deux reprises. Le maquerellage est également puni du fouet, du port du cabat en tête et du bannissement (1698). Trois maquereaux sont punis d'amende honorable et du fouet et plus de 50 femmes prostituées envoyées à la maison de force (1735), six ans d'hôpital (1750) aggravé à 10 ans par le parlement.[24]« Surprise six mois plus tard dans l'exercice public de son infâme commerce », une prostituée récidiviste est condamnée à la promenade humiliante et à l'enfermement pour dix ans au quartier de force (1770). Une femme adultère est condamnée à la marque, rasée et à un enfermement à vie dans le quartier de force (1736). La polygamie est punie du fouet, rasée et enfermée à vie dans l'hôpital de la Grave dans le quartier des femmes débauchées, sauf à son mari l'en retirer (1703). La peine de l'amende honorable devant Saint-Etienne et Saint-Michel portant un cartel « bigame », les galères pour cinq ans et la restitution de la dot envers la dernière épouse est prononcée contre un bigame (1737).

La peine du bucher, exécutée ordinairement après pendaison, est prononcée pour faux-monnayage en 1676, pour empoisonnement

---

[23] Claire STIVANIN-FAURE, « La peine de la cage sous l'Ancien-Régime », in Jean-Marie CARBASSE et Maïté FERRET-LESNE (dir.), *Doctrine et pratiques pénales en Europe, Actes des Journées internationales de la société d'histoire du droit, Montpellier,* 26-29 mai 2011, Faculté de droit et science politique de Montpellier, Montpellier, 2012, p. 359-374.

[24] Le parlement ajoute l'amende honorable et cent sols d'amende.

commis par une fille de chambre et autres sur la personne de Me de Pradines (1689), pour infanticide par empoisonnement (1736).

Les menaces de mort et violences importantes sont punies de décapitation (1677). Le viol d'une jeune fille de 13 ou 14 ans par un homme de 70 ans est puni de la pendaison par effigie (1721). Les violences commises à l'égard d'un enfant de sept ans entrainent la pendaison (1723).

La concussion commise par un commis d'un collecteur des tailles est punie de pendaison (1677). La même peine est infligée en 1714 à l'adjudicataire de la collecte des impôts pour les années 1704 à 1706, ancien capitoul (pendaison en effigie, blanchi des tableaux et des livres de l'Histoire de l'hôtel de ville). En 1715, la peine est prononcée à l'égard du collecteur des deniers royaux de la ville et 1716 (avocat et chef du Consistoire) : pendaison (par effigie), blanchissement des portraits et 2000 livres de dommages envers la ville.

Un meurtre qualifié d'« inhumain » commis par un militaire sur un apprenti savetier est puni de pendaison avec exposition aux fourches patibulaires (1678).

Toutes ces exécutions ont lieu, soit auprès du lieu de la commission de l'infraction, soit sur les principales places et lieux accoutumés de la ville : la place Saint- Georges, la place de la cathédrale Saint-Etienne, la place du Salin, située face au Parlement, les marchés de la Pierre et de La Dalbade[25].

Les pratiques traditionnelles, dont nous venons de donner quelques exemples toulousains, se modifient dans le second XVIIIe siècle où l'on constate une moindre utilisation des peines corporelles, dans leur prononcé comme dans leur exécution, ce qui témoigne d'une évolution des mentalités et des idées.

---

[25] Ainsi en 1711, une fraude dans la vente de la viande est punie du carcan pendant trois marchés consécutifs.

II. La querelle des Anciens et des Modernes

Si l'on poursuit nos exemples toulousains, on peut constater que, passé la fin des années 1740, le nombre des condamnations à mort décline de manière importante. Claire Stivanin-Faure dénombre quatre condamnations entre 1747 et 1789 sur les 70 identifiées entre 1670 et 1789. En dépit de l'affaire Calas[26] (1761) qui a profondément et injustement discrédité les capitouls et le parlement de Toulouse, en raison des interventions polémiques de Voltaire[27], la sévérité connait un certain recul même si elle ne disparait pas. Ainsi, le vol d'habits au préjudice de son maitre commis par un domestique est puni de la peine de mort en 1756. Le vol d'une jument est puni de dix ans de galères et de la marque en 1759. Le vol nocturne par effraction est puni de la pendaison en 1766, de même qu'un assassinat en 1770, alors que la peine de la roue avait été prononcée par les capitouls. L'escroquerie[28] reste sévèrement réprimée.

Pétri des idées prônées par les philosophes des Lumières, dont il revendique ouvertement être le disciple, le célèbre *Traité des délits et des peines* de Cesare Beccaria constitue un point d'orgue en la matière. Il reflète les idées qui étaient « dans l'air du temps »[29]. Marquant une rupture avec les idées traditionnelles des criminalistes, il inaugure « un système de rationalité pénale[30] ». Paru en italien durant l'été 1764, le

---

[26] Roger MERLE, *Les grandes affaires criminelles de Toulouse*, Toulouse, Privat, 1978, p. 77-88 ; Ludovic AZEMA, La politique religieuse du parlement de Toulouse sous le règne de Louis XV, *Op. cit.*, p. 219-237.

[27] Voltaire, *L'affaire Calas et autres affaires*, Edition présentée, établie et annotée par Jacques Van den Heuvel, Paris, Gallimard, 1975.

[28] Gregory REMBLIER, *De la filouterie à l'affrontement, L'escroquerie devant le parlement de Toulouse,1760-1790*, Université Toulouse Capitole, Mémoire pour le Master 2 en histoire du droit, 2019.

[29] André LAINGUI et Arlette LEBIGRE, *Histoire du droit pénal*, Tome 2, *La procédure criminelle*, Paris, Cujas, 1979, p. 128.

[30] Christian DEBUYST et alii, Histoire des savoirs, *Op. cit.*

livre de Beccaria est traduit et adapté[31] en français[32] par l'abbé Morellet en février 1766, commenté par Voltaire en septembre 1766. Agé de 26 ans au moment de la publication de son ouvrage[33], Beccaria (1738-1794) est docteur en droit de l'Université de Pavie (1758) qui continue à l'honorer jusqu'à aujourd'hui[34], mais il ne continuera pas dans la voie juridique puisqu'il obtient une chaire d'Economie politique (1768-1770) et poursuivra ensuite une carrière dans l'administration milanaise. Il est considéré comme l'annonciateur d'un courant d'humanisation de la justice criminelle en général, et du traitement pénal des criminels dangereux en particulier.

Beaucoup a été dit et écrit sur Beccaria[35]. On a relevé notamment son souhait de voir les lois pénales fixes et interprétées strictement par le juge, son goût pour le syllogisme judiciaire et pour l'encadrement du rôle du juge[36] et sa crainte qu'il devienne « un tyran ». On a remarqué aussi sa condamnation de l'utilisation de la torture en matière criminelle[37] qu'il définit comme « une barbarie

---

[31] L'abbé André Morellet a modifié l'intitulé de l'ouvrage en ajoutant le mot « Traité » et en opérant, au nom de l'ordre naturel et de l'esprit de méthode, une refonte des matières, sans en modifier le contenu. En effet, selon lui, l'ouvrage ne doit pas s'adresser qu'à des esprits philosophiques et donc doit être structuré d'une manière plus conforme au « génie de la nation et à la tournure de nos livres ». Cf Lettre de Morellet à Beccaria, in *Dei delitti e delle pene*, Einaudi, 1965, p. 349, citée in Beccaria, Des délits et des peines, introduction, *Op. cit.*, p 32.

[32] D'autres traductions auront lieu en Europe : en allemand (1765), en anglais (1767), en suédois (1770), en polonais (1772), en espagnol (1774).

[33] Beccaria a reçu le soutien en matière d'argumentation juridique, des frères Verri, Alessandro et Pietro. Ce dernier a publié un commentaire critique du Traité des délits et des peines (1768). Il a subi les attaques virulentes du moine traditionaliste Vincenzo Facchinei de Corfri. Cf *Beccaria, Revue d'histoiredu droit de punir*, volume 2, 2016, compte-rendu de Bruno-Martin GAY, *RHD,* 95 (4), oct.-déc. 2017, p. 605-606. Fachinei est l'auteur de *Note e osservazioni sul libro Dei delitti e delle pene* (1765).

[34] Comme en témoigne le nom de l'une des salles de cours de l'Université.

[35] Plusieurs traductions contemporaines ont été rédigées, en particulier par Maurice CHEVALIER (1965), Alessadro FONTANA et Xavier TABET (2015). Cf également : Philippe AUDEGEAN, *La philosophie de Beccaria. Savoir punir, savoir écrire, savoir produire,* Paris, Vrin, 2010 ; Philippe AUDEGEAN, Christian DEL VENTO, Pierre MUSITELLI et Xavier TABET, *Le bonheur du plus grand nombre, Beccaria et les Lumières,* Lyon, ENS Editions, 2017, 325 p.

[36] Cf le chapitre IV : De l'interprétation des lois.

[37] Cf le chapitre XII : De la question ou torture.

consacrée par l'usage » et « un infâme moyen de découvrir la vérité » ou encore « un monument de la barbare législation de nos pères ». On est ici très proche des développements de l'Encyclopédie[38], en particulier lorsque Beccaria écrit que « la torture est souvent un sûr moyen de condamner l'innocent faible et d'absoudre le scélérat robuste ». Mais, c'est le thème de la peine de mort[39] qui retiendra ici notre attention.

De manière générale, Beccaria est favorable à des peines modérées, destinées à faire « sur l'esprit du peuple l'impression la plus efficace et la plus durable et, en même temps, la moins cruelle sur le corps du coupable. A la recherche d'une meilleure efficacité des peines, Beccaria est amené à étudier la peine de mort dont il veut examiner si « elle est utile et juste dans un gouvernement sage. Après avoir posé le principe que la peine de mort n'est appuyée sur aucun droit du corps social, et plaidant « la cause de l'humanité », il cherche à démontrer qu'elle n'est ni utile, ni nécessaire. Il considère que cette peine n'est nécessaire que dans deux cas. Le premier cas correspond à « ces moments où une nation est sur le point de recouvrer ou de perdre sa liberté… Si un citoyen, quoique privé de sa liberté, peut encore, par ses relations et son crédit, porter quelque atteinte à la sûreté publique, si son existence peut produire une révolution dangereuse dans le gouvernement établi ». Le deuxième cas correspond au « règne tranquille des lois…lorsque la mort est le seul frein capable d'empêcher de nouveaux crimes ». Contrairement à ce qui est parfois affirmé, on voit donc que Beccaria ne peut pas être considéré comme l'initiateur du courant abolitionniste de la peine de mort. On peut ajouter que les deux cas envisagés par Beccaria correspondent à des hypothèses assez difficiles à préciser : d'un côté les procès politiques en périodes troublées. De l'autre, la nécessité soit d'éliminer un criminel dangereux pour la société, soit de rechercher l'exemplarité. Il s'agit de « critères finalement assez flottants, élastiques et vagues »[40]. En dehors de ces deux cas, Beccaria

---

[38]Encyclopédie ou dictionnaire raisonné des Sciences, des arts et des Métiers, Tome XIII, Neufchastel, 1765, p. 704.

[39] Il faut se référer au chapitre XVI du Traité des délits et des peines, consacré à la peine de mort.

[40] Xavier MARTIN, *Beccaria, Voltaire et Napoléon ou l'étrange humanisme pénal des Lumières (1760-1810),* L'homme des droits de l'homme, 9), Poitiers, Dominique Martin Morin, 2018, 304 p. Compte-rendu de Jean-Paul ANDRIEUX, in *RHD* 96 (4), oct-déc. 2018, p. 623-627.

condamne la peine de mort, en invoquant plusieurs arguments. Il considère que « l'expérience de tous les siècles prouve qu'elle n'a jamais arrêté des scélérats déterminés à nuire. Il ajoute que « la rigueur du châtiment fait moins d'effet sur l'esprit humain que la durée de la peine. Il considère qu'elle ne remplit pas sa fonction d'exemplarité car si on envisage les sentiments qu'éprouvent ceux qui assistent à une exécution capitale, on voit, dit-il que, pour la plupart, il s'agit d'un spectacle...pour le petit nombre un objet de pitié mêlée d'indignation », ces deux sentiments occupant l'âme du spectateur bien plus que la terreur salutaire qui est le but de la peine de mort ». Il considère également que la peine de mort est « funeste à la société par les exemples de cruauté qu'elle donne aux hommes ». Il ne retient pas davantage « l'universalité de l'application de cette peine, déclarant : « approuverait-on les sacrifices humains parce qu'ils ont été généralement en usage chez tous les peuples naissants ? » Aussi bien, Beccaria propose-t-il de substituer à la peine de mort celle de l'esclavage perpétuel qui « met sous les yeux du peuple un exemple toujours subsistant et répété ». Beccaria est convaincu de la difficulté qu'il rencontrera à faire admettre son opinion en matière de peine de mort. Il déclare : « Je sais combien la faible voix d'un philosophe sera facilement étouffée par les cris tumultueux des fanatiques esclaves du préjugé. Mais le petit nombre des sages répandus sur la surface de la terre saura m'entendre ; leur cœur approuvera mes efforts ; et si, malgré tous les obstacles qui éloignent du trône, la vérité pouvait pénétrer jusqu'aux oreilles des princes, qu'ils sachent que cette vérité leur apporte les vœux secrets de l'humanité ».

Ainsi donc, avec Beccaria, dont on ne saurait contester l'importance au plan de l'évolution des idées au XVIIIe siècle, le droit criminel s'inscrivait dans une réflexion renouvelée au sein des rapports politiques entre l'Etat et le citoyen. Le juriste-philosophe donnait au droit de punir non plus une origine divine mais un fondement de morale naturelle. Beccaria jetait donc les bases d'une nouvelle politique criminelle, à travers ses principaux axiomes. En légalisant la distribution des peines, en faisant du juge l'exécuteur de la loi, en posant les principes de l'utilité et de la nécessité des peines, en contrôlant l'usage que fait l'Etat de la force, en recherchant l'adoucissement des châtiments, Beccaria « interposait entre l'Etat justicier et les justiciables un bouclier de règles juridiques »[41] protectrices.

En dehors des milieux philosophiques, les idées de Beccaria ont rencontré, en leur temps, un profond scepticisme dont témoigne la majeure partie de la littérature juridique peu perméable aux idées nouvelles.

L'avocat et journaliste Simon Linguet (1736-1794) publie en 1770 une Lettre adressée à Beccaria[42] dans laquelle, tout en reconnaissant que cet ouvrage « a été justement applaudi », il démontre que l'esclavage perpétuel serait trop coûteux pour la société. « La peine de mort est nécessaire, elle est indispensable...Elle est légitimée par le droit naturel (pour la société) de se défendre...Pour les attentats qui ébranlent la société, qui en compromettent l'existence, il faut les punir selon la loi du talion, et par conséquent, donner la mort à ceux qui les ont commis ». Diderot écrit pour sa part, dans ses notes sur le Traité de Beccaria : « C'est par ce que la vie est le plus grand de tous les biens, que chacun a consenti que la société eût le droit de l'ôter à celui qui l'ôterait aux autres...La justice de cette peine est fondée sur la convention et sur l'utilité commune...J'ai dit comment la volonté publique y avait souscrit, et comment il est naturel que les lois aient ordonné le meurtre du meurtrier ».

La figure majeure incarnant le courant traditionaliste en France demeure Muyart de Vouglans (1713-1791)[43]. Né en Franche-Comté à la fin du règne de Louis XIV et issu d'une famille de magistrats, Pierre François Muyart de Vouglans devient en 1741 avocat au parlement de Paris, attaché aux matières criminelles. Il est intégré trente ans plus tard comme magistrat au parlement Maupéou. En 1774, il est transféré au Grand Conseil où il restera jusqu'à la suppression de cette institution, balayée comme les autres en 1790. En dehors de ses deux

---

[41] Roger MERLE, La pénitence et la peine, *op. cit.*, p. 78-79.

[42] « Fragment d'une lettre de M. Linguet à l'auteur du Traité des délits et des peines », in *Le journal économique*, avril 1770, p. 171 et suivantes. Cité in Beccaria, *Des délits et des peines*, préface de Casamayor, Paris, Champs Flammarion, 1979, p. 195-200.

[43] Nous résumons ici l'étude d'André LAINGUI, *Pierre-François Muyart de Vouglans ou l'Anti-Beccaria* (1713-1791), Archives de philosophie du droit, Tome 39, Le procès, Ed Sirey, 1995, p. 169-179, repris dans *Dictionnaire historique des juristes français*, p. 585-586.

ouvrages les plus importants,[44] : il est également l'auteur de pamphlets : *Réfutation des principes hasardés dans le traité des délits et des peines* (1767)[45], *Lettre de l'auteur des Lois criminelles au sujet de nouveaux plans de réforme proposés en cette matière* (1781), *Lettre sur le système de l'auteur de l'Esprit des lois touchant la modération des peines* (1785), qui ont en commun d'avoir le dessein de faire barrage aux idées nouvelles exprimées par Beccaria et ses défenseurs comme Voltaire. On y trouve donc l'écho de toutes les disputes de son temps : légalité des institutions pénales, peine de mort, but et modérations des châtiments. Dans sa *Réfutation* de Becarria et des « criminalistes modernes », Muyart de Vouglans fait part de sa surprise face à « l'apologie de l'humanité ou plutôt un plaidoyer en faveur de cette malheureuse portion du genre humain, qui en est le fléau, qui le déshonore et en est quelquefois même la destructrice ». Il dénonce les « expressions emphatiques », dresse la liste d'une « foule d'assertions dangereuses »[46] et développe trois reproches principaux.

Premier grief : la philosophie de l'auteur est suspecte, tant du point de vue moral que politique et juridique. Imprégnées explicitement des idées de Rousseau, celles de Beccaria reposent sur l'idée que le crime est la violation du pacte social et que le droit de punir n'a d'autre fondement que l'abandon par chaque citoyen de la plus petite parcelle de liberté qu'il a cédée en échange de la protection qu'il trouvera. Pour Muyart, le crime est la violation de la loi donnée par Dieu aux hommes sous deux formes : loi divine naturelle inscrite dans le cœur de tout être humain et loi positive, fruit de la Révélation. En donnant aux hommes des lois, Dieu les a rendus conscients de leurs fautes, et a permis au Prince qui porte l'épée en tant que ministre de Dieu de les punir.

Deuxième grief : les inexactitudes juridiques. Muyart évoque six erreurs : la procédure criminelle du XVIIIe siècle admettrait les

---

[44]Les Institutes au droit criminel (1757) et Les loix criminelles dans leur ordre naturel (1780).

[45] La réfutation est datée du 10 novembre 1766 et publiée au début de l'année 1767. Elle est publiée à la suite des Loix criminelles dans leur ordre naturel, Paris, 1780 et suivie de Mémoire sur les peines infâmantes.

[46] Muyart de Vouglans, Réfutation, *Op. cit.*, p. 812.

accusations secrètes, rejetterait le témoignage des femmes, autoriserait les interrogatoires captieux ou les surprises que le juge peut faire à l'accusé, les autres concernant la prison préventive et la preuve des crimes.

Troisième grief : les prétendus abus de la justice criminelle. En matière de procédure sont visées le serment des accusés et la torture, discutées au moment de la rédaction de l'ordonnance criminelle de 1670 mais maintenus au nom de l'usage que Muyart appelle « l'expérience de tous les siècles ». La torture est très encadrée et de moins en moins utilisée. En matière de peines, sont visées surtout la conception et la mesure de la peine, la peine de mort, la confiscation.

Dans son appendice aux loix criminelles intitulé : *Mémoire sur les peines infâmantes,* Muyart concèdera certaines inflexions, se hasardant même à certaines critiques à l'égard des parlements, ce qui s'explique peut-être par le contexte politique lié à la guerre d'usure que mènent les parlements contre le pouvoir royal. Il blâme la confiscation, le secret des procédures, les règles de la contumace, l'absence de motivation des décisions, la promptitude de l'exécution et même la prohibition des conseils.

Tous ces ouvrages se font donc l'écho des débats passionnés qui eurent lieu en France et en Europe dans les milieux judiciaires dans la quarantaine d'années précédant la Révolution. Ils conduisirent à une mise en cause quasi-complète de la philosophie pénale qui inspirait l'ordonnance de 1670 et à une lente évolution des mentalités jusqu'aux réformes révolutionnaires. Comme l'a bien démontré François Tricaud[47], on assiste durant cette période, à un véritable « procès de la procédure criminelle ». Entre les partisans des réformes de la procédure criminelle et les tenants des conceptions traditionnelles, le dialogue s'est avéré « impossible »[48] mais ces débats ont provoqué des évolutions importantes dont témoignent les réformes de 1780 et 1788. C'est ainsi que la Déclaration du 24 août

---

[47] François TRICAUD, Le procès de la procédure criminelle à l'âge des Lumières, Archives de philosophie du droit, Tome 39, *Le procès*, Paris, Ed. Sirey, 1995, p. 145-167.

[48] *Ibidem*, p. 155.

1780[49] prévoit l'abolition de la question préparatoire[50] qui avait été prévue « contre l'accusé d'un crime constant auquel la loi réservait la peine de mort, lorsque les indices étaient considérables contre l'accusé, la preuve ne se trouvant pas cependant être suffisante pour lui faire subir cette peine »[51]. Le préambule évoque les objections de magistrats « recommandables par une grande capacité et par une expérience consommée qui auraient déclaré, dans les conférences tenues préalablement à la rédaction de l'ordonnance, qu'elle leur avait toujours emblé inutile, qu'il était rare que la question préparatoire eût tiré la vérité de la bouche d'un accusé, et qu'il y avait de fortes raisons pour en supprimer l'usage. Elle fut donc maintenue par une sorte de respect pour son ancienneté ». La Déclaration du 1er mai 1788[52] relative à l'ordonnance criminelle complète celle de 1780. Son préambule est imprégné des idées nouvelles, évoquant « l'humanité et la justice », « le chaos de la jurisprudence criminelle » qu'il faut « débrouiller », « le progrès des Lumières », la raison publique qui devraient conduire à réformer les lois tous les cent ans, l'appel aux Lumières et à l'opinion publique ». En conséquence de quoi il est décidé d'abolir l'usage de la sellette, puisque tout accusé est présumé innocent jusqu'au jugement définitif de condamnation, de ne plus dépouiller les accusés des vêtements distinctifs de leur état (sauf les armes), d'indiquer expressément la qualification des faits reprochés, d'exiger une majorité de trois voix au cas de condamnation à mort, de prévoir un intervalle d'un mois entre le prononcé d'une condamnation à mort et son exécution[53], de supprimer la question préalable remplacée par un dernier interrogatoire avant l'exécution capitale.

L'accent mis sur l'utilité sociale de la peine qui est dans la logique de la philosophie des Lumières doit être mis en relation avec l'article 8

---

[49] *Recueil général des anciennes lois françaises* (Isambert), Paris, Belin-Leprieur, 1826, p. 373-375.

[50] L'usage de la torture est également aboli en Suède (1772), Pologne (1776), Toscane (1786), Autriche (1787), Russie (1780 et 1788). Ces références sont données par Robert BADINTER, in « Présence de Beccaria », Introduction à la traduction du *Traité des délits et des peines* par Chevalier, publiée chez Flammarion, 19991. Cité par François TRICAUD, Le procès de la procédure criminelle à l'âge des Lumières, *Op. cit.*, p. 146, note 2.

[51] Article 1er du titre IX de l'ordonnance criminelle de 1670.

[52] Recueil général des anciennes lois françaises, Isambert et alii, Paris, Belin-Leprieur, 1827, p. 526-532.

[53] Contrairement à l'article 21 du titre XXV de l'ordonnance criminelle de 1670.

de la Déclaration de l'homme et du citoyen qui proclame « le caractère strictement nécessaire des peines ».

Parmi les évolutions majeures, il faut ajouter que le juge qui était classiquement plutôt lié quant à la preuve et libre quant à la peine verra la situation s'inverser avec le droit pénal révolutionnaire qui, sur bien des points, prendra le contrepied des solutions traditionnelles avant que les codes napoléoniens en reviennent au moins à l'esprit des solutions anciennes jugées plus protectrices de la société qu'il était urgent de stabiliser après les turbulences révolutionnaires et qu'il était nécessaire de protéger à l'égard de comportements et de criminels dangereux pour la paix sociale dont le nouveau pouvoir napoléonien, renouant sur ce point avec les conceptions traditionnelles, devenait le protecteur naturel.

La dangerosité et les grands principes du droit pénal

Philippe BONFILS

Professeur à Aix-Marseille UniversitéDoyen honoraire de la faculté de droit et de science politique
Avocat au barreau de Marseille

1. Dualité des modèles de réaction sociale. La dangerosité est un concept qui s'est appliqué au droit pénal avec les positivistes italiens de la seconde moitié du XIXème siècle. LOMBROSO -un médecin (un aliéniste, c'est-à-dire un psychiatre)-, FERRI -un professeur de droit-, et GAROFALO -un magistrat- ont élaboré à la fin du XIXème siècle et au début du XXème siècle un modèle pénal radicalement opposé au modèle classique de BECCARIA, dans lequel l'état dangereux avait une place centrale.

2. Modèle classique (juridique). Dans le système pénal classique, systématisé par BECCARIA, le postulat de départ est le libre arbitre de l'individu. C'est parce qu'il est libre d'agir ou non que l'homme est responsable, et qu'il doit assumer les conséquences de ses actes. C'est ce qui explique que les très jeunes enfants ou encore les déments sont irresponsables pénalement. Ce modèle repose aussi sur la détermination préalable par le législateur des comportements interdits ; c'est le principe de la légalité criminelle selon lequel aucune infraction, aucune peine ne peuvent exister sans que la loi ne l'ait expressément prévu. Le concept clé de ce modèle est donc l'infraction, à savoir la violation consciente d'une incrimination préexistante. Et l'infraction conduit logiquement à l'application d'une peine, elle aussi préalablement déterminée par le législateur. Puisque l'homme est libre, il doit dicter sa conduite en pleine connaissance de cause, en sachant ce qu'il encourt en cas de commission d'une infraction.

3. Modèle positiviste (criminologique). Le postulat de la liberté de l'homme a été remis en cause par certains philosophes, au XIXe siècle, et spécialement par les positivistes comme Auguste COMTE. Cette théorie a été transposée à la réaction sociale au phénomène criminel par les premiers criminologues italiens, à la fin du XIXe siècle, comme LOMBROSO, FERRI et GAROFALO. Réfutant l'idée d'un choix libre entre le bien et le mal, ces auteurs considèrent que l'homme est déterminé, soit biologiquement (LOMBROSO), soit socialement (FERRI). Il n'est donc plus possible de raisonner en termes de responsabilité pénale (étymologiquement « répondre de »), ni de se fonder sur les notions d'infraction ou de peine. Le concept fondateur de la réaction sociale est alors l'état dangereux du délinquant. La réaction sociale est ainsi fonction de cet état dangereux, qu'il faut combattre, de façon scientifique (ou pseudo-scientifique), par des mesures de sûretés. Ces mesures de sûretés peuvent se traduire par l'élimination définitive du délinquant, si celui-ci est, selon les termes de ces auteurs, un criminel-né, ou par un traitement, notamment médical. Surtout, puisque ces mesures ne reposent pas sur la commission d'une infraction, mais sur un état dangereux, elles peuvent s'appliquer ante delictum, ou encore être indéterminées dans leur durée.

4. Première influence du positivisme juridique. Le système positiviste est potentiellement liberticide. Quelques droits pénaux, à des moments sombres de l'Histoire, s'en sont inspirés, comme l'Allemagne nazie, l'Italie fasciste, ou la Russie stalinienne... Mais ce système n'a jamais été transposé dans les législations des pays démocratiques. Il faut cependant lui reconnaître le mérite d'avoir proposé un autre regard sur la délinquance, en examinant la personne du délinquant et non plus seulement l'acte infractionnel. C'est à ce courant que l'on doit la naissance de la criminologie, et un certain nombre de mesures d'aménagement de peine, comme le sursis, ou la libération conditionnelle (en France, loi Bellanger, 1885). De même, c'est dans le sillage du mouvement positiviste qu'ont été imaginées les mesures éducatives (loi du 22 juillet 1912 en France), ou les infractions de prévention. Le positivisme juridique a donc fortement influencé les systèmes pénaux, à la fin du XIXème et au début du XXème siècles, et la plupart de ces apports ont été conservés. Mais on assiste depuis une trentaine d'années à un renouveau de l'influence du positivisme juridique.

5. Renouveau de l'influence du positivisme juridique. Le positivisme juridique connaît un renouveau dans la plupart des législations pénales contemporaines. C'est particulièrement vrai pour la France, si l'on considère l'instauration de la mesure de « rétention de sûreté » par la loi du 25 février 2008, qui permet de « retenir » un condamné, à l'expiration de sa peine, en raison de sa particulière dangerosité. Mais cela se retrouve dans d'autres pays, comme l'Allemagne qui connaît une mesure similaire d'internement de sûreté pour les délinquants dangereux, la Suisse, le Canada et les Etats-Unis. De nombreux pays adoptent en effet des mesures de sûreté pour certains criminels particulièrement dangereux, et pour lesquels les peines classiques ne semblent pas suffisamment efficaces pour empêcher la récidive. De même, on peut mentionner l'alourdissement des peines par un régime spécial pour les récidivistes, par l'application d'une période de sûreté, ou par le retour aux peines planchers. Autre manifestation de ce renouveau du positivisme, les législateurs contemporains développent un droit de prévention, en imaginant des infractions obstacles, pour sanctionner au plus tôt des comportements dangereux, susceptibles d'aboutir à d'autres infractions plus graves. C'est ainsi que la loi française punit, notamment, le délit de risques causés à autrui, alors même qu'aucun dommage n'est causé. On pourrait aussi mentionner le système des repentis, qui permet à ceux qui dénoncent des criminels extrêmement dangereux et permettent leur arrestation, de bénéficier selon les cas et les pays d'exemption ou de réduction de peine.

6. Position du problème. Ces quelques exemples illustrent le retour du positivisme juridique, et la place considérable que le droit pénal contemporain accorde au concept de dangerosité. Du reste, il n'est pas étonnant que ce thème ait été choisi pour ce congrès. Pour autant, cela ne doit pas nous empêcher de nous interroger sur les dangers... de la dangerosité. Le concept même menace les grands principes du droit pénal, formalisés depuis le XVIIIème siècle sous l'influence de BECCARIA : présomption d'innocence, légalité criminelle, . L'objet de cette intervention est de réfléchir à la confrontation entre la dangerosité et les grands principes fondamentaux du droit pénal.

7. Plan. De manière un peu schématique, la dangerosité est prise en compte par le droit pénal contemporain de deux manières complémentaires. Tantôt, le droit pénal incrimine des comportements dangereux ; tantôt il réprime des personnes dangereuses. Or, la situation des grands principes n'est pas la même selon que l'on envisage l'incrimination ou la répression de la dangerosité. Dans le premier cas, le concept menace les grands principes du droit pénal, à savoir la légalité criminelle, la présomption d'innocence, et à la personnalité de la responsabilité pénale. Dans le second, le concept a davantage sa place, et peut utilement compléter le système pénal ; l'atteinte aux grands principes du droit pénal est ici relative, en fonction du rôle que joue la dangerosité.

I – La dangerosité au stade de l'incrimination : l'atteinte manifeste aux grands principes du droit pénal

8. Classiquement, le droit pénal incrimine des « infractions », c'est-à-dire la violation d'interdictions ou d'obligations préalablement édictées par la loi, et, dans cette perspective, l'infraction est non seulement la condition de l'intervention du droit pénal, mais aussi sa mesure... En d'autres termes, plus l'infraction est grave, plus la sanction est lourde. Mais le législateur, spécialement le législateur contemporain, recourt parfois à la dangerosité au stade de l'incrimination, bouleversant alors nos repères, et menaçant les grands principes du droit pénal. L'atteinte est double. La première difficulté tient à la définition même de la dangerosité, et à l'atteinte portée à la légalité criminelle. La seconde concerne l'atteinte portée à la légitime défense.

A – La dangerosité contre la légalité

9. Imprécision de la dangerosité. Le principe de légalité est facile à définir et à comprendre : il n'y a point d'infraction ni de peine sans texte. Ce principe implique l'exigence de textes préalables, et de textes clairs et précis. La dangerosité, en revanche, est un concept particulièrement flou. GAROFALO, définissait l'état dangereux comme « la perversité constante et agissante du délinquant et la quantité de mal que l'on peut redouter de sa part ». Plus récemment, GASSIN envisageait la dangerosité d'un individu comme « la très grande probabilité qu'il commette une infraction pénale ». Mais quelle que soit la définition adoptée, il n'est pas possible de dire précisément ce que recouvre la dangerosité, alors que la légalité est un concept facile à utiliser... Cette critique du concept de dangerosité est classique et bien connue, mais elle reste parfaitement valable. C'est la raison pour laquelle les législations contemporaines n'envisagent que très rarement la dangerosité en tant que critère d'intervention du droit pénal. Même lorsqu'ils adoptent des législations « préventives », les législateurs s'appuient sur des textes d'incriminations, et donc sur le principe de légalité. Pour autant, le danger de la dangerosité existe bien, et certains textes sur le « traitement » des alcooliques dangereux paraissent bien contourner la précision de la légalité.

10. Arbitraire de la dangerosité. La légalité protège aussi les justiciables contre l'aléa judiciaire, en définissant à l'avance et de manière claire et précise les comportements interdits. C'est même par réaction à l'arbitraire des juges que la légalité s'est construite. Dans ce sens, une incrimination est appliquée de la même manière dans le pays, et quel que soit le juge. En revanche, l'imprécision du concept de dangerosité implique son arbitraire. Puisqu'il n'est pas possible de dire clairement ce qui est dangereux ou ne l'est pas, c'est finalement le juge qui va décider –sans véritable contrôle- ce qui est dangereux ou ne l'est pas. Ce sont même bien souvent les experts qui vont proposer au juge une analyse de la dangerosité de l'individu, avec les aléas inhérents aux sciences humaines... La psychologie, la psychiatrie, la criminologie sont des sciences intéressantes et utiles, mais faut-il leur confier le soin de décider de l'intervention du droit pénal ? Le juge le plus scrupuleux et les experts les plus diligents, peuvent-ils valablement diagnostiquer la dangerosité d'un individu ? Je ne le crois pas, et, surtout, le recours à la dangerosité introduit un arbitraire que la légalité permet d'éviter...

B - La dangerosité contre la présomption d'innocence

11. Dangerosité et matérialité. La présomption d'innocence est un des grands principes du droit pénal, qui veut que l'on est considéré comme innocent, tant que la culpabilité n'est pas rapportée. La légalité se veut respectueuse de la présomption d'innocence. L'existence d'incriminations préalables implique le respect de la présomption d'innocence. La loi définit à l'avance le comportement interdit, et tant que ce comportement n'a pas été commis, et tant que l'on n'a pas été condamné pour cela, on est présumé innocent. Mais si l'on envisage la dangerosité comme critère d'intervention du droit pénal, la présomption d'innocence peut-elle encore avoir un sens ? C'est moins la matérialité du comportement, sa réalité ou/et sa gravité qui importent que la dangerosité, et, pire encore, le ressenti que le juge peut en avoir. Dans ce sens, la dangerosité s'intéresse moins à la matérialité de l'acte qu'à la personne... Or, si la matérialité est visible, la dangerosité d'une personne ne l'est pas nécessairement... Plus encore, le positivisme juridique peut admettre un intervention du droit pénal alors même qu'aucun comportement matériel n'est accompli, sur la base d'une posture « dangereuse »... L'atteinte à la présomption d'innocence est ici manifeste.

12. Dangerosité et culpabilité. La dangerosité est paradoxalement un concept qui tend à évincer aussi la culpabilité. La dangerosité se veut un concept objectif, d'une certaine manière neutre. Dans un système positiviste, la faute devient une notion contingente, voire absente. La question n'est pas de savoir si l'on a commis une faute, mais de savoir si l'on est dangereux ou non. Dans ce sens, quelqu'un qui serait privé de discernement pourrait faire l'objet de mesures de sûreté, parce qu'il serait particulièrement dangereux. Les troubles de la personnalité ne seraient pas, ici, exonératoires de la responsabilité pénale, mais au contraire l'une des raisons de l'intervention du droit pénal. La dangerosité peut ainsi se substituer complètement à l'infraction, dans ses deux dimensions, matérielle et morale. Ce faisant, alors que dans le droit pénal classique on est responsable de ce que l'on a fait, le système positiviste justifie l'intervention du droit pénal pour ce que l'on est...

13. La dangerosité est ainsi, on stade de l'incrimination, un concept fondamentalement dangereux, qui menace les fondements les plus importants de notre droit pénal. C'est la raison pour laquelle les législations contemporaines n'accordent à la dangerosité comme incrimination qu'une place limitée, complémentaire. Ainsi, lorsque la loi vient incriminer les infractions obstacles, pour incriminer des comportements dangereux et faire obstacle à des infractions plus graves, il le fait par le prisme de la légalité, et dans le respect de la présomption d'innocence. Du moins c'est à cette condition que le recours à la dangerosité est acceptable.

II - La dangerosité au stade de la répression : une atteinte relative aux grands principes du droit pénal

14. La dangerosité est également un concept qui intervient au stade de la répression, et cela remonte à l'origine de la notion. En effet, lors de la première vague d'inspiration positiviste, le législateur a eu recours à la notion de dangerosité pour instaurer certaines mesures favorables au condamné, soit ab initio (comme le sursis) soit en cours d'exécution de la peine (comme la libération conditionnelle). La dangerosité est ainsi apparue comme un moyen d'atténuer la rigueur de la répression, en s'inscrivant dans la personnalisation de la répression. Mais, plus récemment, la dangerosité est apparue aussi comme un moyen de renforcer la répression, par le recours aux mesures de sûreté. La question de la conciliation avec les grands principes du droit pénal se pose ici à nouveau.

A – Dangerosité et assouplissement de la répression

15. Dangerosité et fixation de la peine. De manière générale, le critère principal de la peine est l'infraction. Certes, les fonctions utilitaires de la peine sont reconnues par le législateur, et la peine est largement tournée vers l'avenir ; c'est le sens des fonctions de prévention (individuelle ou collective), d'amendement, de réinsertion, voire même de neutralisation. Mais les Codes pénaux prévoient des peines plus ou moins élevées pour chacune des infractions, en fonction de la gravité supposée des infractions. La légalité, qui s'applique aussi aux peines, interdit que le juge dépasse le maximum légal, ce qui limite le rôle de la dangerosité. Mais la dangerosité peut intervenir, dans une perspective d'adoucissement de la peine. C'est le sens du sursis, qui vient suspendre l'application effective d'une peine, en raison de la dangerosité réduite du condamné. C'est le sens, également, des mécanismes d'exemption de peine, ou de diminution de peine, pour les repentis qui viennent par leur action empêcher la commission d'une infraction ou en limiter les effets. La dangerosité ne menace pas ici la légalité, et, plus encore, elle peut mettre en œuvre le principe de personnalité des peines.

16. Dangerosité et évolution de la peine. Cela est sans doute encore plus net si l'on considère le rôle de la dangerosité en cours d'exécution de la peine. Une fois qu'elle a été prononcée, la peine peut évoluer. Il n'est pas possible d'aggraver la situation du condamné, mais il est possible d'assouplir la condamnation, en fonction de la personnalité du condamné, et notamment de l'évolution de sa dangerosité. C'est le cas de la libération conditionnelle, qui permet à un juge de libérer un condamné avant la fin de sa peine, en raison de la dangerosité réduite du condamné. Plus largement, la plupart des aménagements de peine en cours d'exécution participent de cette idée que si le condamné est moins dangereux, il convient d'assouplir ses conditions de détention, voir d'y mettre fin par anticipation. La dangerosité est ici un instrument essentiel de gestion des condamnés, et d'adaptation de la répression. Le concept vient donner du sens à la personnalité des peines, et l'appliquer à l'évolution de la peine. C'est du reste un des apports principaux de la philosophie positiviste à la matière pénale.

B - Dangerosité et aggravation de la répression

17. Dangerosité et aggravation des peines. La dangerosité est aujourd'hui souvent utilisée comme un moyen d'aggraver la répression, et spécialement les peines. La récidive est considérée par la plupart des législations comme le signe de la dangerosité d'un délinquant, et la récidive appelle une réponse pénale renforcée. En France, le droit de la récidive est aujourd'hui très riche, et très sévère. Par exemple, la récidive entraîne le doublement de la peine encourue, justifie l'augmentation de la durée de la période de sûreté, empêche l'intervention des aménagements de peine, et, il y a quelque années encore, permettait l'intervention de pleine plancher. Mais l'adoption d'un droit spécial pour la récidive n'est pas réservée à la France, et on trouve des législations similaires en Europe (not. Espagne, Italie, Angleterre, ...), en Amérique, en Asie, en Afrique. Rares sont les pays qui n'aggravent pas la répression pour récidive (c'est néanmoins le cas de l'Allemagne). Mais les effets de la récidive sont prévus par les textes, et les principes fondamentaux du droit pénal ne sont pas menacés. La circonstance aggravante de récidive reste tributaire de la légalité criminelle.

18. Dangerosité et mesures de sûreté. La dangerosité a également permis l'instauration d'un certain nombre de mesures de sûreté, aux côtés des peines et parfois même à la place des peines. La période de sûreté est une mesure intermédiaire, dont le fondement est bien la dangerosité. Dans les cas prévus par la loi –le principe de légalité reste ainsi respecté-, la période de sûreté est une mesure qui interdit, pendant un certain temps à l'intérieur de la durée de la peine, toute mesure d'aménagement de peine. Pour les personnes particulièrement dangereuses, le législateur a instauré cette mesure de sûreté visant à rendre effective la peine, ou du moins une partie de la peine. Dans certains pays, comme l'Angleterre et le Canada, la loi est allée beaucoup plus loin, en permettant le dépassement du plafond de la peine privative de liberté, la peine de détention pouvant dans certains cas être d'une durée indéterminée. En France, c'est un mécanisme différent que la loi du 25 février 2008 a retenu, mais qui peut aboutir aux mêmes excès. La loi française prévoit en effet que, à la fin de la peine, le condamné dangereux pourra être retenu pour une durée d'un an renouvelable, dans un établissement socio-médico-judiciaire. Dans ces différents cas, le législateur adopte des textes permettant des mesures à durée indéterminée. La menace pour les libertés individuelles est ici manifeste.

19. Conclusion. Le droit pénal a longtemps résisté aux charmes du concept d'état dangereux, tel que GAROFALO l'avait dégagé à la fin du XIXème siècle. Mais la dangerosité est depuis une trentaine d'années un concept auquel le législateur contemporain se réfère régulièrement. Or, le concept est trop imprécis pour que son utilisation ne vienne pas justifier des atteintes plus ou moins graves aux principes fondamentaux du droit pénal. La dangerosité est un concept bien installé dans nos législations contemporaines, mais ce n'est pas une raison pour ne pas en dénoncer les dangers…

Prisonniers dangereux - de l'isolement accru à la perspective de réinsertion sociale ?

Piotr Stępniak

Directeur de Chaire de la Science Pénitentiaire
Faculté d'Etudes Educatives
Université Adam Mickiewicz de Poznań (Pologne)

Cet article est consacré au problème de l'exécution d'une peine privative de liberté concernant des soi-disant prisonniers dangereux. Il s'agit en particulier de la question des priorités et des objectifs, ainsi que des moyens et méthodes d'impact utilisés. Dans cette perspective, les considérations sur la question indiquée dans le titre, seront prise en compte. Leur leitmotiv est la question de savoir si un prisonnier dangereux est une personne perdue pour la société ou s'il a une chance pour qu'il y retourne. En somme faut-il entreprendre des actions dans cette direction pendant l'exécution de la peine et si oui, lesquelles ?

Dans l'introduction, il convient de noter que le concept de prisonnier dangereux est un concept extralégal. Il n'est pas utilisé dans les actes juridiques. Cependant, il est devenu si populaire dans l'espace pénitentiaire qu'il est utilisé quotidiennement par les agents pénitentiaires, c'est-à-dire dans leur dialecte professionnel, dans un langage courant, parfois aussi à l'extérieur de la prison, ainsi que dans les documents pénitentiaires internes et la littérature pénitentiaire. Z. Lasocik note que le terme "prisonnier dangereux" ne suscite pas d'objections sérieuses de la part de ceux qui l'utilisent et qu'il est même commode. En effet, il remplace un nom officiel - formel, très long et descriptif, indiquant les menaces sociales et organisationnelles importantes qui sont posées par une personne spécifique[1].

---

[1]Z. Lasocik, Izolacja spotęgowana – kilka pytań na temat oddziałów dla tzw. więźniów niebezpiecznych, Archiwum Kryminologii, vol. XXIX–XXX, Warszawa 2007–2008, p. 704.

Alors, qui est un prisonnier dangereux, comment le définir ? Sans entrer dans des problèmes assez compliqués du soi-disant état de danger humain[2], aux fins de considérations ultérieures, je citerai les conditions statutaires pour reconnaître un condamné comme dangereux. Ce mode de normalisation définit indirectement le concept de prisonnier dangereux, en lui attribuant des traits spécifiques et des caractéristiques personnelles.

Selon le contenu de l'art. 88 § 1 du code pénal exécutif, un condamné qui a commis un crime avec un très haut degré de préjudice social[3], ou avec une cruauté particulière, peut être considéré comme un condamné qui constitue une menace sociale grave ou une menace sérieuse pour la sécurité de la prison. Il peut s'agir aussi d'un détenu qui a participé à une prise d'otage, qui a enlevé un navire ou un aéronef ou qui a utilisé des armes à feu, des explosifs ou des matières inflammables. Un prisonnier dangereux est également un prisonnier qui, lors d'une incarcération précédente ou actuelle, constituait une menace pour la sécurité de la prison ou de la maison d'arrêt[4].

Les condamnés dangereux sont placés dans des prisons fermées. C'est le type de prison le plus strict en Pologne. Initialement, une politique de dispersion dans un plus grand nombre de ces prisons était appliquée aux prisonniers dangereux (par exemple les membres de groupes criminels organisés). Cependant, le système pénitentiaire polonais ne connaissait pas de système d'influence distinct pour cette catégorie de personnes. Il s'est rapidement avéré que les conditions

---

[2] V. entre autres J. Larguier, Criminologie et science pénitentiaire, Paris 2012, p. 79. Dans la littérature polonaise, entre autres Z. Lasocik, *op.cit.* ; P.Stępniak, Środki penalne we Francji i w Polsce. Doktryna. Legislacja. Praktyka, Warszawa 2012, p. 73 et s.

[3] Atteinte à l'indépendance ou à l'intégrité de la République de Pologne, régime constitutionnel de l'État ou des organes constitutionnels de la République de Pologne, vie du président de la République de Pologne, unité des forces armées de la République de Pologne.

[4] C'est l'organisateur ou le participant actif d'une intervention collective, l'agresseur actif d'un agent public ou d'une autre personne employée dans un établissement pénitentiaire ou une maison d'arrêt, l'auteur d'un viol, de dommages graves à la santé ou a maltraité un autre prisonnier. En outre, cela concerne aussi l'auteur d'une évasion d'une prison fermée ou d'une maison d'arrêt ou pendant l'escorte à l'extérieur de cette prison ou de cette maison d'arrêt. Il s'agit également de personnes qui ont commis une infraction dans un groupe organisé, surtout si leur rôle était de direction ou important.

de détention standard dans cette prison n'étaient pas suffisantes en raison du niveau de danger élevé qu'ils posent. Pour cette raison, elles devaient être renforcées dans le sens d'une isolation accrue. Étant donné que le système pénitentiaire polonais ne dispose pas d'un type de prison distinct pour les détenus dangereux, des conditions d'hyper-isolement ont commencé à être créées dans des unités spéciales offrant un niveau de protection supplémentaire, dans des unités dites "N". Les détenus considérés dangereux ont commencé à y être détenus à la fin de l'année 2002/2003 (cf. article 88a, paragraphe 1 du code pénal exécutif). Cependant, leur nombre n'a jamais été significatif. Selon les statistiques actuelles du Service Pénitentiaire, entre le 31 juillet 2018 et le 31 juillet 2019, le nombre de prisonniers dangereux dans les prisons polonaises ne dépassait pas 150[5].

Conformément aux dispositions légales en vigueur, la décision de créer une unité pour les prisonniers dangereux est prise par le Directeur Général du Service Pénitentiaire. Après la modification du code pénal exécutif du 10 septembre 2015[6], la commission pénitentiaire décide de reconnaître le condamné comme constituant une menace sociale grave ou une menace sérieuse pour la sécurité de la prison et de le placer dans l'unité "N". Sa décision doit être revue au moins une fois tous les trois mois. La commission doit chaque fois tenir compte des caractéristiques et des conditions personnelles du condamné, de sa motivation et de son comportement lors de la perpétration d'un crime, de la nature des conséquences de cet acte, de son comportement pendant son incarcération, du degré de démoralisation et des progrès en matière de la resocialisation. Dans le cas des membres de groupes criminels organisés, la commission tient également compte du risque, ce qui peut résulter de l'établissement de contacts avec les membres du groupe (art. 1 point 3 de la loi du 10 septembre 2015 modifiant la Loi - Code pénal exécutif).

La conséquence de l'octroi du statut d'un prisonnier dangereux est une réduction drastique de sa liberté en prison, notamment : mouvement, contrôle personnel, promenades et visites. Il est incarcéré dans une unité ou une cellule d'une prison de type fermé dans des conditions assurant une protection accrue de la société et la sécurité de la

---

[5] En juillet 2018, ils étaient 145, en juillet 2019 – 140 ; Cf. https://sw.gov.pl/strona/statystyka--biezaca.

[6] Ustawa z dnia 10 września 2015 r. o zmianie ustawy - Kodeks karny wykonawczy, Dz.U. 2015 poz. 1573

prison (art. 88a § 3 du code pénal exécutif). Il s'ensuit que l'exécution d'une peine privative de liberté n'implique aucune rigueur particulière dans l'exécution de la peine, mais augmente son isolement à un point tel qu'on peut parler d'hyper-isolement.

Un hyper-isolement est possible dans les unités "N" grâce à leur dispositif spécial. Celles-ci sont des parties distinctes des maisons d'arrêt ou des prisons. Elles sont généralement situées dans des bâtiments séparés ou se présentent sous la forme d'un élément d'architecture séparé. Elles sont entièrement isolées du reste d'une unité, par exemple par une entrée ou un couloir spécial. La maximisation de l'isolement est obtenue par la mise en place d'un système de sécurité physique et électronique spécial (par ex. une porte métallique lourde fermée en permanence, surveillance de tout ce qui se passe dans les couloirs et dans les cellules, remplacement des procédures standard de "traitement" des prisonniers par les activités d'un système informatique sophistiqué et de dispositifs de contrôle à distance, diminution du contact des officiers avec les prisonniers, procédures de sécurité sophistiquées, etc.).

Selon Z. Lasocik, l'essence de l'isolation maximisée ne peut être décrite que par ses caractéristiques de la sécurité technique et en faisant ainsi référence aux éléments physiques. Ce serait trop simpliste. Il existe deux autres dimensions importantes qui permettent de la définir également dans un sens symbolique. Il s'agit de l'isolation externe et interne[7].

La première de celles-ci se manifeste par la séparation physique de l'unité "N" du reste de l'unité pénitentiaire. Une telle unité est donc isolée structurellement et fonctionnellement. Sa gestion est soumise à des règles spéciales. Seul un petit groupe d'officiers supérieurs y ont accès, tandis que les membres du personnel pénitentiaire spécialement sélectionnés ont des contacts limités avec d'autres agents.

Ce type d'isolement physique et structurel est encore renforcé par l'isolement symbolique. Cela s'exprime dans le fait que l'admission dans une unité n'est possible qu'après le chargement d'une carte magnétique spéciale que seules des personnes sélectionnées peuvent

---

[7]Z. Lasocik, *op. cit.*, p. 705.

avoir. Comme Z. Lasocik le note, la clé de la prison traditionnelle, qui est un symbole d'une sorte d'égalitarisme professionnel, cesse d'avoir un sens. Au lieu de cela, il est acquis par une carte électronique très élite, codée individuellement. Ainsi, le titulaire d'une telle carte acquiert des droits spéciaux, inaccessibles aux personnes appartenant au personnel pénitentiaire. L'utilisation de ce droit est donc une sorte de privilège. La possession de ce privilège permet de subir un rituel spécifique consistant à traverser une zone fermée au sein d'une prison déjà fermée[8]. Le titulaire de la carte le célèbre généralement devant les autres. L'unité "N" où sont placés des prisonniers jugés dangereux constitue donc une sorte de prison dans la prison. C'est une enclave difficilement accessible, coupée du reste d'une unité. On peut estimer que « l'institution totale » telles que l'entend E. Goffman, atteint son apogée ici[9]. Il convient donc de porter un peu plus d'attention à ce problème. L'institution totale est liée à son oppression envers la personne qui y est incarcérée. D'après les psychologues pénitentiaires, on peut dégager les principaux déterminants de cette dernière qui ont une dimension extrême dans le cas des détenus dangereux :

1. privation non seulement de liberté mais aussi de presque toutes les libertés,

2. diminution de l'espace de vie,

3. privation de tout équipement matériel et de service,

4. organisation de la vie en prison de manière spartiate,

5. privation totale d'autonomie, c'est-à-dire placer un détenu comme sujet passif de l'influence d'autrui,

6. impossibilité complète de décider pour eux-mêmes, de leur sort, de leur destin, de la vie quotidienne, de leur temps, de leurs déplacements,

7. système d'ordonnances et d'interdictions extrêmement répressifs, nécessité de se soumettre complètement au Service Pénitentiaire,

8. violation radicale des limites de l'intimité et de la vie privée.

---

[8] Ibidem, p. 705.

[9] E. Goffman, Instytucje totalne. O pacjentach szpitali psychiatrycznych i mieszkańcach innych instytucji totalnych, Sopot 2011.

Une mesure de l'oppression des conditions d'exécution d'une peine privative de liberté par les prisonniers dangereux est que leur comportement est soumis à des contrôles beaucoup plus stricts par rapport aux autres prisonniers. Leur activité est surveillée 24h / 24, tandis que la mobilité est limitée à la marche quotidienne et à l'utilisation possible de la salle commune, la plupart du temps dans la solitude. Parfois, ils peuvent bénéficier d'une visite de leurs proches ou d'une rencontre avec un avocat. Chaque sortie est soumise à une procédure compliquée (présence de deux agents avec des gilets pare-balles, fouille personnelle après avoir quitté la cellule et, avant d'y entrer, la sortie pouvant s'effectuer avec des menottes). Les réunions avec l'éducateur, le psychologue ou l'infirmière sont limitées au minimum nécessaire. Dans certaines unités, les réunions se tiennent à travers une grille, en présence d'agents de sécurité, parfois aussi d'autres prisonniers (lorsque la cellule est double ou triple).

L'oppression d'une prison de type fermée, parce que y sont placés des prisonniers dangereux, est associée à son caractère total qui est souvent indiquée dans la littérature pénitentiaire. Cette totalité est extrême dans les conditions de l'unité "N". Le modèle classique de la prison en tant qu'institution totale est illustré par la théorie de E. Goffman. En la formulant, il a souligné un ensemble de caractéristiques définissant les objectifs et le mode de fonctionnement de ces institutions, ainsi que les caractéristiques personnelles des personnes y séjournant[10].

L'une des caractéristiques de base est donc que la vie des personnes qui y résident se déroule au même endroit et est soumise au même et au seul pouvoir. Dans le cas de condamnés dangereux, il s'agit d'une petite cellule dotée de fonctions de sécurité spéciales, par exemple des grilles internes, montées devant la porte. La restriction d'espace indiquée par E. Goffman en tant que caractéristique d'une institution totale, est particulièrement radicale ici et constitue la nuisance la plus douloureuse de toutes. Une autre caractéristique est que toute la journée d'un prisonnier se résume à quelques activités simples

[10] H. F. Ellenberger a distingué les caractéristiques similaires d'institutions fermées en divisant ces organisations en raison de l'objet et la différenciation interne. V. M. Ciosek, *Zakład karny jako instytucja resocjalizacyjna,* [in:] *Resocjalizacja,* Vol.1, B. Urban, J. M. Stanik (dir.), Wydawnictwo Naukowe PWN, Warszawa 2007, p. 326 et suiv.

et élémentaires, prévues de telle manière que l'une suit après l'autre. Les activités individuelles d'un prisonnier dangereux sont obligatoires et font partie du plan général. Ce plan est imposé par le système de réglementations formelles et sa conformité est vérifiée par une équipe de superviseurs[11]. Le mode d'exécution des fonctions vitales est spécifié dans la réglementation.

Une autre caractéristique qui témoigne de l'extrême totalité des unités «N» est la restriction radicale des libertés laissées aux prisonniers. Leurs comportements sont soumis à beaucoup plus de réglementation que pour les autres prisonniers et ils restent sous un contrôle externe accru. Ils sont régis par un système très minutieux d'ordonnances et d'interdictions. Ce contrôle est personnel aussi bien que formel. Il peut être effectué à tout moment et en tout lieu. Le contrôle personnel est la norme. Il consiste à inspecter en permanence le corps et à vérifier les vêtements, les sous-vêtements et les chaussures, ainsi que les articles en propriété. D'autre part, le contrôle formel porte sur le degré de conformité des détenus avec l'ordre interne établi pour eux, en particulier les ordres et les interdictions.

L'activité des prisonniers dangereux est surveillée 24h / 24. Les réunions avec l'éducateur, le psychologue ou l'infirmière sont limitées au minimum nécessaire. Dans certaines unités, les réunions se tiennent à travers une grille, en présence d'agents de sécurité, parfois aussi d'autres prisonniers (lorsque la cellule est double ou triple). Lorsque le prisonnier n'est pas dans la cellule, un contrôle de sécurité est effectué. Il consiste à vérifier l'état des dispositifs et des installations qui s'y trouvent, ainsi qu'à effectuer une fouille de la cellule conformément à la procédure établie et sous le contrôle de caméras.

Compte tenu des réalités et des conditions décrites ci-dessus concernant l'organisation de la vie en prison dans l'unité "N", la question qui se pose est de savoir si une action corrective est souhaitable et réelle. La priorité de l'exécution de la peine est la répression et les représailles. Cela découle de la rétribution pour avoir commis un crime très grave. Les prisonniers sont soumis à la justice rétributive. En outre, le dispositif de conditions strictes pour l'exécution de la peine souligne la nécessité de garantir la sécurité en prison. Néanmoins, on peut se demander si, outre le fait de soumettre le prisonnier à un hyper-isolement, les interactions pénitentiaires peuvent et doivent inclure autre

---

[11]E. Goffman, *op. cit.*, pp. 151-152.

chose. L'Hyper-isolement ne dure pas perpétuellement. Ainsi, après une sorte de décompression, c'est-à-dire une fois libéré, le prisonnier retourne d'abord dans l'unité ordinaire, puis dans une certaine perspective temporelle, il peut retourner dans la société. A cet égard, la question de son éventuelle réhabilitation sociale se pose. Il s'agit de savoir si et comment concilier la répression et les représailles associées à son "adoucissement" avec le processus correctif potentiel. Ce problème peut se résumer à la question de l'opportunité et la possibilité, ainsi que des mesures spécifiques et les méthodes de *correctional work* à hyper-isolement. Est-il possible et utile de synchroniser ces deux types d'interactions ? Qu'est-ce qui indique que des mesures correctives pourraient être prises dans les conditions des réunions réglementées avec l'éducateur ou le psychologue, accompagnées par un agent de sécurité ?

Il existe deux positions à ce sujet dans la littérature pénitentiaire polonaise. La première d'entre elles est présenté par les promoteurs de la resocialisation. C'est très idéaliste. Selon eux, la synchronisation des deux aspects opposés des interactions pénitentiaires indiquées ci-dessus est possible et utile (par exemple, S. Przybyliński[12]). Il est juste d'admettre, cependant, qu'ils sont conscients que dans le cas de prisonniers "dangereux", c'est doublement difficile. La priorité des interactions est l'isolement qui est supérieur au processus correctif.

Néanmoins, les éducateurs indiquent qu'il faut penser à l'homme, à ses possibilités de transformation morale et sociale, à la construction de son avenir. Il y a beaucoup de raison. Bien que ces prisonniers purgent des peines de longue durée, la plupart d'entre eux quitteront l'unité "N" avec le temps, puis sortiront de prison. Ils reviendront dans la société. Par conséquent, il faut essayer de les doter des compétences sociales appropriées. Le travail correctif ne devrait pas être retardé malgré les difficultés objectives, c'est-à-dire l'isolement accru, la restriction des libertés laissées au condamné, une surveillance permanente. Il y a toujours une chance que cela puisse donner un résultat positif[13].Cependant, cela dépend dans une large mesure du prisonnier lui-même. En d'autres termes, cela dépend si le fait de purger une peine d'emprisonnement avec le statut de "N" constitue un stimulus

[12]S. Przybyliński, Więźniowie "niebezpieczni".Ukryty świat penitencjarny, Kraków 2012.
[13]S. Przybyliński, op. cit., p. 332.

pour une transformation morale et lui fait prendre conscience du comportement répréhensible. Dans les procédures pénitentiaires engagées contre lui, cela dépend beaucoup du personnel pénitentiaire, mais encore plus du prisonnier lui-même. Sa volonté potentielle et sa volonté de changer sincèrement sont donc plus importantes que la thérapie la plus précieuse ou les classes de psychocorrection les plus attrayantes.

Le fait que cette opinion des éducateurs ne soit pas une abstraction complète, détachée de la réalité du traitement des prisonniers dangereux, est mis en évidence par un exemple spectaculaire de la transformation du gangster avec le surnom de "Guépard".

En fait, son nom était Piotr Stępniak. Dans le monde criminel, il était connu comme un bandit impitoyable et endurci. Dans la hiérarchie des bandits, il devint de plus en plus fort : il disposait d'un puissant réseau de revendeurs qui lui distribuaient de la drogue, il a également recouvré des dettes. Il était célèbre pour sa brutalité : il torturait, violait et vendait des femmes à des maisons de prostitution. Il est devenu très riche, tout le monde avait peur de lui.

Il passa la moitié de sa vie en prison et dirigea un groupe criminel. Personne ne pourrait le changer. Il a passé 24 ans en prison. La plupart du temps, il était placé dans des cellules des unités "N". La liste des crimes qu'il a commis couvre une grande partie du code pénal. Parmi eux, on dénombrait des crimes aussi graves que la participation à la criminalité organisée, la traite des êtres humains, le trafic d'armes et de drogue, les vols à main armée, les vols qualifiés, le racket, etc.

En prison, "Guépard" appartenait au groupe qui utilisait un langage compris uniquement par un groupe sélectionné de détenus et non par le personnel pénitentiaire. Il a purgé de nombreuses peines, a été libéré et il a été condamné pour des crimes de plus en plus violents. Durant ses séjours en prison, il a fait de nombreuses évasions et tentatives de suicide. Cependant, il a commencé à souffrir d'épilepsie et du cancer. Il est tombé dans le coma, a perdu l'œil et le poumon, mais le cancer a reculé.

La dernière condamnation prononcée par le tribunal c'était une peine de 25 ans de privative de liberté en raison de la participation à un groupe criminel organisé. Le juge qui a prononcé le verdict a déclaré avec satisfaction : "Je libérerai la société du bandit pour toujours."

Un jour, alors que "Guépard" avait une douzaine d'années d'emprisonnement en relation avec sa dernière peine, sur une cour de promenade, un homme s'approcha de lui. Il lui a dit que Jésus l'aimait. En réponse Guépard a crié "va te faire foutre pédé !". Le lendemain, la situation se répète. En conséquence, il a tellement battu le prisonnier qu'il a dû être conduit aux urgences. Cependant, il a eu de la chance parce que le commandant lui a dit qu'il n'aurait pas de "cas". L'homme battu a déclaré qu'il voulait prier pour lui. Il ne l'a pas maudit et n'a pas cherché de représailles. Il allait prier. "Guépard" ne pouvait pas le comprendre. Les lettres ont commencé à arriver en prison. La victime les a envoyés. Dans une interview avec D. Maciejasz, "Guépard" a déclaré :

"je n'ai jamais reçu de lettre. Eh bien, à l'exception des avis des procureurs, huissiers de justice et des policiers. Par curiosité, j'ai commencé à les lire. Ensuite, il y a eu de longues conversations avec "celui de Jésus". J'ai commencé à croire ce qu'il disait. Et ainsi, lentement, lentement, j'ai trouvé une vie différente, sans drogue et sans violence"[14].

Cinq ans plus tard, le même juge qui l'avait condamné à 25 ans d'emprisonnement lui a accordé la libération conditionnelle[15].

Après sa sortie de prison "Guépard" a commencé à aller dans des prisons, des établissements correctionnels, des maisons de retraite, ainsi que des écoles et des universités dans toute la Pologne. Il parlait de la réalité de l'incarcération en cellule, de sa transformation, d'une vie sans violence et sans drogue. En 2018, il est décédé des suites d'un cancer. Après sa mort, le Portail d'information chrétienne a annoncé qu'il avait complètement changé en prison. Au cours des dernières années de sa vie en coopérant avec l'église pentecôtiste du Bethel à Ustroń, il a conseillé aux jeunes comment éviter de s'engager dans la mauvaise voie. Il a mis en garde contre la drogue, la criminalité et la violence[16]. Il a écrit un livre sur sa vie intitulé Libération du gangster (avec Elbieta Szczygieł; pas de lieu ni d'année de publication).

---

[14]D. Maciejasz, Misja gangstera, Gazeta Wyborcza du 20 juillet 2011.

[15] D. Maciejasz, Misja gangstera, Gazeta Wyborcza du 20 juillet 2011.

[16]https://chnnews.pl/polska/item/4290-zmarl-piotr-stepniak.html ; accès 14 août 2019.

"Guépard" a décrit la transformation morale comme suit[17]:

j'étais allongé sur le lit après la dernière tentative de suicide. J'ai essayé de me couper la gorge. Les pensées dans ma tête se bousculaient et je ne pouvais pas faire face : pourquoi je ne peux pas mourir ? J'ai frappé le mur avec mes poings et j'ai dit : "Qu'est-ce qui ne va pas ?". Je me suis souvenu des mots que cet homme m'avait dit. J'ai appelé : "Seigneur Jésus, où es-tu ? Aide-moi ou libère-moi d'ici." Je n'ai pas la schizophrénie, mais j'ai entendu "agenouille-toi et commence à te repentir". Je l'ai fait et j'ai ressenti une douleur physique, comme si quelqu'un m'avait arraché le cœur et en avait mis un nouveau. Une vague d'amour si puissante s'est déversée dans mon cœur. Les gardiens sont venus et ont demandé ce qui se passait. Je leur ai dit que Jésus-Christ vit dans mon cœur, j'ai commencé à leur dire l'Evangile. Je ne détestais plus les gardes. L'autre jour, bien sûr, je suis allé à un examen psychiatrique. Les médecins ont constaté que j'étais en bonne santé.

En analysant l'histoire de la vie de Piotr Stępniak et le phénomène de son changement inattendu, on peut estimer qu'il ne s'agissait pas d'un résultat de mesures correctives prises dans les prisons, mais d'une conséquence des processus dans la psyché du détenu. Cela confirme donc l'opinion de sens commun de S. Przybyliński, déjà citée plus haut, selon laquelle l'amélioration morale d'un prisonnier dangereux dépend principalement de lui-même.

D'ailleurs même un "Guépard" à propos de la resocialisation pénitentiaire a déclaré[18]:

la resocialisation est un mythe. J'étais dans une cellule avec un étudiant, fils d'une dentiste et d'un pédiatre. Le garçon a causé un accident après avoir bu de l'alcool. Il a été libéré de prison au bout d'un an et demi et est revenu trois mois plus tard. Pour assaut sur un bijoutier.

Compte tenu de cet état de fait, il convient de se poser la question de savoir comment l'incarcération de prisonniers dangereux est effectué dans la pratique, et si une influence est exercée en dehors de la mise en œuvre d'un isolement accru. Des informations intéressantes à

---

[17] K. Pisera, Piotr &quot ; Gepard &quot ; Stępniak: Kradłem, rabowałem, w więzieniu stałem się innym człowiekiem, Dziennik Bałtycki du 14 février 2012 ; accès 14 août 2019.

[18] D. Maciejasz, Misja gangstera, Gazeta Wyborcza du 20 juillet 2011.

cet égard sont fournies par, entre autres E. Brzostymowska du bureau du Défenseur des droits[19]. Ces informations sont basées sur les résultats des recherches effectuées en 2011-2012 dans son bureau. Leurs résultats sont toujours valables malgré le fait que plusieurs années se sont écoulées depuis leur établissement. Le but de cette recherche était d'évaluer le traitement des prisonniers qui constituaient une menace sociale grave ou une menace sérieuse pour la sécurité de la prison ou de la maison d'arrêt dans certains établissements pénitentiaires. C'est leur définition officielle. La principale raison de la réalisation de la recherche était l'augmentation du nombre de plaintes adressées au bureau du Défenseur des droits par des prisonniers ayant le statut de "dangereux".

Les recherches ont été effectuées dans onze prisons et maisons d'arrêt sélectionnés (dans sept unités pour prisonniers dits "dangereux" et dans quatre unités pénitentiaires dotées de cellules de logement destinées à cette catégorie de détenus)[20].

Les résultats de ces recherches ont été présentés dans le discours général prononcé par le Défenseur des droits devant la Ministre de la Justice le 22 février 2013.

Voici les principales conclusions.

1. Un nombre important de personnes ayant le statut de "Dangereux" reste dans les conditions d'une norme de sécurité accrue pendant plus de deux ans. Dans quelques unités pénitentiaires, entre autres à la maison d'arrêt de Katowice, à la maison d'arrêt de Varsovie - Białołęka et à la prison de Włocławek, des cas de prolongation de cette période de 4 à 13 ans ont été constatés. Bien que les motifs permettant de qualifier les intéressés de prisonniers "dangereux" soient justifiés, les procédures de vérification de cette décision se sont révélées peu clairs dans la plupart des cas. Relativement souvent, il

---

[19] E. Brzostymowska, głos w debacie : Czy „Niebezpieczni" są naprawdę niebezpieczni ? O statusie więźnia niebezpiecznego w Polsce – zapis debaty z 17 kwietnia 2013 r. Helsińska Fundacja Praw Człowieka, version Internet :http://beta.hfhr.pl/wp-content/uploads/2014/05/Czy_niebezpieczni_sa_naprawde_niebezpieczni_zapis_debaty.pdf; accès le 17 août 2019.

[20] Prisons de Sztum, Włocławek, Wrocław, Wołów et Maisons d'arrêt de Lublin, Gdańsk, Wrocław, Varsovie - Białołęka, Varsovie - Mokotów, Cracovie et Katowice.

s'agissait simplement d'une répétition de la décision initiale permettant de qualifier de "prisonniers dangereux"[21].

2. Cependant, le plus important, du point de vue des questions abordées dans cet article, en particulier des questions incluses dans son titre, s'est avéré l'absence d'impact pénitentiaire adéquat à l'égard des personnes qualifiées dans cette catégorie de détenus.

Comme il a été établi dans les recherches, dans la plupart des cas, ils n'ont pas subi des actions pénitentiaires accrues lors d'études, de travail ou de thérapie. Par conséquent, l'instruction n° 15/10 du Directeur Général de l'Administration Pénitentiaire du 13 août 2010 sur l'organisation et les conditions de conduite des actions pénitentiaires contre les condamnés, les détenus et les personnes punies qui menacent gravement la sécurité de la prison ou du centre de détention détenus dans des conditions assurant une protection accrue de la société et la sécurité de la prison, n'a pas été realisée. Elle impose au Service Pénitentiaire l'obligation de multiplier les interactions pénitentiaires avec eux afin d'accroître leur activité et de maximiser l'utilisation du temps libre[22].

Aucun des prisonniers interrogés et intéressés à poursuivre leurs études dans l'unité pour détenus "dangereux", n'a obtenu de permission. Egalement, l'instruction du Directeur Général prévoyant la possibilité de les transporter dans des unités "N" situées dans des établissements pénitentiaires dans lesquelles les écoles pénitentiaires fonctionnent ou un cours individuel d'apprentissage est organisé, n'a pas été appliquée.

---

[21]En 2012, la Cour européenne des droits de l'homme a rendu des arrêts dans l'affaire Piechowicz et Horych c. Pologne concernant le statut des prisonniers "dangereux". Dans les deux cas, elle a constaté que la Pologne avait violé l'article 3 de la Convention européenne des droits de l'homme, parce que ce statut leur est appliqué depuis trop longtemps. De l'avis de la Cour, il n'y avait aucune raison de le prolonger pour une période aussi longue.

[22]Le § 24 al. 1 du Règlement du ministre de la Justice du 14 août 2003 sur les modalités des interactions pénitentiaires dans les prisons et les maisons d'arrêt montre toutefois qu'un détenu "dangereux" est soumis à des interactions pénitentiaires, avec des restrictions résultant du fait qu'il crée une menace sociale grave ou une menace sérieuse pour la sécurité de la prison. Toutefois, il convient de rappeler que ces considérations de sécurité ne peuvent constituer un motif d'exclusion du travail pour cette catégorie de détenus.

Les réalités de l'emploi de condamnés dangereux se sont révélées similaires. Un seul des établissements pénitentiaires visités les a employés pour coller des enveloppes[23]. Au cours d'entretiens individuels, les prisonniers se sont plaints de l'incapacité de travailler. Donc, il n'y a pas eu d'impact à travers le travail.

Selon E. Borzymowska, les recherches effectuées montrent également que les prisonniers dangereux n'ont pas accès à des activités culturelles, éducatives et sportives intensifiées. Les cours quotidiens dans la salle commune n'avaient lieu que dans la prison de Włocławek. Bien que de nombreuses unités pénitentiaires disposent de salles communes très bien équipées[24], aucun exercice ni cours n'y a été organisé. Selon le Défenseur des droits, cette situation ne peut être acceptée. Il convient donc de rappeler ici le contenu de la disposition de l'article 135 du code pénal exécutif. Selon cette disposition, l'unité pénitentiaire est obligée de créer des conditions permettant aux condamnés de passer leur temps libre correctement. Les observations faites jusqu'à présent montrent cependant que dans la plupart des cas, les prisonniers "dangereux" restent en cellule 23 heures par jour[25].

3. Dans le rapport du Comité européen pour la prévention de la torture et des peines ou traitements inhumains ou dégradants (CPT) de 2009, il a été reproché aux autorités pénitentiaires polonaises de ne pas créer, comme défini, "un programme de cours constructifs, accessible, de préférence, en dehors d'une cellule de logement". Pour cette raison, la participation active de l'éducateur et du psychologue au travail avec des prisonniers "dangereux" a été recommandée. Cela visait à les encourager à participer au programme et à permettre un contact en toute sécurité avec les autres détenus pendant au moins une partie de la journée.

Il faut toutefois reconnaître que, dans la plupart des unités pénitentiaires examinées, ces prisonniers étaient systématiquement en contact avec l'éducateur. Le travail systématique de l'éducateur et du psychologue peut réduire leurs tensions émotionnelles, ainsi que leur comportement agressif et auto-agressif. Deux unités pénitentiaires

---

[23]Prison à Wołów.

[24]Par ex. Maison d'arrêt à Lublin, Prison à Włocławek.

[25]Une heure de promenade.

méritent d'être reconnues, à savoir les prisons de Sztum et de Włocławek, où des visites régulières de l'éducateur et du psychologue aux cellules de logement sont devenues de bonnes pratiques pénitentiaires.

4. Une autre irrégularité constatée concernait les visites des prisonniers "dangereux" avec des proches. Les recherches de E. Borzymowska montrent que la pratique dans ce domaine était inégale. Par exemple, dans l'unité de détenus "dangereux" de la maison d'arrêt à Varsovie - Mokotów, quatre salles ont été séparées pour les visites. Cependant, le contact direct avec le visiteur est prohibé. La visite se déroule avec une vitre de séparation et la conversation s'effectue par téléphone. Selon le Défenseur des droits, cet état de fait constitue une violation des normes internationales applicables et des dispositions du droit pénitentiaire polonais. Des solutions correctes à cet égard ont été trouvées à la maison d'arrêt de Varsovie-Białołęka. Cette unité est équipée à la fois d'une salle de visite permettant le contact direct d'un prisonnier "dangereux" avec les visiteurs, ainsi que de trois places pour les visites empêchant ce contact. C'est un bon exemple pour d'autres maisons d'arrêt et prisons dans lesquels des détenus ayant ce statut sont placés.

Il convient donc de rappeler que, conformément à l'article 88 b, point 9 du code pénal exécutif, les visites avec des prisonniers "dangereux" peuvent être autorisées de manière à empêcher tout contact direct avec les visiteurs en cas de menace grave pour la sécurité des visiteurs. Il s'ensuit que le principe est l'autorisation d'un contact direct entre le condamné et le visiteur (article 105 § 5 du code pénal exécutif). Cette disposition reprend donc la règle énoncée dans la Recommandation n ° R (82) 17 de 1982 du Comité du Conseil de l'Europe sur la détention et le traitement des détenus dangereux. Il recommande aux gouvernements des Etats membres du Conseil de l'Europe d'appliquer à cette catégorie de détenus, dans la mesure du possible, les dispositions habituelles régissant l'exécution de la peine privative de liberté. Il en résulte qu'ils devraient avoir le même accès à l'éducation, à la participation à des activités culturelles et éducatives, à la thérapie, à l'emploi, aux contacts avec la famille, comme les autres prisonniers. Selon le Défenseur des droits, la rigueur accrue dans l'exécution d'une peine ne peut constituer un prétexte pour éliminer des mesures d'influence importantes sur un condamné. La nécessité de modifier la législation à cet égard est en outre soulignée par deux affaires perdues par la Pologne devant la Cour européenne des droits de l'homme (les requérants - Piechowicz et Horych)[26]. Il est arrivé parce que, une ancienneté de plus de 30 ans, les directives de la recommandation indiquée ne sont pas pleinement appliquées par le système pénitentiaire polonais.

Malheureusement, le Ministère de la justice ne voit toujours pas la nécessité de changer la situation décrite ci-dessus et d'entreprendre des travaux législatifs visant à renforcer les garanties juridiques du respect des droits des prisonniers considérés comme dangereux. À la lumière des commentaires formulés dans cet article, cela est difficile à accepter. Dans une telle situation, une indication de son titre à la perspective de leur réinsertion sociale n'est qu'une question rhétorique sur une telle possibilité. Il est difficile de tirer des conclusions au niveau du système à partir de l'exemple de la conversion de l'ancien gangster "Guépard" décrit dans ce texte. Par conséquent, le problème de la politique pénitentiaire à l'égard des prisonniers dangereux, c'est-à-dire le problème : la prison - ce qu'il y a, et surtout ce qui le suit, reste valable.

---

[26] https://www.rpo.gov.pl/pl/content/odpowiedz-sluzby-wieziennej-ws-wdrozenia-wyrokow-etpc-dot-wiezniow-niebezpiecznych; accès le 17 août 2019.

Traitement pénal et pénitentiaire des délinquants dangereux en Espagne

José-Luis DE LA CUESTA

Ana-Isabel PÉREZ MACHÍO

Institut Basque de Criminologie (Groupe GICCAS IT 1372-19)
Université du Pays Basque (UPV/EHU). San Sebastián, Espagne

I. Un souci habituel des réformes intervenues dans le Code pénal au XXIème siècle

Même si le taux et la prévalence de la criminalité en Espagne se trouve en dessous de la moyenne européenne,[1] et malgré l'important taux d'incarcération,[2] la question du traitement pénal et pénitentiaire des criminels dangereux constitue un souci habituel des réformes intervenues dans le Code pénal de 1995 au XXIème siècle.

1. En 1995, l'effort de maîtrise de la rigueur punitive annoncé par le législateur avait trouvé reflet au sein du nouveau Code Pénal[3](dorénavant, CP), entre autres, tant dans la réduction de la durée générale des peines – bien que modulée par la disparition de la rédemption des

---

[1]Avec un taux de 0,48 homicides par 100.000 habitants (France : 1.31, Italie : 0.67; Allemagne : 0,91) et une position moyenne quant aux agressions, l'Espagne est considérée par Eurostat comme un des pays les plus sûrs en Europe. "¿Es España un país seguro ? Cinco datos sobre criminalidad comparados con otros países de Europa", *europapress*, 21/03/2019) https://www.europapress.es/sociedad/noticia-espana-pais-seguro-cinco-datos-criminalidad-comparados-otros-paises-europa-20190321173055.html

[2]A. SANCHEZ, "España es el cuarto país europeo con estancias en prisión más largas", *El País*, 21/03/2018 (https://elpais.com/politica/2018/03/19/actualidad/1521471828_119407.html). Voir aussi, DÍEZ RIPOLLÉS, J.L., "Las penas de nuestro Código Penal", *El Pais*, 29/01/2020 (https://elpais.com/elpais/2020/01/27/opinion/1580152136_855326.html).

[3]J.L. DE LA CUESTA, "Le nouveau Code pénal espagnol de 1995", *Revue Internationale de Droit Pénal*, 67, 3-4. 1996, p.715 ss.

peines par le travail – , comme le domaine de la dangerosité, dont le traitement avait été réglementé en dehors du CP depuis les années 30 et, en particulier, à travers la Loi de dangerosité et réhabilitation sociale de 1970. Mettant fin au système d'états dangereux permettant l'imposition de mesures de sûreté, fortement questionné depuis longtemps et, surtout, à partir de la Constitution de 1978,[4] le nouveau CP avait maintenu le système de double voie, mais dans le respect du principe de légalité, seul en cas de dangerosité criminelle manifestée dans la commission d'un fait délictueux, imposant comme limites aux mesures de sûreté concrètes susceptibles d'être prononcées à l'encontre des non-imputables et semi-imputables, le contenu et la durée de la peine abstraite applicable aux faits (art. 6).

2. Or laissant de côté d'autres modifications plus ponctuelles,[5] la réforme de 2003 avait élargi l'extension de la durée de la peine de prison en cas de concours réel d'infractions, permettant d'aller jusqu'à 40 ans. En vue d'assurer une « exécution intégrale » des peines d'emprisonnement prononcées dans les cas les plus graves, elle avait également introduit, en particulier :

- la période de sécurité (la moitié de la durée de la peine) pour les peines supérieures à 5 ans d'emprisonnement (art. 36 CP),

- des restrictions supplémentaires quant à la classification en troisième degré (régime ouvert) et/ou l'accès à la libération conditionnelle pour les participants à des organisations criminelles et les crimes de terrorisme,

- et, notamment, la prévision spécifique de l'art. 78, en vertu duquel le décompte du temps exigé pour bénéficier de la classification en troisième degré pénitentiaire, des permissions de sortie, des avantages pénitentiaires et de la liberté conditionnelle devait s'effectuer sur la somme totale des peines infligées, quand la peine à exécuter résultant de l'application des règles sur le concours d'infractions (20 /

[4] A. BERISTAIN, J.L. DE LA CUESTA, J.L., "Panorama legislativo del sistema de justicia penal en España", *Revista General de Legislación y Jurisprudencia,* 3, 1986, p.375 ss.

[5] Par exemple, celle de la récidive qualifiée (art. 66.1.5), à travers laquelle réapparaissait d'une certaine façon la multi-récidive, éliminée de l'ancien texte punitif en 1983.

25 / 30 ou bien 40 ans, selon les cas : art. 76 CP) était inférieure à la moitié de cette somme.

3. La ligne d'aggravation des réponses punitives et de leur exécution, s'est aussi manifestée au sein du nouveau droit pénal des mineurs[6]. Elle s'est vue durcie avec les réformes postérieures, lesquelles, outre l'insertion de nouvelles incriminations et l'augmentation des peines prévues pour certains crimes, ont intensifié les restrictions en ce qui concerne l'accès au troisième degré et la libération conditionnelle des condamnés par des délits de terrorisme ou d'appartenance aux organisations criminelles[7].

La réforme de 2010 a également introduit la mesure de liberté surveillée, susceptible d'être prononcée lors du jugement en vue de son exécution après l'exécution de la peine privative de liberté ; initialement prévue seulement pour les atteintes les plus graves contre la liberté sexuelle et les crimes de terrorisme, la réforme de 2015 a étendu la possible application de cette modalité de liberté surveillée (jusqu'à dix ans additionnels) à toutes les infractions contre la vie, ainsi qu'aux délits de mauvais traitement et d'atteintes à l'intégrité et la santé dans le domaine des violences contre les femmes et les violences domestiques.

En 2015, c'est la prison permanente révisable qui a vu le jour en Droit pénal espagnol. Cette modalité d'emprisonnement à perpétuité, très questionnée, pour éviter l'incompatibilité avec le principe d'humanité[8] a introduit l'obligation de révision de la situation du détenu tous les deux ans après l'exécution des délais minimaux légalement établis (entre 25-35 ans selon les cas), permettant la suspension de l'exécution (de 5 à 10 ans) et la libération conditionnelle en cas de pronostic favorable de réinsertion sociale si des exigences additionnelles

---

[6] J.L. DE LA CUESTA, "Où va la justice pénale des mineurs en Espagne ? », *in* S. Cimamonti, G. Di Marino, E. Zappalà, *Où va la justice pénale des mineurs ? (Allemagne, Espagne, France, Italie, Russie)*, G. Giappicheilli Editore, Torino, 2010, p. 51 et s.

[7] J.L. DE LA CUESTA, A.I. PÉREZ MACHÍO, "Sigue la espiral de endurecimiento y expansión : la más reciente evolución de la política penal en España", *in*C.Cárdenas Aravena, J. Ferdman Niedmann (coords.), *El Derecho Penal como teoría y como práctica. Libro en homenaje a Alfredo Etcheberry Orthusteguy*, Thomson Reuters, Santiago de Chile, 2016, p. 27 et s.

[8] J.L. DE LA CUESTA, "Le principe d'humanité en Droit pénal", *Revue de Droit Pénal et Criminologie*, novembre 2013, p. 918 et s.

sont remplies (art. 92 CP). La peine est réservée pour des crimes exceptionnellement graves :

- meurtre qualifié (victime de moins de 16 ans ou personne particulièrement vulnérable en raison de son âge, maladie, infirmité, meurtre subséquent à une atteinte contre la liberté sexuelle) ;
- meurtre commis par une personne appartenant à un groupe ou une organisation criminelle ;
- meurtre de plus de deux personnes ;
- homicide du Chef de l'État, de son héritier, ou d'un Chef d'État étranger ; ainsi que
- les cas les plus sérieux de génocide et des crimes contre l'humanité.

II. Les établissements sécuritaires en Espagne

1. Le système pénitentiaire espagnol

La législation pénitentiaire constitue en Espagne une compétence de l'État. Mais, conformément à la Constitution, l'exécution pénitentiaire peut faire partie des compétences régionales : quand l'administration des prisons est transférée à une Communautés Autonome en application du Statut d'Autonomie respectif. Ainsi le système est unitaire du point de vu législatif, mais l'Espagne compte plus d'une Administration Pénitentiaire : pour le moment deux, car seule la Catalogne a reçu ce transfert (par le biais du Décret-Royal 3482/1983), même si les Statuts d'Autonomie du Pays Basque, de l'Andalousie, de la Navarre et d'Aragon incluent une prévision similaire.

La Loi Organique Générale Pénitentiaire de 26 septembre 1979 (dorénavant LOGP) a été la première loi organique approuvée dans le sillage de la Constitution de 1978, dont l'art. 25.2 établit que les peines privatives de liberté et les mesures de sûreté devront s'orienter vers la rééducation et la réinsertion sociale et ne pourront pas consister en des travaux forcés.

1.1 L'art. 7 LOGP classifie les centres intégrant le système pénitentiaire espagnol – lesquels ne doivent pas héberger plus de 350 détenus par unité (art. 12.2) – de la façon suivante :[9]

- Établissements de détention (art. 8 LOGP), dont la seule mission principale est de retenir et garder les détenus à la disposition de l'autorité judiciaire, en garantissant le principe de présomption d'innocence, un principe devant présider le régime pénitentiaire des prévenus (art. 5 LOGP)[10].

- Établissements d'exécution des peines, parmi lesquels on distingue les établissements de régime ordinaire et les établissements de régime ouvert (art. 9 LOGP).

- Établissements de régime fermé et départements spéciaux (art.10 LOGP), prévus de façon « exceptionnelle »[11] pour des personnes présentant une dangerosité extrême ou une inadaptation manifeste et grave aux régimes ordinaire et ouvert (art. 10 LOGP).

- Établissements spéciaux, dans lesquels l'assistance doit prévaloir : Centres hospitaliers, Centres psychiatriques, Centres de réhabilitation sociale (art. 11 LOGP).

---

[9] Il existe aussi des établissements polyvalents intégrés par des différents départements, modules ou unités séparés (art. 12 Règlement Pénitentiaire ; dorénavant, RP). D'autre part, le fait d'être jeune (mineur de 21 ans) détermine la destination vers un établissement ou quartier pour des jeunes, où ils peuvent rester jusqu'à l'âge de 25 ans (art. 9 LOGP et art. 173 RP). La séparation des sexes constitue un des critères traditionnels de l'organisation pénitentiaire (art. 16 LOGP et 99 RP), mais les quartiers mixtes sont exceptionnellement autorisés (arts. 168 et s. RP) en vue de l'exécution de programmes spécifiques de traitement ou pour éviter la déstructuration familiale ; les condamnés pour des infractions sexuelles ne peuvent pas rester dans ces quartiers.

[10] En ce qui concerne les prévenus, en Espagne, même si certaines différences existent (par exemple, les prévenus ne peuvent pas être obligés de travailler, exception faite des prestations personnelles obligatoires ordonnées en faveur du bon ordre, propreté et hygiène de l'établissement : art. 29.2 LOGP), l'art. 96 RP fait un renvoi général au régime ordinaire, qui est déclaré comme le régime applicable dans les établissements de prévenus. La porte reste en tout cas ouverte à l'application du régime fermé à certains groupes de prévenus caractérisés par une extrême dangerosité ou une inadaptation manifeste au régime ordinaire (art. 96.2) ; la révision de l'accord de renvoi du prévenu en régime fermé doit se produire tous les trois mois (art.98.2 RP).

[11] C. JUANATEY DORADO, *Manual de Derecho Penitenciario*, 3ème éd., Iustel, Madrid, 2016, p.107.

Dans tous les cas, le système pénitentiaire espagnol étant un système public, la collaboration structurelle entre l'Administration pénitentiaire et d'autres institutions publiques, voire même privées, est seulement autorisée dans certains domaines : les Unités Dépendantes (art. 166 RP) et les unités de traitement des personnes dépendantes de substances psychoactives (art. 182 RP) au sein du troisième degré de classification pénitentiaire ; l'exécution des mesures de sûreté de privation de liberté (art. 182.3 RP) ; et l'assistance sociale post-pénitentiaire. La collaboration des organisations non-gouvernementales aux programmes pénitentiaires est en tout cas souhaitée.

1.2. Dans chaque établissement les détenus exécutent leur peine suivant le régime correspondant à la classification opérée. Conformément à la déclaration constitutionnelle (art. 25.2), la législation pénitentiaire ordonne la préférence du traitement, structuré selon le « système d'individualisation scientifique » (art. 72 LOGP). Le principe de « flexibilité » inspire la classification, laquelle doit tenir compte des besoins manifestés par l'étude de la personnalité des détenus. Ceux-ci ont le droit de rejeter toute collaboration sur l'étude de leur personnalité sans que ce rejet puisse avoir de conséquences disciplinaires ou de régression de degré (art. 112.3 RP).

Au sein du système d'individualisation scientifique, l'art. 72 proclame le principe de liberté de classification, sans que la gravité du délit et la durée de la peine puisse (sauf exception) l'empêcher[12]. Il existe quand même une limitation au Règlement, lequel, pour permettre la classification en troisième degré d'un détenu n'ayant pas encore exécuté un quart de la peine, exige :

- un temps suffisant pour permettre une étude adéquate du détenu ;
- la présence favorable des variables de classification (art. 102.2) ; et
- tenir compte aussi, et en particulier, de l'histoire délictueuse et de l'intégration sociale du condamné.

---

[12] L'art. 100.2 RP permet en outre au Bureau de Traitement d'adopter pour chaque condamné un modèle d'exécution combinant différents aspects des divers degrés de traitement, avec l'autorisation du Juge de Surveillance. L'Instruction 20/1996 et l'art. 100.2 s'occupent d'introduire des prévisions particulières à ce propos.

1.3. En outre, à travers les réformes introduites au CP et dans la législation pénitentiaire on a restreint davantage cette flexibilité. En effet, à partir de la réforme de 2003 l'art. 36.2 CP établit, pour les peines de prison de plus de cinq ans, que la classification du condamné en troisième degré ne pourra pas s'appliquer qu'après l'exécution de la moitié de la peine imposée ; or, si l'accumulation des peines imposées excède cinq ans, mais que chaque peine individuellement considérée est inférieure à cinq ans, la période de sûreté ne devrait pas avoir effet[13].

Pour le reste, le juge de Surveillance peut admettre une exception à cette règle en présence d'un pronostic préalable et favorable de réinsertion (art. 36.1 CP).

La règle de la période de sûreté est, en tout cas, absolue en ce qui concerne les condamnés pour des délits de terrorisme ou commis au sein d'organisations criminelles, ce qui, de façon regrettable, transforme un critère d'individualisation pénitentiaire en un critère d'individualisation légal pour ces détenus[14]. Ceux-ci souffrent en outre une restriction ultérieure en ce qui concerne l'accès au troisième degré, car l'art. 72.6 LOGP requiert :

- le paiement de la réparation civile ;

- le repentir, manifesté par des signes non-équivoque d'abandon des buts et des moyens terroristes ;

- la collaboration active avec les autorités :

* en vue d'empêcher la commission d'autres délits en bande armée, par l'organisation ou par le groupe terroriste ;

* en vue de réduire les effets du délit ;

* pour l'identification, la capture et la mise en jugement des responsables des délits de terrorisme, pour l'obtention de preuves ou pour empêcher l'action ou le développement des organisations ou des

---

[13] J. RÍOS (dir. et coord.), X. ETXEBARRIA, E. PASCUAL, Manual de ejecución penitenciaria. Defenderse en la cárcel (actualizado a la última reforma del Código penal LO 1/2015), Universidad Pontificia de Comillas, Madrid, 2016, p. 156.

[14] PÉREZ MACHÍO, A.I., « ¿Garantismo versus impunidad ? », *in* J.L.de la Cuesta Arzamendi (dir.), *Terrorismo e impunidad. Significados y respuestas desde la justicia victimal*, Dilex, Paracuellos del Jarama (Madrid), 2014, p.60.

associations auxquelles l'individu a appartenu ou avec lesquelles il a collaboré.

Ces circonstances peuvent se prouver bien à travers une déclaration de rejet des activités délictueuses et d'abandon de la violence, une déclaration de pardon aux victimes du délit, par des rapports techniques constatant que le prisonnier s'est vraiment séparé de l'organisation terroriste et de son entourage et des activités des associations et collectifs illicites qui le soutenait, ainsi que sa collaboration avec les autorités.

La présence de signes évidents de l'abandon par le prisonnier des buts et des moyens de l'activité terroriste et la collaboration active avec les autorités est pareillement exigée en vue de l'émission du pronostic favorable de réinsertion sociale nécessaire pour la libération conditionnelle,[15] s'agissant de personnes condamnées par des infractions de terrorisme ou par des infractions commises au sein d'organisations criminelles, dont la vérification peut se faire par les mêmes moyens que l'on vient d'expliquer (art. 90).

2. Le régime fermé : modalités d'exécution

L'exécution pénitentiaire étant divisée en quatre degrés de traitement (le quatrième, la liberté conditionnelle), le RP développe les prévisions de l'art. 9 LOGP concernant les régimes pénitentiaires :

- Le *régime ordinaire* s'appliquant aux prisonniers classifiés en deuxième degré (et à ceux qui n'ont pas encore été classifiés).
- Le *régime ouvert*, réservé aux condamnés classifiés en troisième degré capables de poursuivre leur traitement en régime de semi-liberté.
- Le *régime fermé*, applicable aux condamnés classifiés en premier degré en raison de leur dangerosité extrême ou de leur inadaptation manifeste aux régimes antérieurs, ainsi qu'aux personnes en détention provisoire présentant les mêmes caractéristiques (art. 74 RP).

---

[15] A.I PÉREZ MACHÍO, *ibidem*, p.68 et s.

Le régime de vie en milieu fermé[16] se caractérise par la limitation des activités collectives, le contrôle plus strict des détenus et l'exigence particulière d'application de mesures de sûreté et du respect des règles d'ordre et disciplinaires. Les prisonniers en régime fermé ne peuvent bénéficier ni de la permission de sortir ni participer aux activités organisées par l'établissement ; ils ne peuvent recevoir qu'un colis par mois et, bien que le nouveau Règlement ait éliminé les restrictions antérieures concernant les communications spéciales intimes et/ou avec la famille, pour des raisons d'ordre et de sécurité de l'établissement elles peuvent encore se voir limitées. En tout cas, l'article 90.2 RP établit que le régime de vie en milieu fermé ne peut pas atteindre le niveau du régime d'isolement cellulaire.

2.1 Les modalités d'exécution prévues pour les prisonniers en sécurité maximale au sein du régime fermé sont doubles :

- séjour dans une aile fermée d'un établissement (cas d'inadaptation au régime ordinaire) et
- séjour dans des quartiers spéciaux.

Dans des *ailes fermées des établissements*, la promenade est fixée à quatre heures et pour les activités programmées trois heures sont encore réservées ; des activités collectives (un minimum de cinq détenus) peuvent être aussi autorisées (art. 94 RP).

Dans les *quartiers spéciaux* sont placés les détenus considérés comme extrêmement dangereux et ceux qui, en commettant les infractions, ont mis en danger la vie ou l'intégrité d'une ou de plusieurs personnes. La promenade est limitée à trois heures par jour et les groupes de plus de deux détenus sont interdits. Trois heures supplémentaires sont accordées pour des activités programmées en groupes de moins de cinq détenus. Les prisonniers subissent quotidiennement des inspections et des fouilles corporelles (en cas d'urgence et pour des raisons motivées une fouille corporelle à nu est autorisée). Une visite médicale est organisée périodiquement et le directeur en est informé (art. 93 RP).

---

[16]Bien que le régime applicable, en général, aux prévenus soit le régime ordinaire, sur la proposition du Bureau du Traitement et avec l'approbation du Centre Directeurles prévenus et prisonniers présentant une dangerosité extrême ou manifestement inadaptés au régime ordinaire pourront également rester en régime fermé (arts. 96, 97 et 98 RP).

Divers niveaux d'intervention sont aussi possibles dans chaque modalité ; et à partir de la réforme de l'art. 90.3 RP par Décret Royal 419/2011, un programme d'intervention spécifique garantissant la prise en charge des détenus doit être adopté en vue de promouvoir les activités programmées et de prévenir les conséquences nuisibles du temps excessif de solitude et d'inactivité[17].

2.2 La décision d'incarcération en *régime fermé* est une décision très sérieuse[18] dont la compétence revient au directeur du Centre, sur proposition raisonnée du Bureau de Traitement, faite « en fonction de l'étude scientifique de la personnalité des condamnés et des données et informations disponibles » (art. 273 d) RP)[19]. Elle doit être révisée dans le cas de la détention préventive tous les trois mois (art. 98),[20] et tous les six mois en ce qui concerne les condamnés (art. 105)[21].

L'art. 102.5 RP prévoit les critères de la classification en premier degré : [22]

---

[17]V. CERVELLÓ DONDERIS, *Derecho Penitenciario,* 4ème ed., Tirant lo Blanch, Valencia, 2016, p.244 et 272.

[18]S. LEGANÉS GÓMEZ, Clasificación penitenciaria, permisos de salida y extranjeros en prisión, Dykinson, Madrid, 2002, p. 42 et s.

[19]Délai maximal de deux mois (art. 103.4 RP) prorogeable de deux mois en vue d'une meilleure observation de la conduite et de la consolidation des facteurs positifs du détenu (art.103.6 RP).

[20]L'art. 98 RP établit : « 1. La permanence des prévenus et condamnés en régime fermé durera autant que nécessaire, jusqu'à ce que les raisons ou circonstances qui ont servi de fondement à son application disparaissent ou diminuent d'une façon significative. 2. En tout cas, la révision de l'accord prévu par l'article antérieur, devra se produire dans les trois mois, une fois émis les rapports exigés. »

[21]En ce qui concerne les condamnés jusqu'à un an, « la proposition de classification initiale formulée par le Bureau de Traitement et approuvée à l'unanimité de ses membres », produira directement ses effets. S'il s'agit de la proposition de classification en premier degré de traitement la décision « devra être adoptée par le Directeur du Centre » (art. 103.7 RP).

[22]S'ajoutent, par conséquent, aux critères généraux applicables à tous les degrés, parmi lesquels se trouvent les critères pénaux: durée de la condamnation, activité délictueuse, etc. ; les critères scientifiques: principalement, de nature psychologique, sociologique et criminologique (personnalité, histoire individuelle, familiale social et délictueuse) ; des critères indéterminés: environnement dans lequel retournera probablement le détenu et facilités et difficultés en ce qui concerne le succès du traitement ; critères pénitentiaires: la conduite pénitentiaire du détenu, dont l'évaluation pourra être à double sens :

a) la nature des infractions commises et l'histoire délictueuse du détenu, manifestant une personnalité agressive, violente et antisociale ;

b) la commission d'actes contre la vie ou l'intégrité physique des personnes, la liberté sexuelle ou la propriété, commis d'une façon (ou avec des formes) spécialement violente(s) ;

c) l'appartenance à des organisations délictueuses ou à des bandes armées ;

d) la participation active à des mutineries, à des agressions physiques, à des menaces ou à des coactions ;

e) la commission d'infractions disciplinaires très sérieuses (ou simplement sérieuses) d'une façon répétée et maintenue dans le temps ;

f) l'introduction ou la possession d'armes à feu dans l'établissement, ainsi que la possession de drogues, vraisemblablement destinées au trafic, en quantité importante.

La décision doit être toujours motivée. Les possibilités d'appel contre ces catégories de décisions sont : la voie juridictionnelle et la voie administrative[23].

- La voie juridictionnelle concerne les décisions administratives relatives à la classification initiale, à la progression en degré ou le maintien au même degré : elles sont susceptibles de recours devant le Juge de Surveillance Pénitentiaire. Celui-ci devra les résoudre en tenant compte des rapports des Bureaux et Équipes de Traitement (art. 76.2 f) LOGP). Bien sûr la décision du Juge de Surveillance pourra être également l'objet de recours, en particulier, un appel.
- La voie administrative concerne certaines résolutions administratives de classification qui peuvent faire l'objet de révision. Ceci est le cas de l'accord du Bureau de Traitement de ne pas proposer le changement de degré d'un détenu : art.

---

en tant que conduite pénitentiaire (absence d'infractions disciplinaires) ou bien en tant que conduite globale, faisant une évaluation de la trajectoire pénitentiaire du détenu. Voir aussi l'Instruction 9/2007 de la Directrice Générale des Institutions Pénitentiaires.

[23] J. ISTAL BURÓN, J., "Clasificación de los internos : especial referencia a los FIES", *in* F.J.de León Villalba (coord.), *Derecho y prisiones hoy*, Universidad de Castilla-La Mancha, 2003, p. 92 s.

105.2 RP. Les arts. 65.4 LOGP et 105.3 RP reconnaissent aussi au détenu classifié en premier degré une deuxième fois par la même équipe (ou si, ayant été classifié une deuxième fois en deuxième degré, il a déjà exécuté la moitié de la peine) le droit à demander que la proposition de classification suivante soit faite par la Centrale d'observation, dont la compétence est l'expertise adéquate en matière d'observation, classification et traitement des détenus (art. 109 RP).

III. Contentieux concernant le régime et traitement des délinquants dangereux

Les réformes, décisions et politiques dirigées contre l'intensification des effets de l'intervention pénale concernant les délinquants dangereux, en particulier les terroristes et les personnes appartenant à des organisations criminelles, manifestent l'approche de neutralisation du délinquant dominant dans ce domaine, sont très éloignée des exigences resocialisatrices[24]. Placées souvent à la limite du respect même du principe d'humanité, elles ont naturellement donné lieu à d'importantes controverses juridiques et des contentieux judiciaires en raison de leur compatibilité contestée avec le respect des droits et libertés fondamentaux. Parmi celles ayant provoqué l'intervention des plus hautes instances judiciaires, constitutionnelles et européennes compétentes en matière de protection des droits de l'homme, on sélectionnera les plus importantes.

1. L'introduction de la prison permanente révisable par la réforme du CP 2015 (Loi Organique 1/2015) a fait l'objet d'un recours d'inconstitutionnalité, considérant que cette forme de prison perpétuelle, caractérisée par l'indétermination de son contenu et de sa durée, ne respecte pas le mandat de l'art. 25.1 de la Constitution (principe de légalité) et est également contraire aux arts. 15.1 (interdiction des

[24] A.I. PÉREZ MACHÍO, "¿Garantismo ?", *cit.*, p.71.

peines inhumaines), 17 (principe de proportionnalité), et notamment l'art. 25.1[25].

Le recours, dont la présentation a été formellement déclarée reçue en juillet 2015, est toujours à l'étude devant le Tribunal Constitutionnel. Entre temps, l'arrêt du Tribunal Suprême 82/2019,[26] sans soulever formellement la question de l'inconstitutionnalité, a exprimé les doutes sur la compatibilité de la prison permanente révisable avec la Constitution, laquelle s'ajoute aux problèmes de légitimité à la lumière d'autres standards européens[27].

2. Certaines lignes d'interprétation judiciaire de la législation ont également été l'objet de recours. L'affaire *Ines del Rio c. Espagne*, concernant l'ainsi dite « Doctrine Parot », mérite une attention particulière parmi les cas récents dans ce domaine.

La réforme du CP de 2003 avait introduit une disposition (art. 78) ordonnant que le décompte du temps exigé pour la classification en troisième degré pénitentiaire, les permissions de sortie, les bénéfices pénitentiaires et la liberté conditionnelle devait s'effectuer sur la somme totale des peines infligées, quand la durée de la peine à exécuter résultant de l'application des règles de concours d'infractions (20 / 25 / 30 ou bien 40 ans, selon les cas : art. 76 CP) était inférieure à la moitié de cette somme.

Or, l'art. 78 ne pouvant pas s'appliquer aux faits antérieurs à 2003 en raison du principe de la non-rétroactivité défavorable, la jurisprudence avait ouvert une nouvelle ligne de liquidation des peines. En effet, à travers la « Doctrine Parot » (STS 197/2006), mettant fin à la technique traditionnelle, on ordonnait la non confusion des peines individuelles et leur exécution successive de façon à assurer la

---

[25]J.A. LASCURAIN SÁNCHEZ, M. PÉREZ MANZANO, R. ALCÁCER GUIRAO, L. ARROYO ZAPATERO, J. DE LEÓN VILLALBA, L. MARTÍNEZ GARAY, "Dictamen sobre la constitucionalidad de la prisión permanente revisable", *in* L. Arroyo Zapatero, J.A. Lascuraín Sánchez, M. Pérez Manzano (eds.), C. Rodríguez Yagüe, (coord.), *la cadena perpetua*, Ediciones de la Universidad de Castilla-La Mancha, Cuenca, 2016, p. 15 et s.

[26]Voir le commentaire de F. FERNÁNDEZ, "Es prisión perpetua, no permanente revisable", *inDerechos y garantías. Un blog sobre derechos fundamentales*, 02/02/2019 https://derechosygarantias.wordpress.com/2019/02/02/es-prision-perpetua-no-permanente

[27]O. GARCÍA PÉREZ, "La legitimidad de la prisión permanente revisable a la vista del estándar europeo y nacional", *Estudios Penales y Criminológicos*, XXXVIII (2018) p. 409 et s.

permanence effective du détenu en prison jusqu'à épuiser les limites temporaires prévues par l'art. 76 du Code pénal.

Néanmoins, cette doctrine – ratifiée en Espagne, avec certaines corrections, par le Tribunal Constitutionnel (STC 39/2012) a été déclarée contraire à la Convention par Décision de la Cour européenne des droits de l'homme par la Cour de Strasbourg (3ème Chambre – 10/07/2012 – et Grande Chambre – 21/10/2013) : une telle doctrine affecte aussi bien la peine que son exécution, en n'étant pas raisonnablement prévisible pour le condamné, ce qui constitue une violation de la Convention ; en particulier, de l'art. 7 (principe de légalité des peines : non rétroactivité) et de l'art. 5.1 (droit à la liberté et sécurité : mise en liberté).

Par conséquent, en novembre 2013 le Tribunal Suprême a ordonné l'application immédiate de la décision de la Cour européenne. Les condamnés ayant subis la « Doctrine Parot » ont été mis en liberté comme conséquence du retour au régime de l'ancien CP de 1973, selon lequel les bénéfices pénitentiaires, et notamment la rédemption des peines par le travail, devaient se calculer non sur la somme totale des peines prononcées mais sur la limite maximale d'exécution établie par l'art. 70, à savoir 30 ans.

3. La « Doctrine Parot » n'est pas, en tout cas, la seule interprétation judiciaire des tribunaux espagnols dans le domaine qui nous occupe ayant été portée devant la Cour européenne. L'exclusion des condamnations antérieures au 15 août 2010 du champ d'application de la Décision-cadre 2008/675/JAI, relative à la prise en compte des décisions de condamnation entre les États membres de l'Union européenne à l'occasion d'une nouvelle procédure pénale a également suscité à plus d'une reprise l'intervention de la Cour de Strasbourg.

Dans la dernière affaire (*Picabea Ugalde c. Espagne*) l'application directe du principe incorporé à la Décision-cadre 2008/675/JAI aurait amené à une réduction des peines à exécuter en Espagne de 30 à 20 ans. Or, la disposition additionnelle de la Loi organique 7/2014, transposant la Décision-cadre, avait explicitement exclu les condamnations antérieures au 15 août 2010[28] ; et le débat consistait à savoir si cette prévision normative allait contre la Décision-cadre et ne rentrait pas en conflit avec le principe supérieur de rétroactivité des dispositions pénales favorables[29].

Partageant le critère de l'Audience Nationale, l'arrêt 874/2014 du Tribunal Suprême avait finalement accepté (neuf voix contre six) l'exception introduite par la Disposition additionnelle et le Tribunal Constitutionnel (décision motivée 20/09/2016, avec deux opinions dissidentes) rejeta le recours présenté pour inexistence manifeste de violation des droits fondamentaux invoqués.

À travers sa décision du 26 mars 2019 (3083/17) la Cour européenne des droits de l'homme (rappelant aussi l'Affaire *Arrozpide Sarasola et autres c. Espagne* du 23 octobre 2018) a déclaré la requête irrecevable.

4. C'est en tout cas en matière d'exécution pénitentiaire que se multiplient les contentieux concernant le régime d'incarcération des délinquants dangereux.

4.1. À l'occasion d'une grève de la faim prolongée initiée par presque une centaine de détenus appartenant aux Groupes Révolutionnaires Antifascistes Premier Octobre (GRAPO) vers la fin des années 80, l'Administration pénitentiaire demanda au Juge de Surveillance l'autorisation d'appliquer un traitement médical sans utilisation de la force, comme nourrir par la force les détenus à partir du moment de perte de la conscience. La question arriva au Tribunal Constitutionnel, lequel eut l'occasion de se prononcer entre 1990 et 1991 dans quatre importants arrêts : STC120/1990, STC 1347/1990, STC 11/1991 et STC 67/1991. La doctrine du Tribunal Constitutionnel (adoptée non sans voix dissidentes et très critiquée par les auteurs)[30] considéra que, dans ces circonstances, la nourriture forcée appliquée d'une façon modérée, sans contenu vexatoire et en respectant le principe de nécessité et proportionnalité, ne devrait pas être considérée une infraction de l'art. 15 de la Constitution, qui interdit les traitements inhumains ou

---

[28] J.L. MANZANARES SAMANIEGO, "La acumulación de penas y la Decisión marco 2008/675/JAI, del Consejo", *Diario La Ley*, n. 8463/2015.

[29] M.J. DOLZ LAGO, "Caso Picabea. Acumulación de condenas : inclusión de sentencias dictadas por Tribunales de Estados miembros de la Unión Europea", *Diario La Ley*, n° 1468/2015.

[30] V. CERVELLÓ, *Derecho penitenciario, cit.*, p.214 ss.

dégradants. Cette décision se justifiait au nom de l'extension du droit à la vie et à l'intégrité physique et mentale, ainsi que le devoir de l'Administration pénitentiaire de veiller en faveur de la vie, l'intégrité et la santé des détenus (art 3.4 LOGP), tout en respectant leur personnalité et sans les soumettre à des mauvais traitements (art. 6).

Ces principes – évoqués également par la décision motivée de l'Audience Nationale du 19 septembre 2006 autorisant l'intervention thérapeutique par l'Administration pénitentiaire et la nourriture adéquate à partir du moment d'initiation d'une « période irréversible de risque sérieux de détérioration physique ou de perte de la vie » – sont prévus à présent par l'art. 210 RP, lequel réglemente l'assistance obligatoire en cas d'urgence vitale, permettant l'imposition d'un traitement contre la volonté de la personne concernée si l'intervention médicale est « strictement nécessaire pour essayer de sauver la vie du patient » en « danger imminent ». L'intervention médico-sanitaire sans le consentement du patient est aussi autorisée si la non-intervention constitue un « danger évident pour la santé ou la vie des tiers ». Une autorisation judiciaire préalable est en général exigée ; en cas d'urgence, l'obligation est de communiquer l'intervention à l'autorité judiciaire.

4.2. En matière de communications, la législation espagnole garantit le secret et l'intimité, permettant seulement les restrictions justifiées par des raisons de sécurité, du traitement et du bon ordre de l'établissement, tout en respectant les décisions judiciaires. En ce qui concerne les **communications avec les avocats**, l'art. 51.2 LOGP spécifie davantage et ordonne que « ces communications ne pourront pas être intervenues ou suspendues sauf par ordre de l'autorité judiciaire et en cas de terrorisme ».

La mention séparée des cas de terrorisme avait suscité une importante discussion quant à la possibilité d'une décision administrative d'intervention ou de suspension des communications sans autorisation judiciaire. En 1994 le Tribunal Constitutionnel se prononça à travers deux décisions importantes (STC 183/1994 et 197/1994), affirmant la nécessité d'autorisation judiciaire aussi en cas de terrorisme.

En application de cette doctrine du Tribunal Constitutionnel, à partir de 1996 l'art. 48.3 du nouveau RP, d'une façon générale et sans mentionner spécifiquement les cas de terrorisme, interdit que les communications des détenus avec leurs avocats et (représentants) puissent « être suspendues ou intervenues, en aucun cas, par décision administrative » et ordonne que «la suspension ou l'intervention de ces communications pourra seulement avoir lieu par ordre explicite de l'autorité judiciaire »[31].

Or, le Tribunal Suprême (STS 79/2012) a déclaré que les deux conditions habilitantes de l'intervention/suspension des communications des détenus avec leurs avocats, signalées par l'article 51.2 LOGP (autorisation judiciaire et cas de terrorisme) sont des conditions « cumulatives et non alternatives »,[32] de sorte que l'intervention des communications avec l'avocat défenseur est dorénavant restreinte aux cas de terrorisme avec l'autorisation judiciaire[33].

4.3. Parmi l'éventail de visites aux détenus autorisées par la législation pénitentiaire espagnole (art. 53 LOGP ; arts. 45 RP), à côté des visites familiales et des visites de vie en commun, la loi prévoit les visites intimes pour les détenus ne pouvant pas bénéficier des permissions de sortie. Octroyées à la demande du détenu, la règle générale permet au moins une visite intime par mois d'une durée entre une et trois heures, « sauf si des raisons d'ordre ou de sécurité de l'établissement l'empêchent » (art. 45.3 RP).

Le rejet systématique des demandes de communications spéciales et, en particulier, des visites intimes, provenant des détenus classifiés en premier degré est arrivé dans les années 80 au Tribunal Constitutionnel (possible traitement inhumain ou dégradant interdit par l'art. 15). La STC 89/1987 déclara néanmoins que la privation de liberté comporte plusieurs conséquences négatives, comme par exemple la

---

[31] Conformément à l'art. 49.2 RP les communications orales ou écrites avec le Défenseur du Peuple, ses adjoints ou délégués ou institutions analogues des Communautés autonomes, les autorités judiciaires et les membres du Ministère public, ne pourront être suspendues ni être l'objet d'aucune forme d'intervention ou restriction.

[32] J.P. SANCHA DÍEZ, "Las penas privativas de libertad, resocialización y su incidencia en derechos de los reclusos", *Noticias Jurídicas*, mai, 2013, p.7. http://noticias.juridicas.com/conocimiento/articulos-doctrinales/4834-las-penas-privativas-de-libertad-resocializacion-y-su-incidencia-en-derechos-de-los-reclusos/

[33] En un sens critique, considérant que cette interprétation ne s'accommode pas ni au texte de l'art. 51.2 LOGP ni à celui de l'art. 48.3 RP, V. CERVELLÓ DONDERIS, *Derecho penitenciario, cit.*, p.300 et 305 ; C. JUANATEY DORADO, *Manual, cit.*, p.213 s.

privation sexuelle, laquelle ne peut pas être considéré, par conséquent, comme un traitement inhumain ou dégradant ajouté au contenu ordinaire de la peine de prison (aussi, STC 119/1996).

À l'occasion des communications et visites intimes, familiales et de vie en commun, l'art. 45.7 RP autorise, d'autre part, la pratique de fouilles à nu intégral.[34] Le Tribunal Constitutionnel a rejeté à plusieurs reprises leur qualification comme des traitements inhumains et dégradants (STC 204/2000), mais a reconnu que le droit à l'intimité personnelle peut se voir entaché par ces fouilles si elles sont appliquées de façon systématique, sans la motivation adéquate – menace concrète à la sécurité – et sans respect du principe de subsidiarité (STC 57/1994 ; STC 171/2013).

4.4. La prétention de lier le destin d'un établissement aux exigences du droit fondamental à la vie et les relations familiales a été l'objet de différents recours, bien qu'ils n'ont pas eu de succès nonplus, ni au niveau constitutionnel ni au plan européen.

La constitutionalité de la politique de dispersion des prisonniers membres de l'organisation terroriste ETA, adoptée à la fin des années 80 en vue de rompre la discipline de la bande et favoriser la réinsertion individuelle, avait été depuis le début questionnée, en particulier à la lumière de l'art. 25.2 de la Constitution et à partir des références constitutionnelles à la protection de l'intimité de la vie familiale et la famille[35].

La STC 377/2016 a rejeté cependant la demande concernant cette question et la Cour européenne a suivi une ligne similaire tant en relation avec le recours de trois intégrants d'ETA en France (CEDH 7 févr.

---

[34]L'art. 68 autorise les fouilles corporelles à nu intégral par des « motifs concrets et spécifiques, quand des raisons individuelles et contrastées permettent de penser que le détenu cache dans son corps un objet dangereux ou une substance susceptible de produire un dommage à la santé ou l'intégrité physique des personnes ou capable de porter atteinte à la sécurité ou à la vie en commun ordonnée de l'établissement. Ces fouilles doivent être autorisées par le Chef de service et seront pratiquées par des fonctionnaires du même sexe que le détenu, en lieu fermé, sans la présence d'autres détenus et préservant, tant que possible, l'intimité ».

[35]A. DÍAZ GÓMEZ, "Sobre la política de dispersión penitenciaria de personas condenadas por delitos de terrorismo: a propósito del auto 841/2015, de 29 de octubre, de la audiencia nacional", Revista General de Derecho Penal, 25, 2016.

2017, *Labaka Larrea et autres c. France,* req. n° 56710/13 ; CEDH 28 mai 2019, *Fraile Iturralde c. Espagne,* req. n° 66498/17).

Certes, la législation pénitentiaire ne comprend pas de prévision comparable à l'art. 46.3 de la LO 5/2000 de responsabilité pénale des mineurs, lequel ordonne, en vue de l'exécution des mesures d'internement, de « désigner le centre le plus adéquat (...) parmi les plus proches du domicile du mineur », excluant le transfert vers un autre centre sauf si cela est indiqué en raison de « l'intérêt du mineur d'être éloigné de son entourage familial et social », ce qui doit être approuvé par le Juge des Mineurs compétent. Mais, comme le contenu du vote dissident à la STC 377/2016, signé par le Magistrat du Tribunal Constitutionnel, M. Xiol Rios,[36] l'a formulé, une interprétation raisonnable du droit constitutionnel (art. 18.1) à l'intimité familiale devrait amener à reconnaître comme règle générale que le détenu exécute la peine au centre pénitentiaire le plus proche du domicile ; une règle qui se verrait renforcée par le contenu de l'art. 12.2 LOGP, lequel – après avoir déclaré la compétence de l'Administration pénitentiaire quant à la localisation géographique des établissements – exprime la nécessité de prévoir un nombre suffisant d'établissements en vue de satisfaire les besoins pénitentiaires et « éviter le déracinement social des condamnés ».

4.5. Enfin, la question des Fichiers de Détenus soumis à un suivi particulier (FIES) attend encore une solution appropriée[37].

Introduit dans les années 80 le système des FIES concerne aussi l'internement sécuritaire de certaines catégories de détenus, car cette base de données a été créée pour répondre au besoin d'une meilleure information sur des groupes de détenus particuliers, caractérisés par leur haute dangerosité en raison de la gravité de leur histoire délictueuse ou de leur trajectoire pénitentiaire ; les détenus ayant besoin d'une protection spéciales ont été aussi inclus dans le système FIES[38].

---

[36]Auquel ont adhérés Mme Asua Batarrita et M. Valdés Dal-Ré.

[37]V. CERVELLÓ DONDERIS, *Derecho Penitenciario, cit.,* p. 250 et s.

[38]Les groupes FIES sont au nombre de cinq, classifiés en raison des délits commis, de la répercussion sociale des infractions, de l'appartenance à des bandes organisées et criminelles, de la dangerosité et d'autres circonstances. FIES-1 CD(contrôledirect) ; FIES-2 DO (délinquance organisée) ; FIES-3 BA (bandes armées) ; fies-4 (membres des Forces de Sécurité et fonctionnaires pénitentiaires) ; FIES-5 CE (caractéristiques spéciales).

L'Administration Pénitentiaire justifie le système des FIES en tant qu'instrument très important en vue de contribuer à la sécurité et à l'accomplissement des autres fonctions légalement établies ; bref, comme un outil permettant une gestion adéquate du contrôle et du régime pénitentiaire en vue de faire face à des formules délictueuses très complexes et d'un grand potentiel de déstabilisation du système pénitentiaire[39].

Or la légalité du régime de contrôle FIES[40] est très discutée. L'Instruction 21/1996 fut la première règlementation officielle d'un système qui existait, comme l'on a déjà dit, depuis les années 80. Cette Instruction fut annulée par le Tribunal Suprême (STS 2555/2009), considérant que la restriction des droits de certains collectifs de prisonniers allait au-delà des dispositions réglementaires et demandait une loi.

Le système FIES continue cependant à être règlementé par l'Instruction 12/2011, en connexion avec l'Instruction 6/2006 (régime fermé), même si la STS 2865/2015 a avancé à nouveau les difficultés que suscitent ces instructions du point de vue de légalité[41].

IV. Délinquants dangereux atteints de troubles psychiatriques

L'étude du traitement des délinquants dangereux en Espagne ne doit pas oublier la situation des délinquants dangereux atteints de troubles psychiatriques. Le taux de détenus atteints de troubles mentaux étant très haut,[42] ce qui pose un problème très sérieux dans le

---

[39] V. J. NISTAL BURÓN, J., "Clasificación...", *cit.*, p. 105 et s.

[40] « Répressif et inhumain », J. RIOS, *Manual, cit.*, p. 652.

[41] J. RÍOS, *ibidem*, p. 658 et s.

[42] Les informations officielles concernant les personnes internées dans des centres psychiatriques ne sont pas du tout abondantes et la règlementation en vigueur ne traite pas explicitement de la méthode de détection des pathologies psychiatriques, sans que l'examen à l'entrée soit suffisant. Les études soulignent depuis longtemps la plus haute incidence en prison des maladies mentales par rapport à la population en général (M. HERNANDEZ MONSALVE, R. HERRERA VALENCIA (coords.), *La atención a la salud mental de la población reclusa*, Asociación Española de Neuropsiquiatría, Madrid, 2003), la maladie mentale en prison ayant le double de prévalence que dans la population générale(J.F. HIGUERA GUIMERA, "Penados con deficiencias psíquicas en

domaine pénitentiaire,[43] la question qui nous occupe ici n'est pas le traitement pénitentiaire de la population pénitentiaire affectée par une maladie mentale,[44] mais la prise en charge des personnes incarcérées avec des troubles mentaux en raison de leur dangerosité.

1. Ceux qui au moment de commettre l'infraction n'étaient pas capables de comprendre le caractère illégal des faits ou d'agir conformément à cette compréhension – en raison de n'importe quelle anomalie, altération psychique ou trouble mental transitoire (art. 20.1 CP), ainsi que d'intoxication complète (art. 20.2 CP) ou d'altérations dans les perceptions (art. 20.3 CP) – peuvent être déclarés non-imputables avec pour conséquence de se voir exemptés de responsabilité criminelle d'une façon complète – si la non-imputabilité était entière – et, le cas échéant, partiellement.

La déclaration de non-imputabilité (complète ou partielle) n'exclut pas l'imposition d'une mesure de sûreté si la dangerosité criminelle de l'individu s'est manifestée dans la commission du délit. Pour ce qui concerne les anomalies ou altérations psychiques, la mesure de sûreté

---

establecimientos 'no psiquiátricos' penitenciarios", *in* F.Bueno Arús, L. RodríguezRamos, E.R.Zaffaroni (dirs.), *Derecho penal y Criminología como fundamento de la política criminal. Estudios en homenaje al profesor Alfonso Serrano Gómez*, Dykinson, Madrid, 2006, p.836), avec une forte présence de pathologie duelle, psychopathies et des troubles antisociales de la personnalité.

[43]Certes, tous les Centres pénitentiaires doivent disposer de moyens destinées à l'observation psychiatrique des prisonniers et à l'attention des toxicomanes. Les soins médicaux à l'extérieur de l'Établissement sont également possibles, non seulement pour les prisonniers classifiés en troisième degré (art. 88.1 RP), mais aussi pour ceux classifiés en deuxième degré ; des permissions de sortie extraordinaires sont prévues par l'art. 155.2 RP dans ce but ; cependant la présence d'une personnalité anomale est parfois prise en considération par l'Équipe Technique comme une circonstance défavorable en vue de la concession de la permission de sortir (art. 156.1 RP).

[44]Ce sont deux les Programmes généraux développés à l'égard des malades mentaux en prison (CEREZO, A., DÍAZ, D., El enfermo mental en el medio penitenciario español", *International e-Journal of Criminal Science,* 10, 2016, p.11 s.) : le Programme de prise en charge intégrale (PAIEM), dont le but est la détection, le diagnostic et le traitement médical des malades mentaux et des interventions multidisciplinaires dirigées vers leur réhabilitation et réinsertion sociale ; et le Programme Pont de Médiation Sociale : le suivi adéquat de l'évolution du malade et sa prise en charge, si possible, par une ressource communautaire d'assistance constituent ici les soucis primordiaux des professionnels des Centres d'Insertion Sociale (CIS) travaillant dans les Unités-Pont intégrant ce programme.

peut consister en internement dans un centre psychiatrique (en application des arts. 96.2.1ª et 101 CP), bien qu'elle devrait être prononcée seulement en cas de nécessité et si la peine généralement prévue pour le délit est une privation de liberté (art. 101.1 CP). Dans les autres circonstances, il faudrait choisir entre les mesures non-privatives de liberté de l'art. 105 CP[45].

2. D'après les articles 101 et 20.1 CP, l'exécution des mesures d'internement doit se produire dans un établissement adéquat en vue de leur traitement médical ou éducation spéciale. En ce sens, parmi les établissements spéciaux, la LOGP inclût les Établissements ou Unités psychiatriques (art. 11 LOGP), conçus en pleine indépendance des établissements d'exécution et des établissements pour les prévenus. Bien que sa nature pénitentiaire soit discutée, car les moyens et les buts divergent,[46] les établissements et les unités psychiatriques pénitentiaires constituent des centres spécifiques, avec des équipes multidisciplinaires, destinés non seulement à l'exécution des mesures de sûreté privatives de liberté prononcées par les tribunaux (art. 183 RP) en application du CP (arts. 20, al. 1-3 et 95 et s.), mais pouvant aussi accueillir, pour observation, des prisonniers présentant des pathologies psychiatriques, et ceux dont les pathologies se sont manifestées après leur entrée en prison.

En effet, l'internement dans ces centres est prévu pour (art. 184 RP) :

- les détenus ou condamnés avec des pathologies psychiatriques, si l'autorité judiciaire ordonne leur internement pour observation en vue d'émettre l'avis réclamé. Le but n'est pas l'exécution d'une mesure provisoire mais l'observation. A partir des avis des spécialistes le Juge mettra la personne concernée en liberté ou décidera de son maintien en prison, sans que le Directeur du Centre puisse accorder son internement, car l'adoption de cette décision relève de la compétence exclusive de l'autorité judiciaire ;

---

[45] V. CERVELLÓ DONDERIS, *Derecho Penitenciario, cit.*, p. 368.

[46] F.J. ARMENTA GONZÁLEZ-PALENZUELA, V. RODRÍGUEZ RAMÍREZ, *Reglamento Penitenciario Comentado,* ed. MAD, Madrid, 1999, p.305.

- les personnes pour lesquelles, en application d'une exemption complète ou non-complète, le tribunal du jugement a imposé une mesure de sûreté d'internement dans un Centre psychiatrique pénitentiaire ;

- les condamnés (c'est-à-dire des personnes ayant fait l'objet d'une déclaration d'imputabilité par le jugement) qui, pendant l'exécution de la peine et en raison de la maladie mentale survenue, ont reçu une mesure de sûreté imposée par le Tribunal de jugement.

La décision d'internement relève de l'autorité judiciaire, laquelle fixera aussi la durée (en principe, pendant le temps nécessaire) et mettra fin à l'internement après l'émission du rapport opportun (art. 184 RP).

Une fois interné, l'équipe multidisciplinaire constituée dans chaque centre ou unité – comprenant par exemple des psychiatres, psychologues, médecins généralistes, infirmiers et travailleurs sociaux (art. 185 RP) –[47] doit présenter un rapport à l'autorité judiciaire ; en vue de permettre le suivi judiciaire de la décision, le rapport devra être révisé tous les six mois (art. 187 RP).

3. Le Règlement aborde les critères de localisation et de conception des installations psychiatriques et préconise la prise en compte des facteurs tels que les critères thérapeutiques, la nécessite de favoriser l'épanouissement et l'utilisation du temps de loisir, ainsi que la disposition d'un espace suffisant facilitant un développement adéquat des activités thérapeutiques et de réhabilitation (art. 191.1).

En ce qui concerne la répartition territoriale des installations psychiatriques pénitentiaires, l'Administration Pénitentiaire est censée procurer une distribution favorisant la réhabilitation des malades et la relation avec leur entourage familial (art. 191.2 RP).

4. Le régime des établissements et unités psychiatriques fait, d'autre part, l'objet de l'art. 188 RP. Celui-ci établit que :

- la séparation des départements suivra des critères inspirés par les besoins d'assistance des malades ;

---

[47]CEREZO et DÍAZ critiquent l'absence des juristes et des éducateurs dans ces équipes, "El enfermo... », *cit.*, p.8.

- les restrictions de la liberté personnelle devront se limiter au nécessaire en fonction de l'état de santé ou du succès du traitement ;
- l'emploi de moyens coercitifs devra être considéré une mesure exceptionnelle, pouvant seulement avoir lieu, en plein respect de la dignité de la personne, par indication du médecin et pendant le temps nécessaire en attendant que le traitement pharmacologique produise ses effets ; l'autorité judiciaire devra rester toujours parfaitement renseignée des circonstances et des raisons médicales l'ayant justifié.

Le régime disciplinaire pénitentiaire général ne s'applique pas dans les établissements psychiatriques pénitentiaires, ce qui provoque une grande insécurité juridique tant en ce qui concerne les conduites constitutives d'infraction que les réponses sanctionnatrices[48].

Quant aux sorties à l'extérieur (art. 190), elles sont fixées au sein du programme individuel de réhabilitation, à partir de la programmation générale des activités de réhabilitation du centre (art. 191). Le Programme Individuel de Réhabilitation signale, en effet, les personnes avec lesquelles le détenu peut communiquer et le type de sorties acceptées (art. 190 RP) parmi l'éventail de possibilités prévues par le Programme de Sorties Thérapeutiques, dont l'évaluation par la littérature est très positive[49] : sorties thérapeutiques avec le personnel de l'hôpital ; sorties thérapeutiques avec la famille ; sorties thérapeutiques avec un personnel extra-pénitentiaire ; sorties thérapeutiques sans accompagnement ; permissions de sortie le week-end ; permissions de sortie ordinaires.

5. La doctrine et les juges de surveillance ont à plusieurs reprises souligné l'absence d'un nombre suffisant d'unités psychiatriques[50] ;

---

[48] J.C. RIOS, *Manual, cit.*, p. 279.

[49] L.F. BARRIOS FLORES, "La internación psiquiátrica por razón penal en España : ejecución de la medida en el ámbito penitenciario", *Revista Criminalidad*, 57 (1), 2015, p.51.

[50] C. JUANATEY DORADO, *Manual, cit.*, p.115.

d'autant que les deux seuls centres psychiatriques pénitentiaires existants en Espagne[51] ne sont pas capables d'accueillir toutes les personnes devant exécuter des mesures d'internement.

En ce sens, même si le cadre normatif ne présente pas de gros défauts et l'intérêt de certains programmes étant réel, les problèmes de la pratique psychiatrique pénitentiaire en Espagne sont sérieux, au regard de l'insuffisance d'établissements et de moyens personnels spécialisés. Ceci a d'importantes conséquences négatives sur la mise en place de programmes de traitement et de resocialisation efficaces concernant les délinquants dangereux atteints de troubles psychiatriques, dont le statut juridique (comme celui du malade mental en prison) mériterait d'être développé en vue d'assurer le respect des droits des patients et la primauté des considérations thérapeutiques, dans un vrai changement de paradigme[52] et d'amélioration de la coordination avec les réseaux extra-pénitentiaires.

---

[51] Fontcalent (Alicante) : 298 détenus ; et Seville : 157 détenus. https://elpais.com/sociedad/2019/06/06/actualidad/1559845060_904728.html

[52] P. LACAL CUENCA, M.P. SOLAR CALVO, "Enfermos mentales y justicia. Por un cambio de modelo", *Diario La Ley*, 9474, 2019.

La dangerosité pénitentiaire

Muriel GIACOPELLI

Professeur Aix-Marseille Université
Directeur honoraire de l'Institut de Sciences pénales et de criminologie (ISPEC)

I. La dangerosité une notion polysémique

Le dictionnaire Larousse définit la dangerosité par le caractère dangereux de quelque chose, de quelqu'un ou comme d'une probabilité de passage à l'acte délictueux ou criminel. La langue française renvoie à l'état dangereux dans deux de ses variantes qui consistent d'une part en l'établissement d'un diagnostic de l'état de santé d'une personne, le plus souvent de santé mentale, et d'autre part, à poser un pronostic, soit l'articulation d'un groupe ou d'une personne par rapport à son environnement et aux conditions dans lesquelles il ou elle est susceptible de commettre une infraction[1]. La notion de dangerosité, séculaire mais mutante[2], conceptualisée par la doctrine positiviste[3], a très tôt été identifiée par la doctrine dans ses figures psychiatrique et criminologique. La raison tient au fait que la dangerosité est consubstantielle à l'histoire croisée de la psychiatrie et de la criminologie[4]. Cependant la doctrine reste plus circonspecte sur l'existence d'une dangerosité pénitentiaire stricto-sensu que l'on trouve

---

[1] C. Debuyst, « Le concept de personnalité dangereuse considéré comme expression d'un pointde vue » in C. Debuyst (dir), *Dangerosité et justice pénale. Ambiguïté d'une pratique*, Paris-Genève, Masson, Médecine et hygiène, 1981, p. 19-34.

[2] J. Danet, « La dangerosité, une notion criminologique, séculaire et mutante », Champ pénal Vol V. 2008, Varia.

[3] V. l'intervention du doyen P. Bonfils.

[4] M. Renneville, « La dangerosité en psychiatrie : perspective historique », Cahiers du CIRAP, oct. 2011, n° 37.

évoquée dans un article sous la plume de P. Mbanzoulou[5], même si la notion est utilisée par l'administration pénitentiaire dans la circulaire n° 70-346 du 8 juillet 1970 relative aux détenus particulièrement signalés ou dans certains ouvrages dédiés aux praticiens[6]. L'absence de conceptualisation d'une dangerosité pénitentiaire ne doit pas nous inviter à conclure trop vite à son inexistence. Bien au contraire, l'objet de cette communication nous invite à réfléchir sur l'existence réelle et non supposée des contours d'une dangerosité pénitentiaire.

2. La porosité de la prison à la notion de dangerosité. La prison n'a pas été épargnée par la reviviscence du discours sur la dangerosité concrétisée par l'adoption de la loi du 12 décembre 2005 relative au traitement de la récidive des infractions pénales qui a introduit le placement sous surveillance électronique mobile et a culminé avec la loi du 25 février 2008 relative à la rétention de sûreté. Le législateur a ainsi, pour la première fois de son histoire, consacré des mesures de sûreté expresses ayant pour fondement la dangerosité criminologique. Témoignant cependant de l'ambivalence de la dangerosité dans le champ pénal, le Conseil constitutionnel a refusé de dire la rétention de sûreté rétroactive, et l'a soumise, à raison de son effet privatif de liberté après exécution de sa peine par le condamné, au régime de la peine[7]. Pour autant, l'on a assisté à la victoire posthume de Lombroso et de Ferri[8], renouant avec la volonté de neutraliser le délinquant au mépris des fondements humanistes de la réaction sociale. Le droit pénitentiaire, discipline de contact, a vu par capillarité le retour en force de la neutralisation du criminel dangereux. Il s'opère un glissement entre la notion de dangerosité, le risque et les personnes dangereuses auxquelles l'administration pénitentiaire réserve un traitement particulier, comme pour les détenus particulièrement signalés.

2. Les DPS figure emblématique de la dangerosité pénitentiaire. Les détenus particulièrement signalés sont la figure emblématique de

---

[5] P. Mbanzoulou, « La dangersoité des détenus : un concept flou aux conséquences bien visibles : le PSEM et la rétention de sûreté », *AJ pénal* 2008, p. 171.

[6] M. Herzog-Evans, Droit pénitentiaire 2020-2021, 3ème éd., Dalloz action.

[7] Cons. const. 21 fév. 2008, n° 2008-562 DC.

[8] J-H Robert, « La victoire posthume de Lombroso et de Ferri », *Dr. pén.* 2008, n°2, Repère.

la dangerosité pénitentiaire. Le traitement particulier que leur réserve la prison est davantage en lien avec les craintes que l'institution nourrit à leur égard. Le risque d'évasion que représente cette catégorie de condamnés, en cas de réussite, nourrit le sentiment d'échec de l'administration pénitentiaire dans l'exercice de sa mission d'exécution des décisions pénales qui commence avec la tâche de garde des personnes qui lui sont confiées[9]. Aussi, le chef d'établissement répondra-t-il disciplinairement de tous désordres ou problèmes de sécurité qui pourraient surgir en son sein. L'intégration juridique de la prison dans le droit commun avec l'adoption de la Loi pénitentiaire, la progression de la justiciabilité par le recul de la mesure d'ordre intérieur, l'exercice d'un contrôle indépendant et extérieur par le CGLP pour ne citer que le droit interne, se heurte au maintien des mécanismes de régulation interne fondés sur une logique d'ordre et de sécurité[10]. La dangerosité provient alors de comportements ou désordres contrevenant à la logique institutionnelle du maintien de l'ordre ou de la discipline.

3. Problématique et annonce du plan. Si ces quelques illustrations attestent l'existence d'une dangerosité pénitentiaire, l'administration pénitentiaire semble être confrontée à deux figures : l'une traditionnelle et l'autre correspondant aux nouvelles figures de la dangerosité[11]. Il s'agit, pour la première, d'une dangerosité qui est consubstantielle au fonctionnement de l'institution. En ce sens, la dangerosité pénitentiaire serait le produit de l'ordre carcéral. La seconde est étroitement liée aux contextes sociaux politiques. La dangerosité pénitentiaire se confond alors avec un traitement spécifique des personnes dangereuses. L'une est consubstantielle au droit carcéral (I), l'autre est dérivée d'un ordre pénal « de l'ennemi[12] » (II).

II. La dangerosité pénitentiaire consubstantielle à l'ordre carcéral

Si les moyens de contrôle des personnes détenues ont été modifiés de manière importante par la loi pénitentiaire qui s'est pliée aux exigences européennes, l'ordre et la sécurité pénitentiaire demeurent

---

[9] Loi n° 2009-1436 du 24 novembre 2009, dite loi pénitentiaire. Art. 2 « Le service public pénitentiaire participe à l'exécution des décisions pénales ».

[10] J-C Froment, « Vers une prison de droit ? », *RSC* 1997, p. 537.

[11] « Les nouvelles figures de la dangerosité », Cahiers du CIRAP, Mars 2008, n°0.

[12] G. Guidicelli-Delage, « Droit pénal de la dangerosité, droit pénal de l'ennemi », *RSC* 2010, p. 69.

un enjeu primordial pour le bon fonctionnement de l'institution. Sera qualifié de dangereux tel comportement qui pourrait perturber les mécanismes de régulation interne de la prison. En ce sens, la dangerosité est consubstantielle à l'ordre carcéral. Le droit pénitentiaire saisit la dangerosité objectivement par l'édiction de fautes disciplinaires (A) et subjectivement par la définition de catégories autonomes de personnes dangereuses (B).

A. La dangerosité objective tenant aux fautes

1. Naissance de la répression disciplinaire. La naissance de la répression disciplinaire est concomitante à l'apparition même de la prison. Destinée à assurer l'adhésion aux règles de fonctionnement de l'institution, la répression disciplinaire a été assurée jusqu'au décret du 2 avril 1996 de manière quelque peu arbitraire. Au fil des réformes et plus particulièrement avec la promulgation de la loi pénitentiaire du 24 novembre 2009 et ses décrets d'application de 2010, le droit disciplinaire pénitentiaire a progressivement réintégré le droit commun en soumettant le droit de fond disciplinaire au principe de légalité. Alors que tout trouble de l'ordre interne au fonctionnement de l'établissement pouvait fonder une sanction disciplinaire, la faute disciplinaire est désormais assujettie à une définition. En revanche, le rapprochement procédural demeure encore incomplet, malgré la présence de l'avocat depuis 2000 devant la commission de discipline. En effet, le procès disciplinaire n'est toujours pas assujetti aux règles du procès équitable[13], quand bien même les conséquences d'une sanction disciplinaire, par le jeu des réductions de peine, pourraient bien avoir une incidence sur la portée de la peine au sens de l'article 7 de la Conv. EDH.

2. Présentation synthétique des fautes disciplinaires. Le législateur a nettement souhaité lors de la réforme du droit disciplinaire assujettir la répression disciplinaire au principe de légalité en adoptant une classification tripartie des fautes disciplinaires empruntée à la classification tripartite des infractions de l'article 111-1 du Code pénal. Seules les fautes visées par les articles R. 57-7-1 à R. 57-7-3 peuvent

---

13 J-P Céré, « le procès disciplinaire sous le prisme de la Convention européenne des droits de l'homme : un respect en trompe l'œil ? », *D.* 2017, p.1720.

fonder une sanction disciplinaire. C'est ainsi que trois couleurs de faute sont prévues par le régime disciplinaire allant des plus graves, du premier degré, jusqu'aux moins graves du troisième degré, entre lesquelles s'intercalent les fautes du deuxième degré. On y retrouve des qualifications directement empruntées au droit pénal comme les atteintes aux personnes, violences physiques ou insultes, des atteintes aux biens, de corruption etc... Certaines qualifications ont un fondement textuel pénitentiaire tourné vers la régulation interne. Est constitutif d'une faute disciplinaire les faits de nature « à compromettre la sécurité, l'ordre ou le fonctionnement normal de celui-ci »[14] ou de refuser de se soumettre à une mesure de sécurité définie par une disposition législative, réglementaire ou par le règlement intérieur »[15]. Ces fautes seront qualifiées de « spéciales » par opposition aux fautes « générales » dont la définition emprunte au droit pénal général. Mais quelle que soit la faute générale ou spéciale, le prononcé d'une sanction disciplinaire par la commission de discipline demeure un enjeu du maintien de l'ordre pénitentiaire et participe de la répression d'une forme de dangerosité pénitentiaire.

3. La commission de discipline : enjeu du maintien de l'ordre pénitentiaire. C'est ainsi que la circulaire d'application du 9 juin 2011 relative au régime disciplinaire des personnes détenues majeures[16] précise en préambule que « *l'action disciplinaire qui incombe aux personnels de l'administration pénitentiaire sous l'autorité des chefs d'établissement et le contrôle des directeurs interrégionaux, vise à permettre le développement d'une vie collective harmonieuse. Elle est indispensable au maintien de l'ordre au sein des établissements pénitentiaires ainsi qu'au respect des droits fondamentaux* ». Dans l'immense majorité des cas la sanction disciplinaire qui sera prononcée est explicitée, dans un but pédagogique et réformateur conformément à l'économie de la circulaire précitée. La commission de discipline cristallise également des enjeux d'autorité entre personnes détenues et les personnels pénitentiaires. En réponse à leurs revendications et à la suite de nombreux blocages que les prisons ont connus courant de

---

[14] V. par exemple : C. pr. pén., art. R. 57-5-1 7°, 9°.

[15] C. pr. pén., art. R. 57-7-2 1°.

[16] Circulaire du 9 juin 2011, relative au régime disciplinaire des personnes majeures, NOR : JUSK1140024C

l'année 2018, le législateur par décret du 13 février 2019[17] a modifié l'articulation des fautes entre elles en durcissant la répression par élévation des fautes « spéciales » portant atteinte à la dignité des personnels et au maintien de l'ordre. La résistance violente aux injonctions des personnels, constitutive d'une faute de premier degré[18] est rejointe par le fait de proférer des insultes ou des propos outrageants à l'encontre des personnels, qui était constitutif d'une faute de second degré[19][20]. De même l'évasion, constitutive d'une faute de premier degré est rejointe par le simple fait de franchir ou tenter de franchir les grillages, barrières, murs d'enceinte et tous autres dispositifs (...) aux zones neutres et aux zones interdites visées par le règlement intérieur ou visées par le chef d'établissement. Le décret du 13 février 2019 revient à une vision sécuritaire de la répression ramenée à la protection du périmètre et la maîtrise du comportement du détenu, qui fait écho à la création le 8 juillet 1970 du fichier des détenus particulièrement signalés visant une dangerosité subjective.

B. La dangerosité subjective tenant aux personnes

1. Surveillance des DPS. Certaines catégories de personnes sont stigmatisées par l'administration pénitentiaire en raison du risque qu'elles font courir à la sécurité de l'établissement. Il s'agit de la qualification autonome de détenus particulièrement signalés (DPS). En raison de leur dangerosité présumée, les DPS sont inscrits sur un fichier visant les personnes appartenant ou soupçonnées d'appartenir au grand banditisme.

---

[17] D. n° 2019-98 du 13 février 2019, modifiant les dispositions réglementaires du Code de procédure pénale relatives au régime disciplinaire pénitentiaire des personnes détenues, JORF 15 fév. 2019, Texte 7 ; M. Herzog-Evans « Décret du 13 février 2019 sur la discipline pénitentiaire : un raidissement institutionnel et une occasion manquée », AJ pénal 2019, p. 139.

[18] C. pr. pén., art. R. 57-7-1 3°.

[19] C. pr. pén., art. R. 57-7-2 1° anc.

[20] C. pr. pén., art. R. 57-7-1 12°.

2. Inscription au répertoire et dangerosité pénitentiaire. L'inscription des DPS est traitée par la circulaire du 15 octobre 2012[21] actualisant celle du 18 décembre 2007 à la suite d'une décision du Conseil d'Etat Kheli[22]. Elle repose sur la dangerosité pénitentiaire du condamné à l'exclusion de toute autre forme de dangerosité criminologique ou psychiatrique. La dangerosité pénitentiaire est explicitée au sein de la circulaire par renvoi aux risques d'évasion ou de troubles importants dans les établissements. La circulaire liste ensuite les personnes susceptibles de présenter ce type de risques[23]. Conscient des conséquences drastiques pour le détenu, le Conseil d'Etat a dans la décision précitée, qualifié l'inscription au répertoire des DPS de mesure faisant grief, ce qui a nécessité un renforcement des garanties procédurales.

3. Les conséquences pour le détenu. De manière synthétique, l'inscription au répertoire des DPS entraine pour le détenu une surveillance renforcée à raison de sa dangerosité présumée, tant au sein de l'établissement qu'en dehors de l'établissement. Si les DPS peuvent en principe avoir accès aux mêmes types d'activité que les autres détenus, un certain nombre de dispositions spécifiques leur sont applicables, ayant pour effet *de facto* de leur appliquer un régime plus sévère. Cette catégorie de détenus est en outre éligible à une mesure d'isolement à raison de leur dangerosité. Lors de leur déplacement interne, il a même été admis qu'ils puissent faire l'objet d'un accompagnement renforcé des personnels de surveillance en tenue

---

[21] Circ. 15 oct. 2012 relative à l'instruction ministérielle relative au répertoire des détenus particulièrement signalés (DPS), NOR : JUSD 1236970C, BOMJ n° 2012-10 du 31 oct. 2012.

[22] CE 30 nov. 2009, KHELI, n° 318589.

[23] Il s'agit : 1) appartenant à la criminalité organisée locale, régionale, nationale ou internationale ou aux mouvances terroristes, appartenance établie par la situation pénale ou par un signalement des magistrats, de la police ou de la gendarmerie ; 2) ayant été signalées pour une évasion réussie ou un commencement d'exécution d'une évasion, par ruse ou bris de prison ou tout acte de violence ou ayant fait l'objet d'un signalement par l'administration pénitentiaire, les magistrats, la police ou la gendarmerie, selon lequel des informations recueillies témoignent de la préparation d'un projet d'évasion ; 3) susceptibles de mobiliser les moyens logistiques extérieurs d'organisations criminelles nationales, internationales ou des mouvances terroristes ; 4) dont l'évasion pourrait avoir un impact important sur l'ordre public en raison de leur personnalité et / ou des faits pour lesquels elles sont écrouées ; 5) susceptibles d'actes de grandes violences, ou ayant commis des atteintes graves à la vie d'autrui, des viols ou actes de torture et de barbarie ou des prises d'otage en établissements pénitentiaires.

anti-émeute. De telles mesures paroxystiques montrent combien la dangerosité grignote de l'intérieur, renvoyant aux idées d'un droit pénal de l'ennemi.

III. La dangerosité pénitentiaire dérivée de « l'ordre pénal de l'ennemi »

L'ordre pénal de l'ennemi renvoie à la pensée de Günther Jakobs qui constatait, certainement à partir de la rétention de sûreté allemande née en 1936 concomitamment à la montée du fascisme, l'existence d'un droit pénal de l'ennemi. Schématiquement, le droit pénal de l'ennemi a été compris comme étant capable d'affronter les agressions des ennemis absolus, les terroristes, mais s'étend à tous les criminels dangereux. Seraient désignés les malades mentaux, les délinquants sexuels, les délinquants violents. Des réformes pénales ont été inspirées par ce nouvel habillage théorique d'un droit pénal de la dangerosité dont la manifestation en droit pénitentiaire s'est traduite par un sort réservé à la dangerosité *de certains*. La dangerosité pénitentiaire dérivée de « l'ordre pénal de l'ennemi » interroge d'une part, la dangerosité assimilée à un pronostic de récidive (A) et, d'autre part, la dangerosité liée aux faits de terrorisme, plus précisément à la figure du terroriste radicalisé à la suite de la vague d'attentats qu'a connue la France (B).

A. Dangerosité et risque de récidive

1. La diffusion des idées. La réappropriation des théories positivistes par le droit répressif contemporain s'est faite par assimilation. Le législateur a associé la dangerosité au risque de récidive imposant la prévention, voire la prédiction comme un nouveau paradigme de la justice. La justice actuarielle, fondée sur le postulat du risque, s'est progressivement imposée en France après avoir dominé le champ pénal des Etats-Unis[24]. Elle renvoie aux méthodes actuarielles et leur

---

[24] B. Harcourt, « Une généalogie de la rationalité actuarielle aux Etats-Unis aux XIXème et XXème siècles, *RSC* 2010, p. 31.

appétit de catégorisation des populations pénales nécessitant l'évaluation du risque de récidive de certains condamnés dangereux.

2. **L'évaluation du risque de récidive**. La prison s'est dotée d'un outil, le diagnostic à visée criminologique (DAVC) destiné à évaluer un tel risque, faisant des personnels du service pénitentiaire d'insertion et de probation de véritables agents évaluateurs. La circulaire du 8 novembre 2011 relative au DAVC le définissait, avant son annulation par le Conseil d'Etat[25], comme « *une procédure d'évaluation commune à tous les SPIP (...), permettant d'évaluer les personnes qui leur sont confiées par l'autorité judiciaire, afin de déterminer le mode de prise en charge le plus adapté* »[26]. L'évaluation du risque comme conséquence de la dangerosité n'a pas totalement disparu du champ pénitentiaire et a été relayée par les outils actuariels dits de deuxième génération fondés sur la théorie du risque/besoin et réceptivité qui ont investi la probation. Aussi, les conséquences de l'évaluation de la dangerosité sont-elles nombreuses dans le champ pénitentiaire ou limitrophe.

3. Les conséquences sur les personnes condamnées. Nous ne citerons que quelques illustrations de la progression de la dangerosité en prison. Les condamnés aux longues peines sont soumis à une expertise de dangerosité préalable à leur libération. La dangerosité des personnes condamnées pour des faits de terrorisme a fait émerger à l'issue des lois du 3 juin 2016 relative à la lutte contre le terrorisme et du 21 juillet 2016 de prorogation de l'état d'urgence un droit spécial inédit de l'aménagement des peines, dont la traduction la plus évidente est la suppression pure et simple de l'accès pour ces personnes condamnées à certains aménagements de peine comme les réductions de peine[27]. C'est cette même loi qui a légalisé le traitement exceptionnel d'une mise sous vidéo protection 24h/24 du terroriste Salah Abdeslam. La dangerosité est bien la promesse d'un traitement pénitentiaire par catégorie de personnes dangereuses à fort risque de

---

[25] CE., 11 avr. 2014, n°355624, AJ pénal 2014, 255, obs. M. Herzog-Evans ; M. Giacopelli et A. Ponseille, « Droit de la peine », LGDJ, 2019, p. 297.

[26] Circ. Du 8 nov. 2011 relative au diagnostic à visée criminologique, NOR : JUSK 11400051C.

[27] E. Bonis-Garçon, « A propos de l'article 8 de la loi n°2016-987 du 21 juillet 2016, vers la création d'un droit spécial des aménagements de peine pour les condamnés pour terrorisme », *Dr. pén.*, 2016, étude 26.

récidive. Dès 2011, le Contrôleur général des lieux de privation de liberté, dans son rapport annuel, s'inquiétait de la transformation de la nature de la prison qui aurait désormais pour mission principale de prévenir la récidive au détriment de la réinsertion. Cette inquiétude a été réactivée par la nécessaire prise en charge par l'administration pénitentiaire des personnes radicalisées et la possible création d'un statut *« sui generis »* [28] de ces criminels.

B. Dangerosité et radicalisation pénitentiaire

1. Phénomène de radicalisation. Contrairement aux faits de terrorisme qui souffrent d'une appréhension légale, la radicalisation est une notion aux contours flous qui s'apparente davantage à un phénomène. Le conseil de l'Union européenne a tenté d'en cerner son périmètre en visant « *un processus dynamique d'identification personnelle ou collective à des idées politiques ou politico-religieuses extrêmes qui impliquent la volonté de transformer la société par la violence* »[29]. A compter de 2015, les politiques publiques contemporaines en font un facteur de dangerosité majeur qui a conduit les gouvernements à appliquer aux personnes incarcérées ou condamnées des mécanismes expérimentaux d'urgence. La prise en compte de la radicalisation dans le champ carcéral s'est effectuée autour d'éléments d'abord hétérogènes comprenant des régimes de détention spécifiques, des grilles d'évaluation de détection des personnes radicalisées, des formations dédiées aux personnels de l'administration, des notes internes et des sous-typologies issues de techniques de repérage[30], avant de s'affermir autour d'un dispositif de prise en charge des personnes radicalisées oscillant entre « inclusion et exclusion »[31].

---

[28] F. Habouzit, L'usage de la notion de radicalisation dans le champ pénitentiaire (suite) : Existe-t-il un statut sui generis des personnes « radicalisées » ?, RSC2018, p.541

[29] Conseil de l'Union européenne, *Plan d'action et de lutte contre le terrorisme*, Bruxelles, juin-novembre 2008.

[30] V. TIS pour terroristes islamistes ou APO pour apologie du terrorisme cités par G. Brie et C. Rambourg, RSC 2018, p. 45.

[31] C. Margaine, « Le régime de l'application de la peine pour les djihadistes », RSC 2018, p. 31.

2. Une prise en charge spécifique. L'inclusion recouvre le désir de connaître le criminel, d'évaluer sa dangerosité. Elle se traduit à la fois par un renforcement des actions d'accompagnement par l'administration pénitentiaire de ce type de population pénale, notamment à la suite du dernier plan national de prévention de la radicalisation de 2018, et par une centralisation des informations. Cette dernière a été entérinée par la consolidation du renseignement pénitentiaire ouvrant notamment aux personnels de l'administration pénitentiaire les techniques prévues par le code de la sécurité intérieure. Les professionnels de l'administration pénitentiaire sont désormais invités à faire remonter les informations relatives au terrorisme auprès du bureau central du renseignement pénitentiaire qui s'est récemment mué en service national[32]. L'autre tendance est à l'exclusion des personnes radicalisées par la mise en œuvre de pratiques de regroupement, qui ont été abandonnées après l'échec de leur tentative de généralisation. Malgré la promesse de nouveaux moyens d'action portés par le gouvernement lors de l'annonce du plan pénitentiaire présenté en conseil des ministres le 12 septembre 2018, dont certaines dispositions ont été relayées par la loi du 23 mars 2019 de programmation 2018-2022 et de réforme de la justice[33], sous couvert d'inclusion, le gouvernement poursuit son intention première de neutraliser avec une approche désormais ultra-sécuritaire.

3. Le « nouveau » plan d'action pénitentiaire. La gestion de l'espace carcéral ne se fait plus à travers un regroupement national, mais bien au sein de la détention par la création de quartiers étanches dédiés aux personnes radicalisées ou violentes. Bien que cette logique de confinement ait été critiquée par le CGLPL[34] en raison du risque de stigmatisation qu'il génère, les premiers quartiers pour personnes radicalisées (QPR) ou Unité pour détenus violents (UDV)[35] ont vu le jour dans certains établissements pénitentiaires et s'accompagnent de

---

[32] Rapport relatif à l'activité de la délégation parlementaire au renseignement pour l'année 2018, T.1, Y. Braun-Pivet, AN n° 1869,

[33] L'article L. 855-1 du code de la sécurité intérieure, relatif au renseignement pénitentiaire a été complété pour encadrer la technique de la sonorisation dans le cadre du renseignement pénitentiaire, tandis que le législateur a durci une fois encore l'article 57 de la loi pénitentiaire relatif aux fouilles et plus précisément à la fouille intégrale.

[34] Cf. rapport annuel du CGLPL, 2015 et 2016, Dalloz.

[35] Une UDV a été créée à Marseille et propose 7 places d'hébergement de compétence régionale dont trois places réservées à l'établissement.

moyens de surveillance renforcés et une prise en charge stricte au service de missions qui s'inscrivent dans un processus « ultra sécuritaire ». L'on peut s'interroger avec le sociologue P. Combessie, si la pratique d'une telle réclusion carcérale à l'intérieur n'arme pas le bras de ceux que l'on veut combattre à l'extérieur[36]

[36]P. Combessie, « Ambivalences des sociétés démocratiques vis-à-vis de la prison comme dispositif d'aide à la réinsertion : évolutions récentes (internet, téléphonie mobile, radicalisation), 2017, «Ambivalences des sociétés démocratiques vis-à-vis de la prison comme dispositif d'aide à la réinsertion : évolutions récentes (internet, téléphonie mobile , radicalisations) », *in* : Julia SCHMITZ (dir.), Le droit à la réinsertion des personnes détenues, préface Adeline HAZAN, Paris : Institut Universitaire Varenne, coll. Colloques & Essais, 2017, p. 61-71

Le criminel dangereux – un retour de l'idée sur l'exemple de la Pologne et de la France. Un essai d'évaluation

Wojciech Zalewski

Département de Droit Pénal et de Criminologie

Faculté de Droit

Université de Gdańsk (Pologne)

« Si tu es prêt à sacrifier un peu de liberté pour te sentir en sécurité, tu ne mérites ni l'une ni l'autre »

Thomas JEFFERSON

Dans de nombreux pays du monde, la politique criminelle contemporaine est menée sous des slogans populistes de lutte contre la criminalité au moyen de mesures radicales de réaction pénale. Nous arrivons à un moment dangereux où devient pertinente la question de savoir s'il existe encore une place pour la responsabilité pénale moralement fondée[1]. Viser la sécurité, atteindre l'utopie du risque zéro, de la vie sans danger et, notamment, sans danger que présente la délinquance, est devenu une quasi-obsession de nos jours. En effet, la politique criminelle contemporaine, laisse distinguer deux mécanismes qui, d'ailleurs, s'imbriquent. D'une part, l'opinion publique est bombardée d'une pléthore d'informations sur des forfaits selon le principe cher aux médias : « ça saigne, donc ça suscitera un intérêt ». D'autre part, les hommes politiques et toute « l'industrie de la sécurité »[2] proposent de nombreuses mesures de sécurité - d'habitude onéreuses - pour apaiser les appréhensions qu'ils font naître. Ainsi, en

---

[1]Cf. T. Lévy, Y a-t-il encore une place pour la responsabilité pénale ?, Pouvoirs 2009/1, p. 43 et suiv.

[2]Cf. N. Christie, Crime Control As Industry, Routledge, New York 2000.

ce début du XXIe siècle, relève des paradoxes le fait d'assurer des garanties, apparemment renforcées, des libertés et des droits de l'homme tout en les accompagnant d'exceptions auxdites libertés et auxdits droits au nom de la nécessité de sauvegarder la sécurité. Dans le contexte de l'instauration de nouvelles mesures de sûreté, notamment sous la forme de mesures de détention thérapeutique, se trouvent menacées les principes fondamentaux du droit tels que le principe de légalité, le principe de nécessité, le principe de proportionnalité ou la présomption d'innocence.

Ce qui est intéressant dans le monde moderne, c'est que des solutions proches sont adoptées par les pays ayant une culture juridique similaire, même indépendamment les uns des autres. La Pologne et la France partagent des expériences historiques semblables. Une analyse plus approfondie montrera que les solutions proposées actuellement ne sont pas nouvelles, mais qu'elles s'inspirent des idées vieilles de plus d'un siècle. Le cadre de cet article ne permet pas une large analyse comparative. Toutefois, il convient de formuler quelques hypothèses à vérifier.

1. L'idée de criminel dangereux qui, de nos jours, connaît une renaissance, n'est ni pratique, ni efficace à long terme. 2. Il s'avère que les éléments fondant le classement dans la catégorie de criminels dangereux n'ont pas été, dans le passé, et, malheureusement, ne sont toujours, de nos jours, ni clairs, ni distincts. 3. L'instauration des mesures de sûreté, différentes des peines et exemptes de garanties prévues par le droit pénal, présente un risque d'application arbitraire de la loi. Dans la pratique, il y a des abus. Les lois excessivement sévères sont, par la suite, ignorées par les tribunaux et cessent d'être appliquées.

Passons à une brève analyse historique du droit et de la pratique française.

Le fait que le médecin italien Cesare Lombroso a été à l'origine de l'idée d'un criminel-né, déterminé par la nature (1876), plein d'atavismes et se distinguant par son apparence, est notoirement connu[3]. Nonobstant force arguments de Lombroso, dès le début, sa théorie a suscité des polémiques. La critique de l'école positive a commencé très rapidement. La décennie des années 80 du XIXe siècle est qualifiée de « the Golden Age of the positivist school »[4]. Déjà, lors du premier Congrès international d'anthropologie criminelle, tenu en 1885 à Rome, Alexandre Lacassagne, professeur de médecine légale à l'Université de Lyon, représentant de « l'école française », sous l'influence de Tarde, a rejeté en bloc les affirmations lombrosiennes sur les causes biologiques de la criminalité et, en particulier, celle sur les atavismes. En revanche, il a mis l'accent sur l'importance de l'environnement social[5]. Au congrès suivant, qui a eu lieu en 1889 à Paris, ces opinions se sont encore attiré les foudres des critiques. Encore une fois, les Français se sont opposés aux Italiens. Ils ont fait valoir qu'il n'existait aucune preuve scientifique susceptible de fonder la thèse selon laquelle les caractéristiques anatomiques d'un individu influeraient, d'une manière ou d'une autre, sur ses tendances à avoir des comportements propres à l'homme primitif. Au contraire, ces caractéristiques anatomiques se retrouvent parfois chez des individus exceptionnels[6].

En France, de nombreux auteurs admettaient l'existence de « prédispositions maladives innées », se manifestant par des « stigmates » externes. Cesare Lombroso a puisé les concepts de « folie morale » et « d'épilepsie » dans les écrits d'Augustin Morel qui, lui-même, s'est inspiré des textes de James Cowles Prichard. Ainsi peut-on dire que

---

[3]Cf. C. Lombroso, Człowiek – zbrodniarz w stosunku do antropologii, jurysprudencji i dyscypliny więziennej. Zbrodniarz urodzony, obłąkaniec zmysłu moralnego. [C. Lombroso, L'homme criminel. Etude anthropologique et psychiatrique. Criminel-né – fou moral. Épileptique. Etude anthropologique et médico-légale], selon édition IV polonaise, traduction de L. Popławski, V. 1., Varsovie 1891, p. *5- 26.*

[4]Cf. J. van Ginneken, *Crowds, psychology, and politics, 1871-1899*, Cambridge University Press 1992, p. 65 et s.

[5] Cf. W. Buikhuisen, S. A. Mednick, The need for an integrative approach in criminology, [w:] Explaining criminal behaviour: interdisciplinary approaches, W. Buikhuisen, S. A. Mednick (red.), Leiden 1988, p. 4.

[6] Cf. W. Buikhuisen, S. A. Mednick, The need for an integrative approach, *ibid.*

L'Uomo delinquente est tombé sur un terreau où la notion de déterminisme biologique possédait déjà des fondements solides[7]. Les Français étaient des pessimistes déterministes bien avant Lombroso. Tout au long de l'année, entre juillet 1863 et juillet 1864, a duré un débat au sein de la Société médico-psychologique française sur la responsabilité morale des criminels[8]. Le milieu s'est scindé en deux groupes : celui des criminologues à orientation biologique et celui des sociologues qui, comme il s'est ensuite avéré, allaient dominer le XXe siècle[9].

L'évolution des positions prises par les scientifiques a entraîné des changements dans le droit et la France a été à l'avant-garde en la matière. Pour cette raison, il convient d'examiner les solutions adoptées dans ce pays.

De l'avis de nombreux juristes et hommes politiques français de la seconde moitié du XIXe siècle, le système de lutte contre la récidive, basé sur les principes *classiques* du Code pénal de 1810, était inefficace. Les statistiques officielles ont enregistré un nombre important de récidivistes punis plus de deux fois et ceci au cours d'une même année[10]. Le ministère de la justice français, dans une étude officielle *Compte général de l'administration de la justice criminelle en France* de 1880, a critiqué ces chiffres[11]. Le garde des Sceaux a déploré la clémence des juges. Des mesures appropriées ont rapidement été prises pour y remédier. Comme l'écrit de manière imagée Frédéric Chauvaud – en France « *Le XIXe siècle est hanté par le spectre de la récidive*[12]. En

[7]Cf. L. Mucchielli, Criminology, Hygienism, and Eugenics in France, 1870 – 1914. The Medical Debates on the Elimination of "Incorrigible" Criminals, [dans:] Criminals and Their Scientists. The History of Criminology in International perspective, réd. P. Becker, F. Wetzell, Cambridge, New York, Cambridge University Press, 2006, p. 207.

[8] Cf. L. Mucchielli, *Criminology, Hygienism, and Eugenics in France,* p. 209-210.

[9]Cf. W. Buikhuisen, S. A. Mednick, ibidem, p. 5 et s.

[10] A titre d'exemple, de 1876 à 1880, leur nombre s'élevait à 2154 : parmi ceux-ci 1578 criminels punis à trois reprises, 417 - punis à quatre reprises, 107 - punis à cinq reprises, 35 - punis à six reprises, 12 - punis à sept reprises, 3 punis à huit reprises, 1 puni à neuf reprises et, enfin, encore un recordman qui, en une année, a été puni à 10 reprises.

[11] Rapporté en suivant W. Świda, *Przestępca zawodowy* [Le criminel professionnel], Vilnius 1932, p. 75 – 76.

[12] F. Chauvaud, *Repris de justice et incorrigibles : les figures du récidiviste au cœur de l'imaginaire judiciaire (France XIXe siècle), in Le criminel endurci : récidive et récidivistes du Moyen Age au XXe siècle*, réd. F. Briegel, M. Porret, Genève 2006, p. 251 et s.

effet, la récidive révèle l'inefficacité de la répression et de la peine au point de vue moralisateur. A l'instar, par exemple, de l'Angleterre, en France on a également écrit sur les récidivistes en termes de catégorie distincte et dangereuse[13]. Dans la France connue pour son humanisme, le postulat d'exclure les criminels incorrigibles hors société et de leur refuser le nom d'êtres humains, a reçu un grand soutien à la fin du XIXe siècle. La question a été posée : *Sont-ils encore des hommes ?*[14].Et, bien que les théories de Lombroso aient été critiquées et qu'il ait été jugé plus approprié de suivre un paradigme différent, plutôt socio-économique, de dégradation criminelle de l'individu[15], les postulats positivistes de protection de la société et de lutte acharnée contre la criminalité ont été largement soulevés[16].

A la fin du XIXe siècle, un consensus relativement large sur les mesures radicales prises constitue un trait caractéristique de la réflexion française sur les questions de la lutte contre la récidive et le criminel incorrigible[17]. Les voix s'y opposant étaient relativement rares, mais il convient de noter qu'elles provenaient principalement de juristes[18].

Le postulat de reléguer des récidivistes incorrigibles dans les colonies est réapparu. Comme l'indique Michel Foucault : « il s'agissait de réduire la charge financière générée par le système pénitentiaire »[19]. De plus, en France, depuis l'époque d'Adolphe Quetelet[20], ont été recueillies les données statistiques, y compris celles concernant la criminalité. Les données sur la récidive indiquaient que cette dernière

---

[13]Voir, par exemple, H.A. Frégier, *Des classes dangereuses de la population dans les grandes villes et des moyens de les rendre meilleures*, Bruxelles 1840, p. 134-137, Rapporté en suivant F. Chauvaud, *Repris de justice et incorrigibles, ibid*. p. 253.

[14] Cf. L. Mucchielli, *Criminology,* p. 211.

[15]Cf. M. Renneville, *La réception de Lombroso en France (1880-1900), inHistoire de la criminologie française*, réd. L. Mucchielli, Paris, L'Harmattan, 1995, p. 107-135.

[16] G. Le Bon, *La question criminelle*, Revue philosophique, 1881, n° 1, p. 538-539 suivant L. Mucchielli, *Criminology,* p. 212.

[17] G. Tarde, *Penal Philosophy*, Boston 1912, p. 146, Rapporté en suivant J. Pratt, *Governing the dangerousness*, p. 7.

[18]Cf. L. Mucchielli, *Criminology, p.* 213 et s. et, du même auteur : *Criminologie, hygiénisme et eugénisme en France (1870-1914),* p. 65 – 67.

[19] M. Foucault, *Nadzorować i karać. Narodziny więzienia* [Surveiller et punir. Naissance de la prison], Varsovie 1998, p. 272-273.

[20] Cf. P. Beirne, *Adolphe Quetelet and the Origins of Positivist Criminology, American Journal of Sociology*, 1987, n° 92(5), p. 1140–1169.

connaissait un progrès constant. L'idée d'éloigner les criminels invétérés de la société par leur relégation dans les colonies a trouvé sa traduction dans la loi. Le 30 mai 1854 a été votée la loi obligeant les personnes condamnées à l'emprisonnement à demeurer dans la colonie après la fin de leur peine pour un temps égal à sa durée ou, pour les condamnés à plus de huit ans de travaux forcés, leur vie durant[21]. En vertu de cette loi a été proclamée la création des bagnes coloniaux en premier lieu en Guyane et, ensuite, en Nouvelle Calédonie[22].

Il y a eu, en même temps, une « rééducation » des juristes. Alexandre Lacassagne, dans une conférence donnée à l'occasion de sa nomination à la chaire de médecine légale de l'Université de Lyon en 1881, a déclaré que, désormais, c'étaient les médecins qui, une fois de plus, démontreraient aux juges que certains criminels étaient incorrigibles[23]. Les médecins devaient éduquer les juges sur le caractère du criminel et indiquer l'orientation de la lutte contre la criminalité. La lutte contre la récidive a cessé d'être une question juridique et elle est devenue une question d'hygiène sociale.

C'est dans ce sens que s'orientait le député rapporteur René Waldeck-Rousseau en disant qu'une nouvelle loi était nécessaire[24]. En effet, la nouvelle loi de 1885 a instauré « une présomption d'incorrigibilité »[25]. Il convient de mettre en exergue l'une des causes ayant soustendu l'adoption de la nouvelle loi : le manque de confiance dans les tribunaux, incarné par la crainte que les juges n'allaient pas prononcer de peines sévères. Il a été avancé que si une alternative était laissée aux juges, ceux-ci prononceraient des peines plus clémentes. C'est cela

---

[21]Selon la disposition pertinente : « obligeant les condamnés à demeurer dans la colonie après la fin de leur peine pour un temps égal à sa durée ou, pour les condamnés à plus de huit ans de travaux forcés, leur vie durant », cité en suivant L. Mucchielli, *Criminologie, hygiénisme et eugénisme en France (1870-1914)*, p. 67.

[22]Cf. M. Foucault, *Narodziny więzienia*, p. 273 et s.

[23]A. Lacassagne, *Marche de la criminalité en France de 1825 à 1880 (Du criminel devant la science contemporaine)*, La revue scientifique de la France et de l'étranger, 1881, n° 1, p. 684, citation suivant L. Mucchielli, *Criminologie*, p. 69.

[24] Waldeck – Rousseau, *Rapport sur la proposition de loi*, p. 79 Rapporté en suivant S. A. Toth, *Beyond Papillon : the French overseas penal colonies, 1854-1952*, Lincoln, London, University of Nebraska Press, 2006, p. 36.

[25]B. Schnapper, *La récidive*, p. 55., L. Mucchielli, *Criminologie, p.* 71-72.

qui a conduit à adopter la solution imposant l'obligation de prononcer la relégation dans certaines situations[26].

Le changement qui s'est opéré en France en seulement trente et un ans (1854-1885) est frappant. La législation adoptée au début des années cinquante baignait dans un esprit d'idéalisme ; il s'agissait de soustraire les criminels à l'influence démoralisante et corruptrice des villes et de les soumettre à l'influence bénéfique du dur labeur dans les colonies. On partait de l'hypothèse que le travail combiné à un endoctrinement moralisateur, fondé sur l'idéal de l'influence salutaire de la campagne chère à Rousseau, les arracherait à la corruption de la vie urbaine. La loi de 1885 constitue cependant l'expression de la crainte généralisée d'un effondrement de l'ordre social. Une nouvelle récidive, déterminée par la pulsion, devait être combattue par un exil permanent[27].

Pour les considérations contemporaines, une chose est à souligner ; la loi n'a pas répondu aux espoirs de ses créateurs. Et W. Świda de constater : « Le hiatus entre l'idée constituant le fil conducteur de la loi et la position des juges est apparu encore à l'époque où la loi restait en vigueur. Bien que l'application de la relégation ait été obligatoire, les juges ont parfois réussi à paralyser efficacement les intentions du législateur »[28]. L'un des moyens était de contourner les conditions posées par la loi. Par exemple, pour que le condamné soit éloigné dans les colonies, il avait fallu qu'il ait écopé d'au moins 3 mois d'emprisonnement. Les juges ont donc souvent prononcé une condamnation en dessous de ce seuil afin d'éviter la relégation[29]. L'efficacité de cette méthode et de la résistance accrue des juges face à la nouvelle loi, trouvent un reflet parfait dans les statistiques[30].

---

[26] Waldeck–Rousseau, *Le Bulletin de la Société Générale des Prisons.Revue pénitentiaire 1877-1900*, T. 6, p. 778 -779 dans la traduction de W. Świda, *Przestępca zawodowy*, Vilnius 1932, p. 77-78.

[27] S. A. Toth, *Beyond Papillon: the French overseas penal colonies*, p. 36 – 37.

[28] W. Świda, *Przestępca zawodowy*, p. 79.

[29] Cf. W. Świda, *ibid.*

[30] Cf. S. A. Toth, *Beyond Papillon: the French overseas penal colonies*, p. 36, 148. L'auteur indique que le *bagne* a été abrogé par le gouvernement Deladier par le décret-loi du 17 juin 1938.

Le fiasco de l'idée d'éloignement via la relégation dans les colonies s'est clairement révélé dès le début du XXe siècle. Il n'a pas exclusivement été dû à la résistance des juges. La gestion des bagnes du point de vue pénitentiaire et, aussi, purement économique, laissait beaucoup à désirer[31].

Pour résumer : Le modèle français de traitement des criminels incorrigibles constitue presque le contraire du modèle américain. Depuis 1885, le modèle éliminatoire, mis en œuvre en France à l'encontre des criminels incorrigibles, n'a pas eu l'effet escompté.

Passons aux solutions contemporaines.

La loi française du 17 juillet 1970 a instauré la tutelle pénale et, ensuite, le code pénal de 1992 a prévu des mesures de sûreté telles que, par exemple, un prolongement de séjour dans l'établissement pénitentiaire pour la personne condamnée pour un crime grave qui a fini de purger sa peine. Ensuite, en 2008, dans le code de procédure pénale a été inscrite la rétention de sûreté c'est-à-dire un placement forcé dans un centre socio-médico-judiciaire de sûreté[32]. La durée de rétention de sûreté n'est pas prédéterminée, ni limitée par la loi. Une telle mesure est appliquée aux personnes souffrant de troubles graves de la personnalité, condamnées à une peine d'au moins 15 ans d'emprisonnement pour certains crimes graves, notamment le meurtre, le viol et l'enlèvement. La menace que le délinquant représente pour la société constitue la condition de cette privation de liberté. Toutefois, la rétention ne peut être ordonnée que si le tribunal qui a prononcé la condamnation, prévoit cette possibilité. Six mois avant le terme de la peine ou de l'élargissement du condamné, une commission pluridisciplinaire examine s'il est opportun de lui appliquer cette mesure. S'il n'est pas nécessaire de maintenir l'auteur du crime en détention, le juge de l'application des peines peut ordonner une surveillance électronique. La doctrine française a formulé un certain nombre de commentaires et réserves à l'encontre de la nouvelle loi. Il a été noté que la mesure créée est une manifestation de populisme pénal

---

[31]Cf. S. A. Toth, *Beyond Papillon,* p. 147-148.

[32]Cf. P. Stępniak, *Środki penalne we Francji i Polsce. Doktryna, legislacja, praktyka* [Mesures pénales en France et en Pologne. Doctrine, législation, pratique], Warszawa 2012, p. 129

puisqu'elle a été introduite dans le système en réponse à un événement criminel ponctuel qui a provoqué un « scandale » médiatique majeur en France. Il s'agit de l'affaire d'Evrard, un récidiviste qui a commis des crimes contre la liberté sexuelle en raison de troubles de la préférence sexuelle[33]. Sans entrer dans une analyse détaillée de ces dispositions, on peut constater des similitudes entre les questions pénales relatives aux criminels particulièrement dangereux en France et en Pologne, au moins au stade de la procédure législative.

Cette politique se caractérise par la méconnaissance des données réelles sur la criminalité, notamment des statistiques criminelles, des informations sur la structure et la dynamique des phénomènes pathologiques, de l'évaluation de l'efficacité des méthodes et des moyens de réponse utilisés etc. La subordination de la politique pénale aux jeux politiques actuels donne des résultats surprenants. L'un des effets les plus spectaculaires est le retour de l'idée de criminel invétéré - dangereux. La thèse de l'existence d'une catégorie de criminels dangereux et réfractaires à une quelconque rééducation n'est pas nouvelle, mais elle revient dans une situation spécifique. Son retour reste lié au démantèlement des normes, développées dans l'État de droit, en matière de formation du droit pénal et de propositions de peines ou de mesures de sûreté.

In fine, nous présenterons une proposition de mesures susceptibles de remédier à la situation. Il convient maintenant de considérer généralement les solutions polonaises.

Le code pénal de 1932 contenait, dans une large mesure, une reprise des solutions étrangères en matière de peine d'isolement. On peut établir des parallèles avec, par exemple, le CP suisse de 1937, élaboré parallèlement au CP polonais de 1932. Finalement, le projet de code qui est devenu loi en 1932 « à l'instar des codes norvégien et néerlandais, a instauré un seul type de prison »[34].

Des mesures de sûreté postpénales ont également été instaurées (article 84 du code pénal de 1932) en référence à la ligne législative déjà constante dans le monde. Au tournant du XIXe et du

---

[33] https://sip.lex.pl/orzeczenia-i-pisma-urzedowe/orzeczenia-sadow/35169-97-evrard-v-francja-rezolucja-komitetu-ministrow-521832121

[34] Cf. *Uzasadnienie części ogólnej [Motivation de la partie générale], in : Komisja Kodyfikacyjna Rzeczypospolitej Polskiej. Sekcja Prawa Karnego [Commission de Codification de la République de Pologne].* Volume V. Cahier 3, Varsovie 1930, p. 55.

XXe siècles, en Europe et dans le monde, un certain nombre de dispositions ont été adoptées visant les criminels « nés », incorrigibles, considérés comme immanquablement dangereux. Comme exemple, l'on peut prendre *deliquente nato* italien, *Gewonenheitverbrecher* allemand, *habitual criminal* anglais et le *criminel habituel* français. Jusqu'à ce jour c'est le modèle italien *deliquente nato* en modèle cohérent de *doppio binario*[35]qui est le plus largement utilisé. Les détails de l'évolution historique des mesures de sûreté sont examinés dans un autre ouvrage[36].

Les tribunaux polonais ont appliqué les dispositions relatives aux mesures postpénales, notamment celles de l'article 84 du code pénal, de 1932 à 1939. Comme le règlement d'application du code pénal, qui a fondé, entre autres, l'établissement pénitentiaire de Koronowo, n'a été publié qu'en 1934, ce n'est qu'à partir de cette date que l'on peut considérer, pour la Pologne, le début de la lutte contre les incorrigibles selon les nouvelles méthodes[37].

Moins de deux ans après la création du premier établissement, ont été publiés les résultats des analyses de W. Świda qui tiraient les conclusions de la première période d'application, en Pologne, de la mesure de sûreté sous la forme d'un établissement pour les incorrigibles[38]. Comme l'ont montré les recherches, les juges polonais, comparés, par exemple, aux juges norvégiens ou britanniques, ont appliqué la détention particulièrement souvent. Jusqu'au 24 octobre 1935, le placement dans l'établissement pour les criminels incorrigibles a été prononcé définitivement dans 392 cas. Les jeunes ont été

---

[35]Marco Pelissero, The doppio binario in Italian criminal law, www.law.unc.edu,

[36] Cf. Wojciech Zalewski, Przestępca „niepoprawny" – jako problem polityki kryminalnej [Le criminel « incorrigible » comme problème de la politique criminelle], Gdańsk 2010 et la bibliographie qui y est présentée.

[37] Cf. Plus largement Jan Nelken, *Polska myśl kryminologiczna od schyłku XIX w. do 1939* [La pensée criminologique polonaise de la fin du XIXe siècle jusqu'à 1939], „Archiwum Kryminologii" 1986, Volume XIII, p. 250 et s. Par arrêté du Ministre de la Justice du 6 II 1936 (Journal des lois 1936.10.100) a été créé l'établissement pénitentiaire pour les criminels incorrigibles à Lubliniec en lieu et place de l'établissement fermé de Koronowo.

[38] Cf. Witold Świda, *Zakład dla niepoprawnych w praktyce sądów polskich* [L'établissement pour les criminels incorrigibles dans la pratique des tribunaux polonais], „Głos Sądownictwa" 1936, n° 7- 8.

les plus nombreux. Dans le groupe des détenus, 77 % avaient moins de 35 ans. En principe, le placement a été fait sur le fondement de peines de prison de courte durée. Les condamnés à des peines de 6 mois à 1 an représentaient - 36%, de 1 à 2 ans - 31%, de 2 à 5 ans - 29%, les condamnés à plus de 5 ans ne représentaient que 3% du nombre total de détenus[39]. Le nombre de personnes placées dans les établissements pour criminels incorrigibles a progressivement augmenté : en 1937, ils étaient 256, pour passer à 420 en 1938. L'établissement pour les criminels incorrigibles a trouvé de nombreux partisans pendant la période de l'entre-deux-guerres[40] ; ceux-ci soulignaient la nécessité d'une application plus large de l'article 84 CP[41].

Des recherches approfondies sur les criminels incorrigibles dans la prison de Lubliniec ont été menées par S. Batawia[42]. Les conclusions qu'il en a tirées étaient critiques à l'égard de la politique criminelle menée. S. Batawia a conclu à une absence totale de données biologiques et criminelles, et d'enquêtes sociales. Dans ces conditions, le diagnostic d'incorrigibilité devait nécessairement se fonder uniquement sur les antécédents judiciaires et sur les éléments du dossier de l'affaire jugée[43].

Comme on peut le constater, dans la Pologne d'entre-deux-guerres, ce sont surtout les jeunes multirécidivistes qui ont été condamnés à être placés dans un établissement pour les incorrigibles ; ce fait témoigne de la réticence des juges à prononcer la détention à l'encontre des délinquants professionnels jusqu'alors non condamnés, ou

---

[39]Cf.Ibidem, p. 537 – 550.

[40]Cf.aussi Stefan Lelental, *Postępowanie z recydywistami w systemie penitencjarnym II Rzeczpospolitej*[Traitement des récidivistes dans le système pénitentiaire sous la 2e République][dans:] *Księga Jubileuszowa więziennictwa polskiego 1918 – 1988* [Livre de jubilé du système pénitentiaire polonais 1918-1988]réd. AndrzejMarek, Varsovie 1990, p. 94.

[41] W. Świda, *Zakład dla niepoprawnych, w praktyce sądów polskich*, Głos Sądownictwa, 1936, n° 7- 8., p. 549, W. I. Medyński, *Stosowanie art. 84 k.k. Uwagi de lege ferenda,*][Application de l'article 84 CP. Observation sur *lege ferenda*] Głos Sądownictwa 1938, n° 12, p. 937.

[42]Cf. Stanisław Batawia, *Niepoprawni przestępcy w świetle 150 wyroków z art. 84 k.k.*][Criminels incorrigibles à la lumière de 150 jugements fondés sur l'article 84 CP], „Archiwum kryminologiczne" 1937, z. 3-4, p. 440 et s.

[43] Cf. ibidem, p. 470-471.

des délinquants habituels. Les délits contre les biens étaient le fondement principal de la peine prononcée avant la condamnation à la détention. L'application de la loi par les tribunaux paraissait intuitive.

Il paraît paradoxal qu'après l'instauration du communisme dans le pays, le système de mesures de sûreté a cessé de fonctionner sous sa forme d'avant-guerre. La Pologne communiste, connue pour son oppression, a aboli la détention. Dans la pratique, l'application de l'article 84 du code de procédure pénale de 1932 a été abandonnée, bien qu'au début, la détention ait encore été formellement prononcée. La jurisprudence de la Cour suprême de la Pologne communiste a marqué un revirement décisif en la matière. Par l'arrêt du 8 avril 1952, la Cour suprême a confirmé *desuetudo* de l'institution en question et a, de fait, abrogé les établissements pour les criminels incorrigibles[44]. Dans les motifs de l'arrêt, la Cour suprême a soulevé trois arguments. En premier lieu, les mesures de sûreté étaient « fondamentalement contraires » aux fondements du droit pénal communiste et violaient l'interdiction de punir deux fois pour la même infraction. En second lieu, la thèse sur la nécessité de mesures de sûreté a servi pour justifier la terreur fasciste et le fonctionnement des camps de concentration. Troisièmement, les mesures de sûreté ne pouvaient pas être appliquées en République populaire de Pologne car, dans un régime communiste, il ne pouvait être question de criminels incorrigibles ; dans un pays communiste toute personne était corrigible. Il est surprenant que les arguments de la Cour suprême communiste restent toujours d'actualité...

Le CP de 1969 n'avait plus de mesures de sûreté postpénales de nature éliminatoire et répressive. Le CP de 1997 s'est initialement limité aux mesures de sûreté médicales et administratives[45]. Le tournant a d'abord été marquée par la loi du 22 novembre 2013 sur le traitement des personnes atteintes de troubles mentaux présentant

---

[44] L'arrêt de la Cour Suprême du 8 avril 1952 rendue dans l'affaire IV K 19/51, OSN(K) 1952, n° 5, p. 67, LEX n° 164340.

[45] Cf. plus largement, notamment Adam Kwieciński, Lecznicze środki zabezpieczające w polskim prawie karnym i praktyka ich wykonywania [Les mesures de sûreté thérapeutiques dans le droit pénal polonais et la pratique de leur exécution], Warszawa 2009, p. 42 et s.

un danger pour la vie, la santé ou la liberté sexuelle d'autrui[46], puis par la modification du code pénal de 2015[47] qui a rétabli la détention éliminatoire répressive en Pologne.

La modification du CP de 2015 a introduit un certain nombre de changements dont celui, majeur, qui concerne l'instauration de mesures postpénales éliminatoire répressive. Les dispositions de l'article 93 sous d), § 5 du code de procédure pénale prévoient que si l'auteur de l'infraction a été condamné à une peine de vingt-cinq ans d'emprisonnement sans sursis ou à une peine d'emprisonnement à vie, la mesure de sûreté imposée est appliquée après l'exécution de la peine ou la libération conditionnelle, sauf disposition contraire de la loi. Si l'on ajoute à cela le fait que la durée de séjour dans le centre approprié n'est pas déterminée à l'avance, il s'avère que la disposition actuelle ne diffère pas beaucoup du modèle polonais d'avant-guerre, celle du code pénal de 1932 (cf. § 2 de l'article 84 du code pénal de 1932). L'histoire s'est répétée.

Pendant des années, il n'y a pas eu de réflexion menée plus largement sur les mesures de sûreté en Europe. La fin du XXe et le début du XXIe siècles sont une période de répression sévère à l'encontre des criminels, motivée par le populisme plutôt que par la science. En Pologne, les réformes successives du droit pénal visant les criminels dangereux, notamment sexuels, ont aussi été entreprises au rythme des reportages sur des cas choquants mais ponctuels[48]. Comme il a été indiqué plus haut, en France, c'était le cas d'Evrard, en Pologne celui de Krzysztof B., appelé « le monstre de Siemiatycze », ou encore l'affaire *Trynkiewicz*.

---

[46] Dz.U.2014.24 tel que modifié, Cf. plus largement Wojciech Zalewski, Detencja „terapeutyczna" – wątpliwości konstytucyjne i polityczno- kryminalne w kontekście ustawy o „bestiach" [Détention „thérapeutique" – doutes constitutionnels et politico-criminels dans le contexte de la loi sur les « monstres »], Gdańskie Studia Prawnicze, 2018, No: XL, p. 389-409.

[47] La loi du 20 février 2015 concernant la modification de la loi – Code pénal et de certaines autres lois, Journal des lois Dz.U.2015.396.

[48] Cf. Wojciech Zalewski, Therapeutic and Legislative Approaches to Sex Offenders in Poland, Monatsschrift für Kriminologie und Strafrechtsreform, Focal point Issue No. 1 2014: Developing Sexual Offender Laws and Treatment in Europe, red. Gunda Wößner, p. 48 et suiv.

Au début du XXIe siècle, seuls huit pays européens ont conservé les mesures postpénales prononcées en rapport avec le crime : Allemagne, Autriche, Suisse, Italie, Danemark, Slovaquie, Saint-Marin et Liechtenstein[49]. Les changements sont intervenus rapidement.

A l'heure actuelle, presque partout et, en particulier, en Allemagne, il existe une obligation de maintenir une distinction claire entre les mesures répressives (peines) et la détention thérapeutique (*Abstandsgebot).* Avec le temps, cette exigence a été élevée au rang de loi. Chaque *Land* allemand devait adopter ses propres lois pour « distinguer » la détention thérapeutique des peines et des rétentions postpénales[50]. L'affaire *Bergmann contre Allemagne* de 2016[51] a été la première affaire dans le cadre de laquelle a été examinée la conformité de *Therapieunterbringungsgesetz* avecla CEDH ; elle a connu un grand retentissement puisque la loi instaurant la détention a été reconnue comme étant conforme à la CEDH[52]. La Cour de Strasbourg a décidé que le droit allemand avait passé avec succès le test « de différence suffisante ».

Le 23 novembre 2016, la Cour constitutionnelle polonaise a rendu son arrêt concernant la loi susvisée de 2013 et a décidé qu'elle était, en principe, conforme à la Constitution de la RP[53]. Malgré des développements très vastes, le fil conducteur de l'arrêt était, en principe, simple. La Cour constitutionnelle a développé les motifs dans l'esprit des *Abstandsgebotes* susvisés.De l'avis de la CC polonaise, cette loi a passé avec succès le test de « différence suffisante ». La détention thérapeutique n'est pas une peine, elle diffère suffisamment des peines et la procédure de prononciation de la détention n'est pas une procédure pénale etc. En même temps, la Cour a décidé que « pour les mêmes motifs, la surveillance préventive, prévue par la loi, est dépourvue de nature répressive pénale. Les deux mesures ont une nature

---

[49] M. v. GERMANY (requête n° 19359/04) du 17 décembre 2009, point 70.

[50] Par exemple, en Basse Saxe, une telle loi a été adoptée le 12 décembre 2012 sous le nom de Gesetz zur Neuregelung des Vollzuges der Unterbringung in der Sicherungsverwahrung in Niedersachsen, et elle est entrée en vigueur le 1er juin de l'année suivante.

[51]Requête n° 23279/14

[52] Cf. par exemple, en Russie : ДАНИИЛД. ХАРЛАМОВ, ПРОБЛЕМЫПРИМЕНЕНИЯПРЕВЕНТИВНОГОЗАКЛЮЧЕНИЯВУГОЛОВНОМПРАВЕГЕРМАНИИ, ВестникУниверситетаимениО.Е. Кутафина (МГЮА), 7/2017, p. 173 et sv.

[53] OTK-A 2016/98, Dz.U.2016/2205, LEX n° 2172426

préventive thérapeutique et non pas « répressive » c'est-à-dire pénale ».

Il est à déplorer que les mesures de réaction à l'encontre des criminels dangereux aient connu, en Pologne et en France, un développement indépendant et, notamment, qu'il n'y ait pas eu d'échange en matière d'expérience accumulée dans ce domaine par les deux pays. En effet, les expériences historiques de la France et de la Pologne en matière d'application de la détention sont loin d'être optimistes. Dans les deux pays, il y a eu des abus, des abus de droit, une application sélective contraire à la volonté des porteurs de la loi. En Pologne, les mesures de sûreté étaient appliquées aux jeunes récidivistes, originaires de couches les plus défavorisées, en lieu et place des criminels dangereux invétérés. Et, en France, la situation a été tout à fait similaire – les tribunaux ont très fréquemment éloignés en Guyane des représentants du prolétariat.

A l'heure actuelle, à l'instar de ce qui se passait auparavant, se produit une « personnalisation » de la réaction de l'Etat à la criminalité. De nouveau, l'accent glisse vers autre chose. L'on ne parle pas de l'infraction au sens objectif et de ses causes sociales, de l'infraction comme étant un comportement défini de l'individu ayant réuni les conditions d'un acte prohibé, mais l'accent est mis sur l'individu qui agit et sur ses déficiences, notamment endogènes. Ce n'est pas, en premier lieu, l'acte qui est dangereux mais c'est l'individu qui est dangereux donc l'homme doté de certains traits définis ou, au contraire, atteint de certaines déficiences. Le changement observé ne présente aucune originalité, les solutions similaires ayant été déjà adoptées dans différents pays à la charnière des XIXe et XXe siècles. De nouveau, l'histoire se répète à une différence près – les technologies nouvelles y sont largement appliquées.

On pose la question de savoir si un système de mesures de réaction autonomes est en train d'être créé[54]. Il convient d'indiquer une importante particularité des mesures appliquées à l'encontre des criminels dangereux et les efforts entrepris en vue de leur donner une apparence de sanctions autres que pénales (administratives, civiles)

---

[54]Cf. L. Grégoire, Les mesures de sûreté : essai sur l'autonomie d'une notion, Institut Universitaire Varenne 2015.

afin de contourner les contraintes du droit pénal, les principes et les garanties processuels, élaborés au cours des siècles.

Et, de plus, des mesures particulières sont fréquemment appliquées en méconnaissance des standards scientifiques. Les problèmes fondamentaux ne sont pas entièrement clairs, à commencer par la question fondamentale : comment définir le danger fondant l'application de ces nouvelles mesures ? Ce critère, peu clair, permet de définir qui présente une menace pour la société et qui, partant, en doit être éloigné. Le danger est une notion pratique qui a été adoptée pour protéger la société. L'on observe à juste titre que la notion de danger n'est pas claire et difficile à cerner. En effet, pour l'homme, le danger prend différentes formes : il peut être d'ordre criminologique et/ou psychiatrique. En le disant plus simplement, le danger est « une probabilité que la personne considérée commettra une infraction »[55]. Au sens criminologique, le danger et le pronostic de récidive est plus difficile à comprendre que le danger psychiatrique, clairement défini et basé sur les connaissances médicales en matière de maladies mentales. L'on indique que le renvoi au « trouble mental grave » dans la loi française du 25 février 2008 affaiblit la distinction entre les notions[56]. La même chose se produit en ce qui concerne la loi polonaise du 22.11.2013.

Les critères moraux et les bases de la responsabilité sont sapés. La responsabilité fondée sur l'état de dangerosité d'un individu est risquée en raison de son indétermination. Les critères moraux d'évaluation de l'individu sont érodés par une approche biologique. La préservation de la sécurité qui n'est pas fondée sur la justification traditionnelle de la culpabilité annule toute responsabilité individuelle. La volonté de l'individu est réduite au minimum et triomphe l'approche dans l'esprit de déterminisme *soft*.

Un autre problème est posé par la nature durable de la stigmatisation et de l'exclusion. C'est une perte de confiance dans la rééducation. Le droit d'être oublié était, jusqu'à nos jours, la condition du retour dans la société, de la normalisation et de la déstigmatisation d'un individu. En Pologne, l'espoir d'un retour à la normale pour les

---

[55]Cf. N. d'Hervé, A. Morice, Justice de sûreté et gestion des risques, Approche pratique et réflexive, Paris 2012, p. 44 et s.

[56]Cf. N. d'Hervé, A. Morice, Justice de sûreté et gestion des risques, *ibid*.

condamnés s'est jusqu'à présent traduit par l'institution de l'effacement de la condamnation. Le principe est qu'une fois qu'une condamnation est effacée, elle est considérée comme inexistante ; l'inscription concernant la condamnation est supprimée du casier judiciaire. Il existe de plus en plus d'exceptions à ce principe et, partant, au droit d'être oublié. Le changement le plus spectaculaire a consisté à avoir ajouté l'article 106a au code pénal ; en vertu de ses dispositions la condamnation à une peine d'emprisonnement sans sursis pour atteinte à la liberté sexuelle et aux mœurs, dans le cas où la victime était un mineur de moins de 15 ans, ne sera pas effacée. Des dispositions similaires sont en vigueur depuis des années aux États-Unis[57].

En France, on signale d'autres risques, principalement celui de violation du secret médical. Les médecins sont tenus de divulguer des informations sur une interruption du « traitement » de la personne dangereuse, de sorte que le secret médical est violé. Des risques similaires pour la clause de conscience peuvent être observées en Pologne[58].

En guise de résumé : on dit à juste titre que le XXe siècle a été un siècle de peur. Le XXIe siècle sera une période de sécurité, empêtrée dans une recherche utopique du risque zéro. L'image d'un criminel dangereux nous fait croire que la criminalité est l'une des préoccupations majeures de notre époque et laisse de côté d'autres problèmes sociaux plus fondamentaux tels que la précarité et les inégalités sociales. Or, il semble que se pose un besoin fondamental de protéger la liberté contre le pouvoir discrétionnaire de l'État. La surveillance totale et le contrôle et, aussi, par exemple, le recours à des mesures de détention pré- et post-infraction, ne garantissent, à long terme, ni sécurité, ni liberté. Les recherches ont démontré que les mesures de protection utilisées au XXe siècle ne s'étaient pas avérées efficaces. Elles n'ont pas contribué à une lutte efficace contre la criminalité. En

---

[57]Cf. J.J. Prescott, J. E. Rockoff, Do Sex Offender Registration and Notification Laws Affect Criminal Behavior?, Journal of Law and Economics, vol. 54, February 2011, p. 192 i n., G. Duwe, W. Donnay, The impact of Megan's Law on sex offender recidivism: The Minnesota experience. Criminology, 2008, 46(2), p. 411-446, S. Holmes (Didwania), An Empirical Analysis of Registration and Notification Laws for Juvenile Sex Offenders. Working Paper Series. 2009, 2012, ttp://papers.ssrn.com/sol3/papers.cfm?abstract_id=1710745

[58] Cf. W. Zalewski, Klauzula sumienia w prawie karnym [Clause de conscience dans le droit pénal] *in* Klauzula sumienia w państwie prawa [Clause de conscience dans un Etat de droit], réd. O. Nawrot, Sopot 2015.

revanche, les mesures instaurées par la loi ont suscité la résistance de la part des juges qui les ont considérées comme un outil de répression pénale excessive et une manifestation d'une seconde peine pour la même infraction. En Pologne, les mesures de sécurité étaient dirigées contre les petits délinquants qui commettaient des infractions contre les biens. Le diagnostic criminologique n'a pas été fait. Il est vrai, cependant, que l'histoire s'est répétée. Au bout de cent ans, l'idée de « criminel dangereux », « incorrigible » revient. Le droit pénal cesse d'être un rempart contre la volonté de l'État, contre le Léviathan. Le droit pénal et ses garanties sont contournés par l'introduction de réglementations répressives en dehors ou à la périphérie de celui-ci. Le code pénal ne remplit plus la fonction de garantie en matière de détention thérapeutique, qui a été formellement exclue du domaine du droit pénal ; elle a récemment « débordé » hors ses limites et tout cela au nom du renforcement de la sécurité des citoyens.

Classement des personnes détenues selon leur dangerosité. Incidence sur l'exercice de leurs droits au cours de la détention

Gustavo E. L. Garibaldi

Université de Buenos Aires
Argentine

1. Point de départ

En avril 2019, la Province de Buenos Aires comptait 57 prisons réparties dans 12 complexes régionaux, avec 44 000 personnes détenues. En outre, 1 900 personnes étaient placées en détention domiciliaire sous surveillance électronique.

Avec une capacité d'hébergement de 27 000 places, le surpeuplement carcéral dans ces établissements pénitentiaires concerne 17 000 personnes[1].

En octobre 2018, 3 981 personnes étaient placées en détention dans les commissariats de police de la Province de Buenos Aires, alors qu'ils ne disposaient que de 1 021 places disponibles[2]. Dans ce cas, le surpeuplement de 2 960 personnes détenues a presque doublé la capacité d'accueil.

Le processus de croissance progressive de la population carcérale a commencé aux années 1990 et a tracé un contexte social carcéral

---

[1] La population carcérale de la Province de Buenos Aires est passée de 9 000 détenus en 1996 à 15 000 en 2000 et à 25 000 en 2004. Cf. QUINTERO, Fabián A., *Análisis de legislación penitenciaria de la Provincia de Buenos Aires, Argentina*. Derecho y Ciencias sociales, avril 2014, nº 10, p. 83. Instituto de Cultura Jurídica y Maestría en Sociología Jurídica FCI y S. UNLP. V.file:///C:/Users/gustavo/Downloads/830-Texto%20del%20art%C3%ADculo-3137-1-10-20140623.pdf , dernière consultation le 01/05/2019.

[2] Cf. DUGHETTI, Lucas A., *La sociedad de los cautivos*, Revista pensamiento penal, nº 334, 10/04/2019. V. www.pensamientopenal.com.ar

dans lequel les taux de belligérance et de violences internes ont augmenté[3]. Le nombre de détenus est passé de 63 pour 100 000 habitants en 1992 à 161 en 2014[4].

L'origine du classement actuel des personnes détenues selon leur dangerosité peut être établie à partir du déclenchement des événements du samedi 30 mars 1996. À cette occasion, treize détenus âgés entre 25 et 41 ans ont tenté de prendre la fuite par l'entrée principale de l'Unité 2 (établissement pénitentiaire de Sierra Chica). Les surveillants ont tiré avec des armes à feu et ont tué l'un de ces détenus. Les douze restants ont organisé une mutinerie et ont pris des otages, parmi lesquels du personnel pénitentiaire, et 1 500 détenus de la même unité se sont joints à la mutinerie.

Une juge et un fonctionnaire du tribunal ont été séquestrés lorsqu'ils sont entrés à la prison pour parlementer. Ce fait a donné lieu à une situation inédite, puisque l'autorité judiciaire avait toujours été respectée par les détenus et perçue comme une garantie de la sauvegarde de leurs droits. Les juges sont normalement les interlocuteurs valables des demandes justes. Dans ce cas, ils n'ont été libérés que huit jours après.

Les détenus s'étant emparés de l'Unité 2 ont tué plusieurs détenus, les ont dépecés, incinérés et ils ont même commis des actes de cannibalisme.

Peu après, quelque 10 000 détenus de six autres prisons de la Province de Buenos Aires se sont joints à l'émeute ; les unités 7 d'Azul, 4

---

[3] *Ibid.* QUINTERO, F.A., p. 82-83.

[4] DUGHETTI, L.A., *op. cit.*

de Bahía Blanca, 15 de Batán, 6 de Dolores, 9 de La Plata et 3 de San Nicolás[5].

Finalement arrêtés, les douze meneurs de la première mutinerie ont été jugés à l'intérieur d'une unité de sécurité maximale (U. 29, Melchor Romero), dans laquelle un tribunal a été établi à ces fins. Un système de transmission audio/vidéo a été utilisé pour la première fois. Les accusés ont été enfermés dans trois cellules, à une distance considérable de l'endroit où les juges les entendaient. Les opérations de sécurité ont compté un nombre inhabituel de surveillants.

2. Classement des détenus selon leur dangerosité[6]

Cette situation a donné naissance, en 1998, à un système d'hébergement de sécurité maximale justement dans l'Unité 29, accueillant des détenus incarcérés en cellule individuelle sous des mesures de sécurité spéciales et portant des vêtements distinctifs consistant en un uniforme en couleur beige à rayures oranges [7].

---

[5] Le sociologue américain Gresham Sykes, dans un ouvrage publié pour la première fois il y a 60 ans, mentionne parmi les motifs probables conduisant à une mutinerie, l'arrivée de détenus plus agressifs, violents et instables aux rôles de leaders et leur influence sur la société des détenus. D'ailleurs, il repère notamment des atteintes aux droits fondamentaux, au-delà de la privation de liberté elle-même, et l'augmentation de l'oppression. Ainsi, une chaîne d'événements peut pousser les détenus vers un point de rupture qui éclate spontanément à l'encontre des autorités. SYKES, G., *Society of Captives, A Study of a Maximum Security Prison* [traduction à l'espagnol], p. 183-184, Siglo XXI editores, Argentine, 2017, 1e éd. 1958.

[6]Sources du Service pénitentiaire de la Province de Buenos Aires [SPB] : Horacio Falcone, sous-directeur SPB ; Juan C. Vaccaro, directeur général de la sécurité ; Héctor Aguilera, sous-directeur général du complexe ; Javier Lanchas, transferts des détenus. Les fonctionnaires consultés ont conclu à ce que les mutineries décrites constituent le point de départ de la situation actuelle. Le sous-directeur actuel a été l'un des otages.

[7] En Argentine, les détenus ont porté le costume rayé jusqu'en 1947, lorsqu'il a été remplacé par un costume foncé. En 1983, avec le retour de la démocratie, les détenus de la Province de Buenos Aires ont cessé de porter des uniformes. En 2000, la résolution nº 179 du Ministère de la Justice visait à ce que le port de l'uniforme en couleur orange redevienne obligatoire pour les personnes privées de liberté « récidivistes », « ayant pris la fuite et puis recapturées », et pour celles considérées comme dangereuses. Cf. Lainatti, María José, *Normas de trato: Vestimenta y ropa*, p. 7 et 19, Ley de ejecución de la pena privativa de la libertad comentada, Ley 24.660, Asociación pensamiento penal, http://www.pensamientopenal.com.ar/system/files/comentadas/comentadas46563.pdf, dernière consultation 26/04/2019.

Les détenus envoyés dans cette unité avaient des antécédents de participation active lors de mutineries, fuites, prises d'otages et étaient des protagonistes de faits de violence à l'intérieur de la prison.

Les détenus ont été classés en fonction de leur comportent dans la prison selon trois niveaux de dangerosité à savoir ; A, B et C. Les premiers ont été hébergés dans l'unité spéciale de sécurité maximale.

Les vêtements distinctifs ont duré peu de temps, puisque les détenus les brûlaient,[8] mais le régime spécial a été maintenu jusqu'en 2010.

Normalement, un détenu entrant dans le Service pénitentiaire de la Province de Buenos Aires est classé dans le niveau C, ce qui peut être modifié en fonction de ses antécédents carcéraux. La dangerosité B est le niveau moyen et comprend aussi les détenus dont la dangerosité est exclusivement envers soi, puisqu'ils ont des antécédents d'auto-agression. Cette catégorie comprend également des détenus qui doivent être sauvegardés de vengeances, qui trouvent souvent leur origine dans des situations ou des comptes non réglés liés à leur comportement lors de détentions antérieures.

Enfin, un classement dénommé dangerosité S a été prévu. Cette dangerosité absorbe la dangerosité A et tient compte des antécédents du détenu à l'extérieur de la prison, normalement sur la base des rapports du Secrétariat de l'intelligence pénitentiaire. À l'origine, cette catégorie a été conçue pour les détenus pour des délits liés au crime organisé (par ex. narcotrafic, traite des êtres humains) ou appartenant aux « super bandes » (par ex. vols de convois de fonds, vols violents aux établissements bancaires). Actuellement, elle comprend aussi des détenus dont la répercussion médiatique exige une attention extrême de leurs mouvements par le personnel pénitentiaire.

L'inclusion de cette catégorie dans celle des détenus dangereux en raison de leurs antécédents à l'extérieur de la prison amène une égalisation entre ceux ayant commis des délits particulièrement violents et ceux qui ne sont pas forcément concernés par ce critère, mais qui peuvent entraîner des situations problématiques vis-à-vis du service pénitentiaire lui-même.

---

[8] Ibid. Lainatti, MJ, p. 12.

En somme, l'objectif principal de tout classement a été d'avertir le personnel pénitentiaire des caractéristiques de la personne qu'il côtoie.

L'impression personnelle des autorités consultées sur les caractéristiques de la population carcérale actuelle permet de souligner que même si elle a augmenté et qu'il existe un surpeuplement, elle est composée de détenus moins « pensants » vis-à-vis de l'organisation de mutineries ou de fuites. Elles ont également remarqué la baisse des taux de mortalité, qu'elles attribuent à l'action de l'intelligence pénitentiaire, des équipes tactiques, des groupes d'assistance et de traitement, ainsi qu'à l'éducation et aux ateliers. Le taux de population entraînant des problèmes pour les services pénitentiaires a été estimé à 20 %.

Dans les établissements policiers, les tragédies découlant des mutineries sont actuelles. Le 02/03/2017, sept détenus sont morts au commissariat de la ville de Pergamino, Province de Buenos Aires, et le 15/11/2018, dix détenus sont morts dans le commissariat d'Esteban Echeverría, également dans la Province de Buenos Aires.

3. Les régimes d'enfermement et la dangerosité d'après la loi

La loi provinciale 12 256 sur l'exécution des peines prévoit trois types de régimes : fermé, semi-ouvert et ouvert.

Le premier se caractérise par son système de sécurité strict, comprenant ses modalités sévère et modérée, dans le but de pouvoir mettre en œuvre des programmes de traitement (art. 148).

Dans la modalité sévère, le traitement est individuel et est indiqué pour les détenus démontrant des conduites à « dangerosité élevée » et ayant « des difficultés sérieuses de cohabitation, présentant un risque pour eux-mêmes, pour des tiers et pour la sécurité de l'établissement pénitentiaire » (art. 150).

La modalité modérée est destinée aux détenus qui, malgré leurs difficultés dans le contrôle des impulsions, exigent moins de surveillance et se caractérise par la mise en place simultanée de techniques individuelles ou de petits groupes (art. 149).

Le régime semi-ouvert comprend les modalités large et limitée. Il permet une certaine auto-gestion par les détenus, dans les limites proposées par l'autorité pénitentiaire (art. 132).

La modalité limitée met à disposition différents degrés d'autocontrôle, dans les limites de la zone de sécurité les hébergeant (art. 134).

La modalité large permet de mettre en œuvre des programmes dans l'établissement et dans des zones voisines avec des précautions de contrôle minimales (art. 133).

Le régime ouvert est concédé par une autorité judiciaire, avec ou sans sorties. Les établissements hébergeant les détenus doivent avoir des caractéristiques respectant l'intimité et, en plus, sont dépourvus de surveillants armés, de murs de clôture et de grilles (art. 121).

Dans ce cas, il faut mettre en place des programmes d'auto-gestion visant à renforcer la responsabilité sociale des détenus concernés par ce régime (art. 119 et 120).

Aux termes de la loi sur l'exécution des peines, la dangerosité apparaît liée aux conditions dans lesquelles un internement psychiatrique pénitentiaire peut cesser. La dangerosité pour soi-même ou pour des tiers est mentionnée en tant que facteur déterminant pour maintenir une mesure de sécurité pour les personnes jugées non responsables de leurs actes.

Hormis ces cas, la loi provinciale met expressément en rapport la modalité fermée sévère avec le traitement individuel pour les « détenus démontrant des conduites à dangerosité élevée et ayant des difficultés sérieuses de cohabitation, présentant un risque pour eux-mêmes, pour des tiers et pour la sécurité de l'établissement pénitentiaire » (art. 150).

L'isolement est une forme de sanction. Il est prévu par la loi nationale, ainsi que l'exclusion des activités récréatives et sportives jusqu'à dix jours ; l'exclusion de l'activité commune jusqu'à quinze jours ; la suspension ou la restriction totale ou partielle des droits réglementaires jusqu'à quinze jours ; la permanence dans leur hébergement individuel ou en cellules dont les conditions n'aggravent pas illégitimement la détention jusqu'à quinze jours ininterrompus ; la permanence dans leur hébergement individuel ou en cellules dont les conditions n'aggravent pas illégitimement la détention jusqu'à sept week-ends successifs ou alternés et le transfert à une autre section de l'établissement sous un régime plus strict (art. 87).

Pour les cas de fautes moyennes, la loi provinciale vise la privation ou la restriction d'activités récréatives et sportives jusqu'à dix jours ; l'hébergement dans leurs cellules jusqu'à quinze jours ininterrompus ou jusqu'à quatre week-ends successifs ou alternés. À la fois, en cas de fautes graves, elle prévoit la séparation de la zone de cohabitation pour une période ne dépassant pas les quinze jours ou les sept week-ends successifs ou alternés. Elle prévoit aussi le transfert à une autre section de l'établissement sous un régime plus strict (art. 49).

4. Hébergement et restrictions[9]

Le service pénitentiaire regroupe les détenus en fonction de certaines communautés de pensée, caractéristiques ou activités. Ainsi, il existe des pavillons hébergeant ceux ayant appartenu aux forces de sécurité, d'autres accueillant ceux qui se réunissent pour suivre activement une certaine pratique religieuse (évangélistes), les sportifs (parmi lesquels le rugby est à remarquer), les valétudinaires et les étudiants. En général, il s'agit de détenus dont la dangerosité rentre dans la catégorie C et qui appartiennent à environ 80 % de la population.

Le pourcentage restant, 20 %, est hébergé dans des pavillons communs, dont le régime est fermé. Les détenus classés dans la catégorie de dangerosité A sont généralement compris dans cette population. Pourtant, dans les unités 2 (Sierra Chica) et 30 (General Alvear), il existe aussi des pavillons dont le système de traitement est individuel et la modalité est sévère. Ils sont connus comme des pavillons de prévention contre les violences.

Les détenus placés sous le régime semi-ouvert peuvent avoir accès au programme dit « casas por cárceles » (des maisons pour des prisons). Il accueille 80 % des personnes détenues concernées par ce régime dans des maisons bâties à l'intérieur des murs de la prison disposant de mesures de périmètre de sécurité. La loi n'interdit pas qu'un

---

[9] Cf. sources indiquées dans la note 6.

détenu classé dans le niveau de dangerosité A accède à ce régime, mais cela n'est pas fréquent.

Le régime ouvert prévoit quatre unités aptes à cet effet, à savoir les unités 10 (Melchor Romero), 11 (Baradero), 12 (Gorina) et 14 (General Alvear). Le système est rural, sans murs et avec une sécurité minimale. Il peut être accordé avec ou sans sorties et, dans tous les cas, l'accès à ce régime relève d'une décision judiciaire.

Le classement dans les différents régimes n'est pas interdit en fonction de la dangerosité, mais il exige l'avis du groupe de suivi et, dans certains cas tel que celui du régime ouvert, une décision du juge de l'exécution des peines.

Il est à signaler que tant l'unité accueillant le pavillon le plus rigoureux pour les détenus considérés comme dangereux (Unité 30), que l'une des unités prévues pour les détenus placés sous le régime ouvert (Unité 14) se trouvent dans General Alvear, une ville de 15 000 habitants à 220 km de la Capitale Fédérale.

Même si elle ne constitue pas un régime spécial lié à l'hébergement ou à la récréation, la dangerosité A fait l'objet d'un suivi particulier par l'autorité pénitentiaire. Ainsi, la surveillance des visites est très minutieuse, les détenus sont plus fréquemment soumis à des fouilles et font l'objet d'une attention spéciale de la part des gardiens, dans le cadre tant des transferts d'unité que des sorties autorisées pour des raisons de santé ou pour exercer leurs devoirs civils ou affectifs (moraux).

L'affaire « Colman », classée sous le niveau de dangerosité « C » en mars 2015, illustre les restrictions imposées par le critère de l'autorité pénitentiaire. Il s'agit d'un détenu condamné par un tribunal à la peine de 16 ans et 1 mois d'emprisonnement, déclaré en état de récidive, pour avoir été le coauteur du délit d'homicide commis à l'occasion d'un vol. Sa condamnation a été révisée par deux autres instances provinciales et la Cour supérieure provinciale lui a imposé la peine de prison à perpétuité pour homicide aggravé. Un recours interjeté à cet effet est pendant devant le plus haut tribunal de la République Argentine, la Cour supérieure de la Justice de la nation.

Colman a commencé ses études de journalisme, dispensées à l'Unité 9 (La Plata), et a suivi cinquante pour cent des cours composant le programme d'études. Suite à un rapport émis par l'intelligence pénitentiaire, il a été transféré à l'Unité 1 (Olmos). Aux termes de ce rapport, en 2017, on disposait d'informations fiables indiquant que lui, avec quatre autres détenus, planifiaient de retenir des familles visiteuses au cours d'un week-end donné. Les détenus des autres pavillons ayant demandé à leurs familles de ne pas leur rendre visite, il a été constaté une diminution des visites durant les jours concernés. La Direction de l'assistance et du traitement du Service pénitentiaire a demandé le transfert urgent des cinq détenus et, depuis lors, elle a persisté dans son refus de les accueillir de nouveau dans cette unité.

L'Unité 1 n'offre pas la possibilité de suivre des études universitaires ; le Service pénitentiaire ne dispose ni de véhicules, ni de personnel pouvant être affectés exclusivement pour les transferts à l'Unité 9 les jours de ses cours ; l'Université Nacional de La Plata, à proximité des deux unités, où les études de journalisme sont dispensées, interdit spécialement l'entrée de ses étudiants dans l'institution avec des gardiens portant l'uniforme et/ou des armes, ou menottés[10] ; et le Groupe d'évaluation et de suivi du Service pénitentiaire déconseille de lui permettre de fréquenter les cours à l'Université de La Plata sous surveillance électronique mobile du système GPS.

Force est de constater que, selon les critères et les ressources susmentionnés, le problème n'a pas de solution et les études de journalisme sont interrompues. Son intention d'étudier est globalement empêchée suite à l'évolution et à l'évaluation de sa dangerosité, en fonction du critère de l'autorité pénitentiaire.

5. Expériences positives et échecs

Les échecs sont innombrables. Cependant, tant les autorités pénitentiaires que judiciaires ont à leurs actifs quelques rares cas où, malgré la dureté, le passage par la prison a entraîné quelque changement positif. Parfois, tout simplement par la maturation de celui qui entre en prison étant très jeune, découlant du simple écoulement du

---

[10] L'université est régie par le « Protocole pour l'entrée et la présence physique des étudiants privés de liberté aux établissements de la faculté de journalisme et de communication sociale », qui interdit l'utilisation de mécanismes restrictifs de la liberté sur le corps des étudiants, le port d'armes à feu dans le bâtiment et le port d'uniformes identifiant les gardiens en tant que membres des forces de sécurité.

temps, de l'expérience vécue et de la maturité atteinte. En revanche, dans d'autres cas il découle de l'éducation reçue et tout particulièrement -remarque l'autorité pénitentiaire-, de l'appui de la famille au cours de l'enfermement. En ce sens, les transferts d'unité, souvent en fonction de la proximité de l'endroit où habite la famille, entraînent des changements positifs chez les détenus qui séjournaient dans une unité très difficiles.

Il est à souligner, en tant que fait inédit, que la pratique du rugby[11] permet non seulement d'afficher des niveaux de récidive sensiblement inférieurs à la moyenne, mais aussi a entraîné des changements étonnants chez des personnes qui, jusqu'alors, montraient un comportement carcéral rebelle.

6. Épilogue

J'espère avoir contribué à montrer l'origine du classement actuel des détenus selon leur dangerosité dans la province la plus importante de la République Argentine, ainsi que quelques conséquences de ce classement pour bénéficier de certains droits durant la période d'enfermement.

---

[11] L'équipe de rugby de l'Unité 48 (San Martín) s'est auto-baptisée Los Espartanos (les spartiates), inspirée sur la force militaire de la cité-État Sparte, célèbre dans l'histoire de la Grèce antique, dont les soldats étaient les plus disciplinés, les plus entraînés et les plus craints. En octobre 2017, la maison d'édition Logos de Buenos Aires a publié *No permanecer caídos* (Ne pas rester au sol), un livre écrit par Federico GALLARDO, recueillant le témoignage de ses membres et de son entraîneur, ancien joueur de rugby, avocat immatriculé à l'ordre des avocats de la Province de Buenos Aires, spécialisé en droit pénal.

Le régime disciplinaire différencié et le traitement pénal des criminels dangereux au Brésil

Tarsis Barreto Oliveira

Université Fédérale de Bahia
Université Fédérale de Tocantins (Brésil)

Le traitement pénal des criminels dangereux constitue un grave problème pour les autorités publiques brésiliennes depuis plusieurs dernières décennies. La loi 10.792 de 2003 a fait de grands progrès en introduisant un système disciplinaire différencié, une mesure applicable aux criminels présentant un risque élevé pour l'ordre et la sécurité des établissements pénitentiaires ou de la société, ainsi qu'aux prisonniers condamnés à une peine provisoire ou aux condamnés appartenant à des organisations criminelles, ou qui commettent des délits graves qui conduisent à la subversion de la discipline dans les prisons.

La croissance des organisations criminelles au Brésil présente de grands défis, notamment en raison du grand nombre de prisonniers dangereux emprisonnés, problème aggravé par la structure précaire du système pénitentiaire brésilien.

Les organisations criminelles au Brésil remontent aux années 1970, en pleine dictature militaire, après que le gouvernement de l'État de Rio de Janeiro eut décidé d'isoler les prisonniers politiques membres de groupes révolutionnaires dans des établissements précaires et sans conditions de santé minimales. Après avoir subi de mauvais traitements et avoir été lésés dans leurs droits élémentaires d'accomplissement de la peine, ces détenus ont commencé à s'organiser en interne afin de se protéger des privations résultant d'une exécution rigoureuse de la peine. Le *Comando Vermelho* est apparu comme forme d'organisation qui a fini par essaimer et occuper les favelas et les périphéries de l'État de Rio de Janeiro.

L'origine du *PCC* (Primeiro Comando da Capital), qui est apparu dans l'État de São Paulo dans les années 1990, est attribuée aux mêmes facteurs : la politique d'incarcération de masse, qui a empêché l'État de gérer le système pénitentiaire, a incité un certain nombre de détenus à s'organiser en tant que stratégie de légitime défense contre les conditions précaires et insalubres du système pénitentiaire et contre les actes de torture et les mauvais traitements auxquels ils étaient soumis, développant au fil du temps une structure de pouvoir parallèle à celle de l'Etat.

Le Comando Vermelho et le PCC représentent les deux plus grandes organisations criminelles au Brésil, malgré l'apparition de nouvelles organisations dans les prisons du pays, qui encouragent les rébellions et les massacres récurrents dans les prisons, ainsi que les actes de violence qui y sont commis dont sont victimes la société et les pouvoirs publics.

Dans ce contexte, des changements importants ont été introduits au Brésil à la suite de la loi 10.792 de 2003, qui a institué un *régime disciplinaire différencié* dans le système pénitentiaire. Cette loi établit que la pratique de crime intentionnel constitue une infraction grave et, lorsqu'elle cause une subversion de l'ordre intérieur ou de la discipline, soumet le détenu provisoire ou condamné, sans préjudice de la sanction pénale, au régime disciplinaire différencié dont les caractéristiques sont les suivantes : a) durée maximale de 2 ans, sans préjudice d'une répétition de la sanction pour une autre faute grave de la même espèce; b) confinement dans une cellule individuelle; c) des visites bimensuelles de 2 personnes à la fois, à effectuer dans des locaux équipés pour empêcher le contact physique et le passage d'objets, par une personne de la famille ou, dans le cas d'une tierce personne, autorisée judiciairement, d'une durée de 2 heures; d) le droit du détenu de quitter sa cellule pendant 2 heures par jour pour prendre un bain de soleil, en groupe de 4 prisonniers maximum, tant qu'il n'y a pas de contact avec des détenus du même groupe criminel; e) les entretiens toujours surveillés, sauf ceux avec leur défenseur, dans des locaux équipés pour empêcher tout contact physique et le passage d'objets, sauf autorisation judiciaire expresse contraire; f) le contrôle du contenu de la correspondance; g) la participation aux audiences du tribunal de préférence par vidéoconférence, en garantissant la participation du défenseur dans le même environnement que le prisonnier.

Les exigences énumérées ci-dessus ont été récemment modifiées par la loi 13.964, de décembre 2019, qui a donné une plus grande rigueur à l'application du régime disciplinaire différencié, en modifiant certains dispositifs de la loi 10.792, de 2003.

Selon la nouvelle loi, le régime disciplinaire différencié s'applique également aux détenus provisoires ou condamnés, nationaux ou étrangers, qui présentent un risque élevé pour l'ordre et la sécurité de l'établissement pénitentiaire ou de la société, ou qui sont soupçonnés d'être impliqués ou de participer à quelque titre que ce soit à une organisation criminelle, une association de malfaiteurs ou une milice privée, indépendamment de la commission d'une faute grave.

En outre, s'il existe des indications que le prisonnier exerce des fonctions de direction dans une organisation criminelle, une association de malfaiteurs ou une milice privée, ou qu'il agit de manière criminelle dans deux ou plusieurs États de la Fédération, le régime disciplinaire différencié sera obligatoirement appliqué dans un établissement pénitentiaire fédéral.

La décision judiciaire d'inclure un détenu sous régime disciplinaire est précédée d'une déclaration du ministère public et de la défense et rendue dans un délai maximum de quinze jours. Contrairement aux autres sanctions disciplinaires, telles que l'isolement, la suspension et la restriction des droits (qui peuvent être librement appliquées par le directeur de la prison), l'application du régime disciplinaire différencié dépend de la décision du juge compétent.

On a donc cherché non seulement à séparer et à isoler les prisonniers qui commettent des infractions graves et qui entraînent une subversion de l'ordre intérieur et de la discipline, mais surtout les prisonniers à haut risque, dont beaucoup sont maintenant transférés dans les prisons fédérales à sécurité maximale.

La loi 10.792/2003 a également encouragé d'autres modifications de la loi brésilienne sur l'exécution pénale. Parmi celles-ci figurent : la prévision de la conclusion d'un accord avec l'initiative privée pour la mise en place de lieux de travail dans les prisons ; l'établissement d'accords avec les États pour l'enregistrement national des postes vacants existant dans les établissements locaux et destinés à l'exécution des peines privatives de liberté prononcées par la justice d'un autre État, en particulier pour les détenus soumis à un régime disciplinaire ; la construction d'établissements pénitentiaires fédéraux dans des lieux éloignés de la déclaration de culpabilité, lorsque la mesure est justifiée dans l'intérêt de la sécurité publique ou du condamné lui-même, ainsi que la possibilité pour les États eux-mêmes de construire des prisons pour loger les détenus provisoires ou les condamnés, soumis à un régime disciplinaire différencié.

Une autre mesure législative importante a été l'installation des détecteurs de métaux dans les prisons, ainsi que des bloqueurs de télécommunication pour téléphones portables, émetteurs radio et autres moyens, parmi d'autres équipements de sécurité.

Il a été également envisagé que les entités fédérées (États) réglementent le régime disciplinaire différencié, établissant un système de rotation entre les agents pénitentiaires en contact direct avec les détenus provisoires et les condamnés, garantissant ainsi le secret de leur identité et des autres données personnelles de ces professionnels dans les établissements à sécurité maximale. En outre, il a été prévu de limiter l'accès des détenus provisoires et des condamnés aux moyens d'information, de discipliner l'enregistrement et d'organiser au préalable des entretiens avec leurs avocats.

Toutefois, l'application des dispositions au Brésil pose encore un certain nombre de problèmes. D'une part, le crime organisé a été renforcé au cours des dernières décennies, en partie par l'omission du pouvoir public dans la lutte qu'il mène contre lui ; d'autre part, par l'inefficacité de politiques publiques adéquates pour le système pénitentiaire, car la surpopulation carcérale et l'absence de séparation entre les prisonniers présentant un risque élevé pour les autres personnes ne présentant pas de risque pour la société finissent par favoriser le recrutement d'un plus grand nombre de détenus pour le crime organisé. Nous soulignons également la corruption possible d'agents publics, causée notamment par les bas salaires, ainsi que par le manque de sécurité dans les prisons, qui permettent aux armes, aux téléphones portables et aux drogues de pénétrer dans le système pénitentiaire.

Les condamnés dangereux dans le système pénitentiaire polonais

Tomasz Kalisz

Chaire de droit pénal exécutif
Faculté de droit, administration et économie
Université de Wrocław

I. Les condamnés et détenus en détention provisoire représentant une menace sérieuse pour la société ou la sécurité des établissements pénitentiaires et forment une catégorie particulière de personnes soumises au régime d'isolement. Il s'agit souvent d'individus d'un degré d'immoralité particulièrement élevé, agressifs et dangereux pour la société et leurs codétenus. On classe également dans cette catégorie les personnes directement impliquées dans la criminalité organisée et qui, souvent, y jouent un rôle de meneur. Dans la pratique du système pénitentiaire, ces détenus représentent au quotidien un risque réel pour le fonctionnement et la sécurité des établissements pénitentiaires.

Le modèle de traitement qui leur est appliqué en Pologne s'est mis en place au cours du temps et repose essentiellement sur l'isolement et les quartiers de haute sécurité. Ce modèle n'a rien de surprenant, mais dans l'optique des normes internationales[1] et de la jurisprudence

---

[1] Règles minima de l'Organisation des Nations unies pour le traitement des détenus (Règles Mandela) du 7 octobre 2015 et Règles pénitentiaires européennes - Recommandation (2006) 2 du Comité des Ministres aux États membres du Conseil de l'Europe (adoptée par le Comité des Ministres le 11 janvier 2006)

de la Cour européenne des droits de l'homme de Strasbourg (CEDH)[2], il suppose une continuelle remise en question de la législation existante, et surtout des pratiques qui en découlent[3]. Pour cette catégorie de détenus, les questions importantes à reconsidérer sont les suivantes : le respect de la dignité humaine des détenus est-il assuré, les formes d'isolement des condamnés dangereux n'enfreignent-elles pas l'interdiction de traitements inhumains et dégradants, la réinsertion pénitentiaire est-elle possible dans des conditions d'isolement important, le rapport de l'isolement à la réadaptation sociale est-il

---

[2] Arrêts contre la Pologne : Piechowicz c. Pologne – requête n° 20071/07, Horych c. Pologne – requête n° 13621/08, Karykowski c. Pologne – requête n° 653/12, Prus c. Pologne – requête n° 5136/11, Romaniuk c. Pologne – requête n° 59285/12, Paluch c. Pologne – requête n° 57292/12, Świderski c. Pologne – requête n° 5532/10. L'ensemble de la jurisprudence et des motifs est accessible sur le site du Ministère de la Justice – https://bip.ms.gov.pl/pl/prawa-czlowieka/europejski-trybunal-praw-czlowieka/orzecznictwo-europejskiego-trybunalu-praw-czlowieka/(consulté le 10/02/2020). Dans la jurisprudence évoquée, la CEDH expose que : « Même dans les circonstances les plus difficiles telles que la lutte contre le terrorisme ou la criminalité, la Convention interdit formellement la torture ainsi que les traitements et punitions inhumains et dégradants, quel que puisse être le comportement du détenu » (Piechowicz c. Pologne) ; « l'incarcération en cellule individuelle, même dans les cas où elle n'implique qu'un isolement relatif, ne peut être imposée indéfiniment à un prisonnier. Il y a lieu de rechercher des solutions alternatives à la cellule d'isolement pour les personnes considérées comme dangereuses » (Piechowicz c. Pologne) ; « (...) afin d'éviter l'arbitraire des décisions, il y a lieu de présenter de sérieuses raisons en cas de prolongation de l'isolement. La décision de prolongation de cette mesure devrait donc montrer que l'autorité pénitentiaire a bien réévalué le cas en tenant compte de tout changement de circonstances, situation ou comportement du détenu. Les raisons avancées devraient donc être de plus en plus détaillées à mesure que la période se prolonge. » (Piechowicz c. Pologne) ; « La Cour rappelle que toute forme d'isolement ne garantissant pas de stimulation intellectuelle et physique est susceptible d'avoir à long terme des effets négatifs entraînant la détérioration des facultés intellectuelles et de la sociabilité de l'individu » (Horych c. Pologne) ; « La Cour reconnaît que la fouille corporelle est parfois nécessaire pour garantir la sécurité et le maintien de l'ordre en milieu carcéral, ou à des fins préventives. Toutefois, elle n'est pas convaincue que les fouilles systématiques, intrusives et particulièrement humiliantes appliquées quotidiennement, voire plusieurs fois par jour au requérant étaient nécessaires pour garantir la sécurité carcérale. » (Horych c. Pologne) ; « (...) les autorités n'ont pas été en mesure de motiver de façon satisfaisante leur décision de prolonger le statut de « détenu dangereux » du requérant, la procédure de réévaluation de ce statut n'a été que pure formalité et s'est limitée à reprendre les mêmes motifs. » (Karykowski c. Pologne).

[3] W. Brzozowski, Procédure de traitement des criminels dangereux – principaux doutes constitutionnels, Przegląd legislacyjny [Revue législative] 2015, n° 4, p. 25 et s.

approprié, et les conditions de détention des quartiers pour condamnés dangereux sont-elles toujours adaptées au danger qu'ils représentent ?[4]

II. L'évolution de la réglementation relative aux détenus dangereux se réalise par incorporation de solutions de rang inférieur aux textes de loi[5]. Le Code pénal exécutif (Code de l'exécution des peines) de 1969 (qui, historiquement, est le premier acte législatif de ce genre en Pologne)[6] n'a contenu jusqu'en 1995 aucune norme se rapportant expressément aux prisonniers dangereux. Il a fallu attendre la Loi du 12 juillet 1995 relative à l'amendement du Code pénal et du Code pénal exécutif, et à l'élévation des limites inférieures et supérieures des amendes et des dommages-intérêts en droit pénal pour que soit ajouté, à l'article 44 du CPE, un nouveau §4[7] dans lequel référence est faite aux condamnés : a) manifestant un degré d'immoralité élevé, b) représentant une menace importante pour la société, c) ou condamnés pour crime en bande organisée. En vertu de la disposition de ce paragraphe, les condamnés relevant de ces catégories devaient être incarcérés en établissement pénitentiaire de type fermé, dans des conditions garantissant la protection de la société et la sécurité carcérale. Cette loi ne présentait pas de définition de la notion de détenu dangereux, mais a servi de base pour l'amendement de la réglementation relative à l'exécution des peines privatives de liberté et de la

---

[4] E. Januszkiewicz, Conditions de privation de liberté des condamnés dangereux et des condamnés relevant de la criminalité organisée, Przegląd Więziennictwa Polskiego [Revue des prisons polonaises] 2014, n° 84, p. 98-99 ; M. Niełaczna, « L'homme en aquarium » – traitement des prisonniers « dangereux » dans les quartiers de haute sécurité, Archiwum Kryminologii [Archives de criminologie] 2014, n° 36, p. 163-170.

[5] Z. Kuźma, La situation des condamnés et détenus provisoires considérés comme dangereux (art. 88 § 3 du CPE), (dans :) Więziennictwo Nowe Wyzwania [Nouveaux défis pénitentiaires]. IIe Congrès pénitentiaire polonais, éds B. Hołyst, W. Ambroziak, P. Stępniak, Warszawa, Poznań, Kalisz 2001, p. 190-194 ; I. Kucejko, La situation juridique et réelle des condamnés représentant un danger important pour la société ou la sécurité de l'établissement pénitentiaire, (dans :) X lat obowiązywania Kodeksu Karnego wykonawczego [Les dix ans du Code pénal exécutif], éds S. Lelental, G.B. Szczygieł, Białystok 2009, p. 361-379.

[6] Loi du 19 avril 1969 – Code pénal exécutif (JO n° 13, texte 98).

[7] Loi du 12 juillet 1995 relative à l'amendement du Code pénal et du Code pénal exécutif, et à l'élévation des limites inférieures et supérieures des amendes et des dommages-intérêts en droit pénal (JO n° 95, texte 475).

détention provisoire[8]. On voit en effet apparaître dans les règlements de cette époque des chapitres traitant des « détenus dangereux », et en particulier, se rapportant aux critères d'attribution de ce statut et à certaines règles de traitement des personnes concernées.

Tout comme le Code pénal exécutif de 1969, le nouveau code de 1997[9] ne définit pas à l'origine les notions de condamné et de prévenu dangereux. Son article 88 § 3 apporte des dispositions complémentaires concernant les critères d'orientation des condamnés vers les différents types d'établissements pénitentiaires, et prévoit initialement que les condamnés représentant un danger important pour la société ou la sécurité du milieu carcéral soient placés dans un établissement de type fermé, dans des conditions garantissant la protection de la société et la sécurité carcérale. Doivent également être incarcérés dans ce type d'établissements les condamnés pour crime en bande organisée ou association de malfaiteurs, à moins que des circonstances particulières ne s'y opposent. Les règlements du Ministre de la Justice du 12 septembre 1998 relatifs au règlement d'exécution des peines privatives de liberté[10] et au règlement d'exécution de la détention provisoire[11] énumèrent les critères sur la base desquels les condamnés ou les prévenus sont déclarés « dangereux ». Par la suite, les dispositions relatives aux condamnés dangereux seront encore modifiées dans le cadre des amendements du Code pénal exécutif de 2003 et 2011 (qui consisteront surtout à inclure dans la loi des dispositions de l'exécutif)[12].

D'importants changements ont été apportés ces dernières années à ces dispositions, et ont ainsi façonné le modèle juridique actuellement en vigueur. La Loi d'amendement du Code pénal exécutif du 10 septembre 2015 a modifié les critères d'évaluation de la dangerosité des condamnés et de contrôle des décisions rendues en ce sens. Les critères de décision ont changé, et la nouvelle formule de l'article 88b

[8] Deux règlements du Ministre de la Justice du 10 décembre 1995 modifiant les règlements relatifs à l'exécution de la détention provisoire et à l'exécution de la peine privative de liberté (JO n° 153, textes 787 et 788).

[9] Loi du 6 juin 1997 – Code pénal exécutif (JO n° 90, texte 557)

[10] (JO n° 111, texte 693).

[11] (JO n° 111, texte 700).

[12] (JO 2003, n° 142, texte 1380, et JO 2011, n° 240, texte 1431).

§ 2 du CPE permet de modifier les conditions dans lesquelles les condamnés dangereux purgent leur peine. L'objectif de ces changements est d'adapter la législation polonaise à la suite des arrêts rendus par la Cour européenne des droits de l'homme dans les affaires Piechowicz contre Pologne (requête n° 20071/07) et Horych contre Pologne (requête n° 13621/08).

Ces arrêts ont mis en évidence l'obligation des États de garantir aux prisonniers des conditions de détention qui ne portent pas atteinte à la dignité humaine. Les autorités sont censées appliquer un régime carcéral n'exposant pas le détenu à un niveau de souffrance et d'incommodité excessif compte tenu du niveau inévitable inhérent à sa privation de liberté, mais aussi, doivent mettre en œuvre des mesures pratiques d'incarcération telles que la santé et le bien-être du condamné soient préservés. La Cour a jugé que la procédure d'attribution du statut « N » [« Niebezpieczny », dangereux] jusque là en vigueur en Pologne ne garantissait pas que ce statut ne soit appliqué qu'aux personnes représentant effectivement un risque grave et permanent dans les conditions de détention qui sont les leurs. En outre, en l'absence de toute disposition réglant le rapport entre l'attribution du statut et le comportement réel du détenu au sein de l'établissement pénitentiaire, il est apparu que le cadre juridique du régime « N » était trop rigide et ne tenait pas suffisamment compte des circonstances particulières au prisonnier[13]. Les amendements apportés à la loi sont assurément satisfaisants et sont à considérer comme un pas accompli dans la bonne direction[14].

III. Les critères d'attribution du statut de détenu dangereux présentés dans la réglementation polonaise posent depuis longtemps un problème et ont donné lieu à de nombreux commentaires et critiques. Les reproches formulés à leur encontre portent d'une part sur leur schématicité et leur manque de souplesse, et de l'autre, sur le fait

---

[13] Motifs de l'arrêt. Proposition de loi d'amendement du Code pénal exécutif. Document parlementaire n° 2874, http://www.sejm.gov.pl/sejm7.nsf/druk.xsp?nr=2874 (consulté le 30/01/2017).

[14] A. Sakowicz, Avis juridique sur la proposition de loi d'amendement du Code pénal exécutif (document parlementaire de la diète n° 2874) – http://orka.sejm.gov.pl/rexdomk7.nsf/Opdodr?OpenPage&nr=2874 (consulté le 30/01/2017).

qu'ils ouvrent un champ d'interprétation trop large pour cette catégorie de détenus[15]. Le premier ensemble de critères se rapporte aux délits et crimes visés à l'article 88a §1 point 1 du CPE. La liste présentée dans ce texte est stable. Elle comprend : l'attentat à l'indépendance ou l'intégrité de la République de Pologne, l'attentat au régime constitutionnel de l'État ou aux institutions constitutionnelles de la République de Pologne, l'attentat à la vie du Président de la République, l'attentat contre les Forces armées polonaises, les actes particulièrement cruels, la prise ou rétention d'otage ou actes accompagnés de prise d'otage, le détournement de navire ou d'aéronef, et les actes avec usage d'arme à feu, explosifs ou matières inflammables. Dans sa formulation actuelle, cette liste est précédée d'une phrase précisant qu'il s'agit de détenus ayant commis un acte d'un degré très élevé de nocivité sociale. Le Code pénal exécutif ne définit cependant ni cette notion, ni ses critères d'évaluation. La seule solution dans ce cas semble être d'adopter les indications de l'article 115 § 2 du CP qui imposent aux tribunaux d'évaluer, au moment de se prononcer sur le degré de nocivité sociale des actes, la nature et le caractère du bien violé, l'étendue du préjudice causé ou qui aurait pu être causé, les modalités et circonstances de l'acte, la gravité du manquement de l'accusé à ses obligations, les intentions et motivations de l'accusé, la nature des règles de prudence enfreintes et leur degré d'infraction. Cette façon de procéder est évidemment critiquable en l'absence d'indications se rapportant directement à l'application de cette disposition en procédure d'exécution. Toutefois, face à cet oubli évident de la part du législateur – un oubli qui, dans ce cas, devrait être corrigé rapidement –, elle est la seule à fournir un cadre cohérent pour l'évaluation de la gravité des actes commis.

Un changement important est intervenu dans les critères relatifs à la criminalité dite organisée. Le modèle en vigueur jusqu'en 2015 était d'une rigidité flagrante et permettait de classer dans la catégorie des détenus dangereux pratiquement toute personne condamnée à la

---

[15] R. Godyla, L. Bogunia, Quelques problèmes concernant le classement des condamnés ou personnes en détention provisoire dans la catégorie des détenus dangereux, *in* Procédure de traitement de certains groupes de condamnés dans le système pénitentiaire polonais. Aspekty prawne [Aspects juridiques], éd. A. Kwieciński, Warszawa 2013, p. 28. T. Artaszewicz-Zawisza, Problèmes du classement des détenus dans la catégorie des prisonniers dits dangereux, à la lumière de la législation en vigueur et des amendements prévus du droit pénal exécutif, Palestra 2016, n° 3, p. 56-58.

suite d'un acte perpétré en bande organisée ou en association de malfaiteurs. Il n'était possible d'y déroger qu'en cas d'existence de circonstances particulières. L'automatisme de cet ancien modèle était particulièrement flagrant dans le cas des condamnés qui n'avaient pas joué de rôle important dans le crime en bande organisée. En réponse à ces critiques, les nouvelles dispositions permettent désormais de considérer le condamné comme détenu dangereux s'il a joué un rôle de meneur du groupe ou de l'association de malfaiteurs. La commission pénitentiaire est obligée d'évaluer chaque cas individuellement, et ce faisant, de définir la menace publique susceptible de résulter des contacts non autorisés du condamné avec les autres membres de sa bande. Il s'agit surtout de risque pour la vie ou la santé humaines ou à l'encontre des procédures visant à recouvrer des biens illégalement acquis. Le fait que d'autres membres de la bande ou de l'association de malfaiteurs soient toujours en liberté est également un facteur important dans cette évaluation.

Le législateur définit séparément dans l'article 88a § 2 du CPE les critères matériels de classement dans la catégorie des détenus dangereux. Leur liste est visiblement fermée et ne s'applique qu'à cette seule fin. Pour rendre ou évaluer les décisions prises en ce sens, la commission pénitentiaire n'examine chaque fois que les éléments requis par la disposition (particularités et conditions propres à la personne du condamné ; motivations et comportement au moment de l'acte ; nature et gravité des suites de l'acte ; comportement en détention ; degré d'immoralité ou progrès de la réinsertion sociale). Mais la formulation même de ces critères prête le flanc à la critique, en particulier en ce qui concerne leur valeur présumée. En effet, la commission pénitentiaire n'est censée prendre en considération que les circonstances évoquées dans ces critères, et ne motiver ses décisions que sur leur seule base. Il ne lui est donc pas possible de faire valoir d'autres circonstances que celles énumérées par le législateur.

La commission pénitentiaire est dans chaque cas obligée de justifier sa décision de façon précise, claire et lisible, y compris pour le condamné. Elle doit détailler les éléments considérés comme facteurs décisifs de la dangerosité du détenu, ainsi que les données et informations sur lesquelles elle base sa décision. Le condamné a le droit de faire appel contre celle-ci et le fera par principe. Les motifs exposés doivent donc être convaincants, c'est-à-dire présenter le raisonnement de la commission et les raisons de sa décision de telle sorte que le condamné reconnaisse leur fondement ou puisse mieux se préparer à l'avenir. Il y a lieu d'éviter toute négligence dans la rédaction des décisions. Les motifs trop laconiques, partiels ou reposant sur un simple recopiage de critères tels qu'ils sont formulés dans la loi peuvent donner lieu à des recours auprès du tribunal de l'application des peines ou, par la suite, auprès de la CEDH.

Une certaine incohérence apparaît également dans la codification des principes de décision de placement de détenus en centre carcéral de type fermé (en effet, à côté des quartiers réservés aux détenus dangereux, le système pénitentiaire polonais comporte aussi des établissements pénitentiaires dits « de type fermé » destinés à accueillir plusieurs catégories de condamnés pour actes graves mais non considérés comme dangereux). Compte tenu des circonstances visées à l'article 82 du CPE, l'article 88 § 3 du CPE prévoit de placer dans ce type d'établissement (sans mise en œuvre des autres mesures de protection renforcée de la société et de sécurité carcérale prévues pour les prisonniers dangereux) :

- les condamnés pour crime en bande organisée ou association de malfaiteurs, à moins que des circonstances particulières ne s'opposent à ce type de détention, cette mesure ne se rapportant pas aux condamnés considérés comme représentant une menace sérieuse pour la société ou pour la sécurité carcérale,
- les condamnés à perpétuité ou à 25 ans de privation de liberté,
- les condamnés affectés de troubles psychiques non psychotiques, dont ceux condamnés pour les actes visés aux articles 197 à 203 du Code pénal, c'est-à-dire liés à des troubles des préférences sexuelles, ou handicapés mentaux,
- et les condamnés sous protection spéciale en vertu de l'article 88d ou de la loi du 25 juin 1997 relative au témoin repenti (JO 2014, texte 1801).

Tel est le groupe principal de condamnés placés sur décision en établissement pénitentiaire de type fermé. Le second groupe de condamnés distingué dans l'article 88 § 6 du CPE est plus surprenant. Suivant cette disposition, les personnes suivantes peuvent également être envoyées en établissement de type fermé en raison de la menace qu'elles représentent pour la société ou la sécurité carcérale :

- les condamnés pour infraction involontaire, les personnes soumises à une peine d'emprisonnement ou de substitution à l'emprisonnement, les femmes condamnées, ainsi que les autres condamnés dont les particularités et conditions personnelles, le mode de vie avant l'infraction, le comportement après l'infraction, les attitudes et le comportement négatif en détention provisoire, des considérations de sécurité de l'établissement ou d'autres circonstances particulières justifient l'application à leur égard de conditions renforcées d'isolement et de sécurité,
- les condamnés qui troublent gravement l'ordre et la discipline pendant leur séjour en détention provisoire ou en établissement pénitentiaire,
- les condamnés précédemment incarcérés en établissement de type ouvert ou semi-ouvert, si leurs attitudes et leur comportement négatif ou des considérations de sécurité de l'établissement justifient l'application à leur égard de conditions renforcées d'isolement et de sécurité,
- et les condamnés coupables d'un acte présentant un degré important de nocivité sociale, si leur attitude et comportement justifient leur incarcération en établissement de type fermé.

La décision de considérer un détenu comme dangereux ne peut être rendue qu'après prise en compte des possibilités principales énumérées ci-dessus et liées à l'incarcération en établissement de type fermé. Le législateur réduit ainsi clairement le champ d'application des conditions de protection renforcée, et fait de celles-ci une procédure exceptionnelle. Afin de pouvoir appliquer légalement la formule prévue pour les détenus dangereux, les critères énumérés à l'article 88a du CPE doivent être remplis. Soulignons également que la menace pour la société ou la sécurité de l'établissement doit être « sérieuse », et que l'acte du condamné doit être jugé d'un degré « très élevé » de nocivité sociale. Par conséquent, les motifs de la décision par laquelle il sera considéré comme détenu dangereux doivent être clairement différents de ceux visés aux § 3 et 6 de l'article 88 du CPE, et la commission pénitentiaire doit en quelque sorte expliquer pourquoi la base de ces paragraphes est insuffisante dans le cas examiné.

Dans le contexte de la décision d'attribution du statut « dangereux », soulignons également l'importance de la nouvelle formule de l'article 88b § 2 du CPE qui permet de modifier les conditions d'incarcération des détenus dangereux. La commission pénitentiaire dispose, grâce à ce nouveau modèle, de compétences élargies pour définir le statut légal propre de chaque condamné. La liste des contraintes et des mesures de protection et de sécurité renforcées est actuellement réglée par les articles 88b § 1 et 88c du CPE. L'article 88c prévoit pour les détenus dangereux une vidéo-surveillance permanente, obligatoire et ne pouvant être modifiée. La vidéo-surveillance est applicable aux cellules et locaux sanitaires, ainsi qu'aux locaux destinés au travail, à l'étude, à la promenade, aux visites, aux offices, réunions et enseignement religieux, et aux activités culturelles, éducatives, physiques et sportives. Le législateur stipule également que l'image et le son de la vidéo-surveillance doivent être enregistrés.

Les mesures visées à l'article 88b § 1 du CPE sont envisagées différemment. En effet, les mesures énumérées dans la liste de ce paragraphe ne sont que potentiellement applicables aux détenus dangereux. Elles se présentent comme suit : 1) les cellules ainsi que les lieux et locaux destinés au travail, à l'étude, à la promenade, aux visites, aux offices, réunions et enseignement religieux, et aux activités culturelles, éducatives, physiques et sportives doivent être équipés de moyens de sécurité humains et techniques appropriés ; 2) les cellules sont fermées en permanence et plus souvent contrôlées que celles où sont incarcérés les condamnés non soumis au régime de la décision visée à l'article 76 § 1 point 7 du CPE ; 3) les condamnés ne peuvent étudier, travailler, participer aux offices, réunions et enseignement religieux, et s'adonner aux activités culturelles, éducatives, physiques et sportives que dans le quartier où ils sont incarcérés ; 4) les déplacements des condamnés à l'intérieur de l'établissement pénitentiaire se font sous surveillance renforcée et sont limités au strict minimum ; 5) les condamnés sont soumis à la fouille au corps à chaque sortie et retour en cellule ; 6) la promenade des condamnés se réalise dans des espaces distincts et sous surveillance renforcée ; 7) les modalités de contact des représentants des institutions visées à l'article 38 § 1 du

CPE (représentants des Églises et organisations sociales) avec les condamnés sont fixées au cas par cas par le directeur de l'établissement pénitentiaire ; 8) les visites des condamnés se tiennent dans des locaux distincts, sous surveillance renforcée (les condamnés ne peuvent recevoir leurs visites en présence d'autres condamnés non soumis au régime des détenus dangereux) ; 9) en cas de risque important pour la sécurité des visiteurs, les visites peuvent être organisées de telle sorte que tout contact physique soit exclu, et pendant les visites, les condamnés ne peuvent consommer ni nourriture ni boisson ; 10) les condamnés ne sont pas autorisés à porter leurs propres vêtements et chaussures.

La liste est fermée, mais les mesures qu'elle présente peuvent être modulées à volonté. Cette possibilité de moduler le traitement des détenus est assurément une amélioration qualitative. La commission pénitentiaire peut considérer qu'il n'y a pas lieu d'appliquer toutes les mesures prévues à l'article 88b § 1 du CPE. Dans la pratique, elle peut donc renoncer à l'application de certaines d'entre elles. Sa décision doit s'appuyer sur les critères énumérés à l'article 88a § 2 du CPE et doit être motivée avec clarté et précision en regard des circonstances détaillées dans ce paragraphe. Le mécanisme fonctionne dans les deux sens : si les circonstances le justifient, la commission pénitentiaire peut à tout moment réintroduire l'application de mesures auxquelles elle avait d'abord renoncé et modifier ainsi l'éventail des mesures applicables au détenu.

Vu la part inhérente de subjectivité de ces mesures, le condamné a le droit de demander à la commission pénitentiaire de réexaminer la décision de statut de détenu dangereux, et d'autre part, séparément, ses conditions de détention ; il peut aussi faire appel contre celles-ci suivant les modalités prévues à l'article 7 du CPE. Afin d'éviter les recours excessifs (leur multiplication délibérée pour accroître le travail de la commission pénitentiaire), ces deux types de requêtes introduites par les condamnés ou leurs représentants ne peuvent être examinées tout au plus qu'une fois par trimestre. Cette limitation ne se rapporte bien sûr aucunement à la commission pénitentiaire elle-même, laquelle peut prendre ses décisions à tout moment[16].

---

[16] T. Kalisz, Décision de classement. Légalité et modalités de contrôle et vérification, Nowa Kodyfikacja Prawa Karnego [Nouvelle codification du droit pénal], vol. XXXVI, éd. T. Kalisz, Wrocław 2015, p. 75.

IV. Afin d'avoir une meilleure vue d'ensemble de la question des détenus dangereux, des données statistiques sur cette catégorie de prisonniers ont été recueillies. D'un point de vue pratique, il s'agissait de collecter des variables telles que la structure et les variations de la population de détenus dangereux. Il s'agissait également de présenter des tableaux de données institutionnelles. Les données présentées proviennent d'un document d'information du Ministère de la Justice sur les peines de prison et de détention provisoire de 2014 à 2018, dressé par l'Administration centrale du Service des prisons, et de la Fondation Helsinki pour les droits de l'homme[17].

Le premier tableau présente le nombre de condamnés dangereux et de personnes dangereuses en détention provisoire par rapport à l'ensemble des condamnés et personnes arrêtées, et par rapport à l'ensemble de la population carcérale polonaise de la période considérée (tableau 1). Les données indiquent clairement que cette catégorie de détenus est peu nombreuse. Les détenus dangereux ne représentent en effet que 0,2% de l'ensemble de la population carcérale. Ces dernières années, le nombre de condamnés dangereux est près de trois fois plus élevé que celui des prévenus dangereux. Un nombre important de personnes à statut « dangereux » est soumis à un régime de sécurité renforcée depuis environ deux ans, mais la durée de ce régime est allée en diminuant ces dernières années. Toutefois, dans plusieurs établissements pénitentiaires tels que les Centres de détention préventive de Katowice et Varsovie-Białołęka ou le Centre pénitentiaire de Włocławek, il s'est parfois prolongé pour atteindre des durées de 4 à 13 ans. Le record est détenu par un prisonnier qui a passé 6000 jours – soit plus de 16 ans – sous régime « dangereux ». Selon les informations officielles de l'Administration centrale du Service des prisons, 132 personnes ont été considérées comme dangereuses en 2012. Le motif de décision le plus souvent invoqué est l'agression de fonctionnaire public (43 personnes). Les autres motifs se présentent comme suit : organisation ou participation active à un incident collectif (4 personnes) ; infraction en bande organisée (29 personnes) ; prise ou rétention d'otage (8 personnes) ; attaque à l'arme à feu ou à l'explosif (20 personnes) ; viol et maltraitance de détenu (9

[17]https://www.sw.gov.pl/dzial/statystyka (consulté le 10/02/2020) et http://beta.hfhr.pl/wp-content/uploads/2014/05/Czy_niebezpieczni_sa_naprawde_niebezpieczni_zapis_debaty.pdf (consulté le 10/02/2020)

personnes) ; tentative d'évasion de l'établissement ou pendant un transport (18 personnes), et attentat au président et à l'intégrité de l'État (1 personne).

Tableau 1. Nombre de condamnés et personnes en détention provisoire considérés comme dangereux dans les années 2014-2018

	2018	2017	2016	2015	2014
Ensemble des condamnés	64526	65769	65079	65664	70125
Ensemble des détenus provisoires	7476	7239	5396	4162	6238
Ensemble des personnes dangereuses	**142**	**113**	**123**	**156**	**162**
Détenus provisoires dangereux	**32**	**34**	**28**	**35**	**40**
femmes	0	1	0	0	0
hommes	32	33	28	35	40
Condamnés dangereux	**110**	**79**	**95**	**121**	**122**
femmes	0	1	0	0	0
hommes	110	78	95	121	122

Le principe adopté dans notre pays pour isoler les détenus de cette catégorie consiste à les disperser dans de petits quartiers de sécurité (de 10 à 30 détenus) répartis de façon relativement homogène sur l'ensemble du territoire (dans les 15 « inspections régionales » existantes, voir tableau 2). Cette façon de procéder permet d'éviter la création d'un ou plusieurs centres pénitentiaires de haute sécurité et la concentration de populations importantes de détenus dangereux. La dispersion des détenus dangereux dans une quinzaine de quartiers de sécurité de petite taille permet ainsi de mieux isoler des condamnés qu'il ne serait pas souhaitable de voir regroupés dans un même établissement. Elle permet aussi de limiter sensiblement les distances des transports de prisonniers requis pendant les procédures pénales, qui posent des problèmes de sécurité. La dispersion des centres permet enfin une répartition relativement équilibrée sur l'ensemble du pays des quartiers spéciaux de sécurité renforcée et de leur personnel qui, de par ses qualifications, peut également remplir certaines fonctions de formation des fonctionnaires des autres centres pénitentiaires.

Tableau 2. Répartition des détenus dangereux suivant les inspections régionales en 2014-2018

Inspection régionale	**Nombres de détenus suivant les années**				
	2014	**2015**	**2016**	**2017**	**2018**
Białystok	2	6	1	0	0
Bydgoszcz	15	16	15	2	1
Gdańsk	14	17	13	14	15
Katowice	16	6	6	7	15
Koszalin	2	1	0	1	0
Cracovie	18	16	2	2	2
Lublin	6	0	7	3	5
Łódź	12	18	15	11	15
Olsztyn	10	5	4	6	9

Opole	0	2	2	2	2
Poznań	10	19	15	13	20
Rzeszów	0	0	12	15	8
Szczecin	9	12	10	11	14
Varsovie	26	18	7	8	11
Wrocław	22	20	14	18	25

La réglementation polonaise en matière de traitement des délinquants sexuels dangereux

Adam Kwieciński

Chaire de droit pénal exécutif
Faculté de droit, administration et économie, Université de Wrocław

I

La Pologne fait partie des pays où les mesures de traitement des délinquants sexuels graves n'ont été institutionnalisées que relativement tard, puisqu'il a fallu pour ce faire attendre le début du XXIe siècle. Au début, le législateur polonais n'avait prévu que l'emprisonnement comme principale réponse pénale aux actes relevant de ce domaine. Peu après, sont venues s'y ajouter des mesures thérapeutiques permettant de traiter les délinquants en milieu carcéral, puis de protéger la société contre ceux d'entre eux qui restaient considérés comme dangereux en raison de leurs déviances sexuelles. Les objectifs thérapeutiques et de protection de la société sont aussi en partie réalisés aujourd'hui à travers certaines mesures probatoires dans lesquelles des éléments thérapeutiques ont été introduits.

Le présent article a pour objectif de présenter les mesures normatives polonaises s'appliquant au traitement des auteurs d'agressions sexuelles les plus dangereux. Notre principale attention se concentrera sur la peine d'emprisonnement, étant donné que l'essentiel de l'expérience polonaise en matière de traitement des délinquants sexuels va dans ce sens. En effet, de toutes les mesures pénales prévues en Pologne pour ce genre de délinquants, la plus pratiquée est le séjour en établissement pénitentiaire. En outre, l'incarcération conditionne l'exécution ou l'application des autres mesures ultérieures (remise en liberté conditionnelle anticipée, mesures d'isolement et de contrôle des individus en liberté).

Avant de passer à l'analyse, quelques remarques s'imposent afin de détailler et d'expliquer la terminologie utilisée par le législateur polonais pour parler des moyens de traitement des personnes qui portent atteinte à la liberté sexuelle et aux mœurs, biens par excellence protégés par la loi. Du point de vue qui nous occupe, la loi du 25 juillet 2005[1] a distingué une importante catégorie de délinquants, à savoir les « *condamnés pour actes contraires à la liberté sexuelle et aux mœurs, commis en raison de troubles de l'activité psychique, de nature sexuelle et ne relevant pas de la maladie mentale* ». Mais peu après, en réponse à l'appel de la doctrine qui demandait une uniformisation et une précision de ces termes dans toutes les lois pénales, ils ont vite été remplacés par la formulation actuellement employée dans les trois codes concernés, à savoir « *condamnés pour les actes visés aux articles 197 à 203 du Code pénal, commis en raison de troubles des préférences sexuelles* ».

Ce ne sont toutefois pas les considérations d'ordre terminologique, mais un ensemble de questions bien plus fondamentales qui situent le problème au centre des débats sur la forme du système pénitentiaire polonais. Il y a tout d'abord la question de la *ratio legis* de la nouvelle réglementation. Il est difficile, en effet, de chasser l'idée que les besoins thérapeutiques spécifiques ne sont qu'une des raisons pour lesquelles cette catégorie de condamnés a été distinguée. En outre, à l'analyse des nouvelles dispositions, il apparaît que les objectifs thérapeutiques ne sont pas une priorité pour le législateur. En effet, de nombreuses dispositions prises à l'encontre de ces condamnés sont venues alourdir – souvent de façon irrationnelle – leurs conditions de détention. Nous reviendrons plus en détails sur ces dispositions dans la suite de l'article. Signalons toutefois d'emblée que la nouvelle réglementation concernant les délinquants sexuels fait partie des textes fréquemment critiqués dans la littérature en raison de leur caractère excessivement répressif et sommaire, et de leur incohérence terminologique. La plupart d'entre eux relèvent du « cas d'école en matière de populisme pénal caractérisé » et sont tenus pour des essais manqués de mise en place d'une politique criminelle irrationnelle reposant sur la peur. Leurs effets prévisibles à long terme ne seront pas

---

[1] Loi d'amendement du Code pénal, du Code de procédure pénale et du Code de l'exécution des peines du 27/07/2005, JO n° 163, texte 1363.

de faire baisser ce type de criminalité, mais d'allonger les files d'attente à l'accueil des établissements pénitentiaires[2].

Ce jugement sévère ne semble toutefois pas devoir se rapporter à l'ensemble des dispositions introduites dans le droit pénal après 2005 et relatives à la lutte contre la délinquance sexuelle, surtout sur mineurs. Les avis sur la réglementation mise en place pour les besoins des procédures d'exécution sont variables. Comme exemple de lacune des nouvelles dispositions, on peut citer le fait que depuis que la liste des catégories de condamnés pour les « actes visés aux articles 197 à 203 du Code pénal commis en raison de troubles des préférences sexuelles » a été dressée, les auteurs d'actes non énumérés dans ces articles restent en marge du système thérapeutique pénitentiaire, même s'ils ont commis leurs forfaits à la suite de troubles des préférences sexuelles (par exemple, les attentats à la vie et à la santé d'autrui sexuellement motivés). De même, les auteurs d'atteintes à la liberté sexuelle chez qui les experts n'ont pas diagnostiqué de déviances sexuelles, mais d'autres troubles psychiques (par exemple, des troubles de la personnalité ou un handicap mental), ne peuvent espérer recevoir l'aide spécialisée d'un éducateur ou d'un psychologue. Il est vrai toutefois que certains condamnés pourront être pris en charge dans le cadre des mesures standard de réinsertion et de soins pénitentiaires, et que d'autres, demandant d'autres formes d'encadrement spécialisé (les alcooliques, toxicomanes, détenus atteints de troubles psychiques ou handicap mental), seront sans doute pris en charge par les sections de soins des établissements carcéraux où certains éléments de prévention des abus sexuels leur seront appliqués. Les études soulignent toutefois que les chances qu'ils se soumettent de leur plein gré cette forme de thérapie sont faibles[3]. Or, rappelons-le, la réglementation interdit actuellement que ces condamnés soient traités contre leur volonté. Les nouvelles dispositions semblent ainsi pécher par leur absence de vue d'ensemble du problème.

Le pourcentage de détenus recevant les soins professionnels assurés par le système (soins médicaux, psychologiques et rééducation) dans le cadre de la prévention de ce type de comportements est donc

---

[2] M. Płatek, Protection illusoire de l'enfant contre les abus sexuels, Państwo i Prawo [État et Droit] 2011, n° 2, p. 3 ; M. Filar, Le « deuxième » amendement du Code pénal concernant les délits sexuels, Państwo i Prawo 2006, n° 3, p. 51-55.

[3] M. Gordon, *Les délinquants sexuels [communication de résultats de recherche]*, Przegląd Więziennictwa Polskiego [Revue des prisons polonaises] 1998, n° 20-21, p. 82.

faible. En revanche, le nombre de condamnés classés dans la catégorie concernée n'a cessé de croître depuis qu'elle existe. Alors qu'ils étaient à peine 150 au 31 décembre 2005, 355 condamnés affectés de troubles sexuels étaient enregistrés en thérapie dans leur établissement pénitentiaire fin 2019.

II

Un changement majeur en matière de traitement des condamnés atteints de troubles des préférences sexuelles est intervenu avec la décision de les soumettre à un système thérapeutique en détention (article 96 du Code de l'exécution des peines). Cette pratique a été introduite par l'amendement du 27 juillet 2005. Les établissements pénitentiaires polonais appliquent un système thérapeutique depuis 1997. Il consiste dans un encadrement médical, psychologique et de rééducation réalisé par des spécialistes, en unités de soins principalement. L'administration pénitentiaire a mis en place trois principaux types d'unités : les premières sont réservées aux condamnés handicapés mentaux ou atteints de troubles psychiques non psychotiques, et les deux autres sont des unités distinctes de traitement de la dépendance réservées aux alcooliques et aux toxicomanes. Les délinquants sexuels sont ainsi traités dans les 6 centres existants pour condamnés atteints de troubles psychiques non psychotiques. Ils y sont pris en charge par un personnel spécialement formé qui leur applique un programme de thérapie des troubles des préférences sexuelles[4]. Ce système thérapeutique n'implique en principe pas de séjour permanent des condamnés dans les unités de soins : ils n'y passent que le temps nécessaire à leur traitement. Cependant, le traitement des délinquants sexuels est généralement long, et il n'est pas rare qu'ils y demeurent jusqu'à la fin de leur peine pour des raisons de sécurité.

---

[4] Pour plus d'informations à ce propos, voir : M. Szwejkowska, Skazani z zaburzeniami preferencji seksualnych. Studium prawnokarne i kryminologiczne [Les condamnés atteints de troubles des préférences sexuelles. Étude de droit pénal et criminologie], Olsztyn 2013.

Concernant les établissement d'accueil des condamnés atteints de troubles des préférences sexuelles, rappelons que différentes variantes pratiquées à l'étranger ont été envisagées lors des travaux législatifs, dont la création de centres pénitentiaires à profil spécifique réservés à ce type de détenus[5]. Le choix du modèle d'organisation de la thérapie n'était pas évident au départ. Cependant, au bout de 15 années, la solution consistant à interner ces détenus en unités de soins pour condamnés atteints de troubles psychiques non psychotiques sans faire d'eux une catégorie distincte semble avoir fait ses preuves. L'option adoptée permet de les soumettre à des soins psychologiques et médicaux spécialisés. Elle permet aussi, le cas échéant, la mise en œuvre d'une procédure thérapeutique et de rééducation globale, particulièrement importante dans les cas où d'autres troubles psychologiques que les perturbations d'ordre sexuel entrent en ligne de compte. Dans une unité spécialement profilée pour les troubles sexuels, de telles mesures thérapeutiques ne seraient pas faciles à appliquer. Un autre atout de cette option est que le mélange de ces détenus avec d'autres condamnés affectés d'autres troubles psychologiques prévient leur mise en marge de la population carcérale, tout en leur garantissant le minimum de sécurité nécessaire pour une thérapie efficace.

L'année 2005 a aussi été celle de l'inclusion dans la loi de la possibilité d'appliquer aux condamnés de cette catégorie des mesures de traitement et rééducation forcés. En effet, l'article 117 du CEP permet désormais au tribunal de l'application des peines d'imposer des mesures thérapeutiques aux condamnés en cas de refus de traitement de leur part. Signalons à ce propos que pour les chercheurs en droit polonais, la question de l'application de mesures thérapeutiques forcées

---

[5] Cf. R. Musidłowski, J. Nawój, *Les délinquants sexuels en prison. Conférence polono-tchèque*, Przegląd Więziennictwa Polskiego, [Revue des prisons polonaises], 2000, n° 28-29, p. 147 et s.

aux personnes emprisonnées est fortement sujette à caution[6]. Elle revient en effet, fondamentalement, à remettre en question l'efficacité (et dès lors le bien-fondé) des mesures appliquées – puisqu'elles le sont sans l'accord de l'intéressé –, à réduire le champ de sa personnalité juridique, et à limiter son droit de décision autonome en matière de santé.

Dans ce contexte, les praticiens et théoriciens du droit soulèvent aussi la question de l'absence d'instruments codifiés susceptibles d'inciter le condamné à accepter la thérapie. Ils soulignent à juste titre que la responsabilité disciplinaire des condamnés qui rejettent le traitement qui leur est imposé ne les affecte pas suffisamment. En outre, le problème de l'absence de dispositions légales permettant de retirer des unités spécialisées les condamnés qui refusent le traitement n'a pas été résolu. Or leur séjour dans ces unités est non seulement inutile, mais aussi préjudiciable à l'ambiance thérapeutique censée y régner. Ajoutons ici que le législateur polonais n'a pas prévu l'application de contraintes directes (administration de médicaments, immobilisation forcée) dans le cadre de la thérapie imposée aux délinquants sexuels.

III

Les amendements suivants de la législation pénale en matière d'abus sexuels ont apporté de nouvelles règles prévoyant d'autres procédures applicables aux condamnés atteints de troubles des préférences sexuelles (notamment, en ce qui concerne leurs contacts avec le monde extérieur). La sévérité de certaines de ces dispositions – qui placent cette catégorie de condamnés sur un pied d'égalité avec les condamnés à perpétuité ou à 25 ans de prison –, a fait l'objet de

---

[6] A. Kwieciński, L'accord du condamné comme critère d'application des traitements médicaux ou de la rééducation pendant le séjour carcéral. Observations en regard de l'article 117 du CEP, in Prawo karne wykonawcze w systemie nauk kryminologicznych [Droit pénal exécutif dans le système des sciences criminologiques]. Recueil dédié à la mémoire du Professeur Leszek Bogunia, éd. T. Kalisz, Wrocław 2011, p. 245-257. Voir aussi : T. Kolarczyk, Le système thérapeutique d'exécution des peines privatives de liberté, Przegląd Więziennictwa Polskiego [Revue des prisons polonaises] 1995, nº 10, p. 44 et s.

lourdes critiques dans la doctrine[7]. Sans avoir d'impact direct sur la thérapie appliquée aux délinquants sexuels, ces nouvelles dispositions contribuent cependant pour beaucoup à la définition du statut juridique de cette catégorie de condamnés pendant leur période d'emprisonnement. C'est pourquoi il ne sera pas inutile de rappeler maintenant leurs caractéristiques.

Il y a lieu de signaler tout d'abord qu'une disposition (l'article 88 § 5b du CEP) impose leur incarcération en établissement dit « de type fermé », ce qui n'est évidemment pas sans impact sur leurs droits et obligations. En effet, cette incarcération automatique sous le régime pénitentiaire le plus sévère réduit considérablement leurs formes de contacts avec le monde extérieur et implique un ensemble d'autres difficultés pour la réalisation des mesures de réinsertion qui leur sont appliquées en milieu pénitentiaire.

Les amendements du code relatifs à la criminalité sexuelle ont également apporté, expressément pour cette catégorie de condamnés, de nouvelles procédures exceptionnelles de validation de certaines décisions. Par exemple, l'article 89 § 3a du CEP prévoit la possibilité de transfert d'un condamné pour abus sexuel dans un autre type d'établissement de régime moins sévère avec l'accord du juge de l'application des peines. L'article 139 § 6a du CEP prévoit une semblable procédure (accord du juge de l'application des peines) pour les récompenses pouvant être accordées au condamné dans les établissements de type fermé.

L'amendement de 2011 est ensuite venu interdire l'application du sursis « pour cause de surpeuplement de l'ensemble des prisons du pays » dans le cas des personnes reconnues coupables des actes visés aux articles 197 à 203 du Code pénal commis en raison de troubles des préférences sexuelles. Le nouveau texte de l'article 151 § 2 du CEP n'autorise en effet le recours à cet argument de sursis qu'en cas de délits mineurs ou pour des condamnés de moindre niveau d'immoralité ou de dangerosité[8].

---

[7] S. Lelental, Kodeks karny wykonawczy. Komentarz [Code de l'exécution des peines, commentaire], 3e éd., Varsovie 2010, p. 566-567.

[8] K. Postulski, Kodeks karny wykonawczy. Komentarz[Code de l'exécution des peines, commentaire], Varsovie 2012, p. 605.

Avant ces amendements, d'autres changements importants avaient déjà été introduits dans le droit pénal en 2005. Ils avaient notamment ajouté au Code de l'exécution des peines les articles 166 § 2 et 168a § 3, qui imposent, tantôt au juge de l'application des peines, tantôt au directeur de l'établissement pénitentiaire, l'obligation d'avertir le poste de police compétent de la libération, de l'évasion ou de leurs décisions de permission ou de remise en liberté provisoire des délinquants sexuels condamnés pour les actes visés aux articles 197 à 203 du Code pénal commis en raison de troubles des préférences sexuelles.

L'article 159 du CEP prévoit la mise sous tutelle judiciaire obligatoire des condamnés de cette catégorie lorsqu'ils sont remis en liberté conditionnelle. En fonction des situations, le condamné peut être libéré de cette tutelle à tout moment. Associée à l'obligation de traitement imposée aux personnes remises en liberté (prévue à l'article 72 § 1 point 6 du Code pénal), cette forme de tutelle devrait donner des résultats positifs en termes de réadaptation sociale.

L'article 162 § 1 du CEP prévoit une autre disposition particulière en cas de libération conditionnelle. Suivant le texte de ce paragraphe, le tribunal de l'application des peines ne peut accorder la remise en liberté conditionnelle sans demander l'avis d'un expert. L'introduction de cette contrainte dans la procédure de remise en liberté conditionnelle semble motivée par la nature même de cette institution et le caractère des troubles psychiques à l'origine de l'infraction commise. Pour évaluer la probabilité de respect de la loi par le délinquant après sa libération, le tribunal doit faire appel à des experts de différentes spécialités (sexologue, psychiatre, psychologue).

IV

Le législateur polonais s'efforce de rattraper un long retard en matière de création d'instruments normatifs et de donner à la justice des moyens de lutter contre les formes les plus dangereuses de criminalité sexuelle. Il ne fait pas de doute que le système carcéral est, quantitativement et qualitativement, au centre des initiatives de l'État polonais dans ce domaine.

Toutefois, le jugement porté sur les nouvelles dispositions spécifiques relatives au traitement des condamnés atteints de troubles des préférences sexuelles n'est pas facile. La mise en place de structures permettant de soumettre les délinquants sexuels à une thérapie pendant leur séjour en prison mérite très certainement une appréciation positive. Le rattachement de ces structures aux solutions thérapeutiques préexistantes et éprouvées, le mode d'accueil de ces détenus problématiques dans le système pénitentiaire, et les principes de classement appliqués se sont vérifiés dans la pratique. Le nouveau système de mesures d'encadrement post-pénitentiaire des délinquants sexuels (surveillance électronique, thérapie, traitement des dépendances, séjour en hôpital psychiatrique) doit en revanche encore faire ses preuves. Depuis 2015, ces mesures peuvent être imposées par le tribunal dès le séjour en prison, ce qui permet de rattacher la thérapie en milieu carcéral aux mesures de traitement et de contrôle après la sortie de prison.

La réglementation spéciale qui est venue aggraver le statut des condamnés atteints de troubles des préférences sexuelles pendant leur séjour en prison fait certainement partie des dispositions sujettes à controverse. L'analyse de leurs textes montre qu'elles sont inutiles pour établir le statut légal de cette catégorie de condamnés, et que les dispositions préexistantes seraient largement suffisantes. Une partie d'entre elles donnent l'impression d'avoir été introduites uniquement parce que le législateur voulait faire preuve de fermeté dans la lutte contre la délinquance sexuelle, sans avoir réellement pour objectif de protéger la société ou de soigner les condamnés.

De la part des praticiens, les voix sont de plus en plus nombreuses à s'élever pour remettre en cause les principes de traitement des délinquants sexuels introduits depuis 2005. Ils critiquent surtout le caractère transitoire du passage des détenus par les unités de soins (article 97 § 3 du CEP) qui, dans le cas des délinquants sexuels, donne des résultats douteux. La plupart des personnes interrogées partagent aussi l'avis que les traitements appliqués sous la contrainte (article 117 du CEP) ne donnent pas de bons résultats en pratique. En revanche, la pharmacothérapie, qu'ils considèrent comme un moyen efficace, n'est toujours pas accessible en détention. Étrangement, cette forme de traitement ne peut être appliquée qu'au stade post-pénitentiaire, comme moyen de contrôle des individus remis en liberté. En outre, les spécialistes travaillant en milieu carcéral seraient favorables à l'application d'une thérapie sexuelle à un nombre de détenus beaucoup plus important que ce n'est le cas actuellement. En effet, le législateur s'est surtout concentré jusqu'à présent sur ceux qu'il considère comme les plus dangereux pour l'ordre public.

La procédure appliquée aux délinquants sexuels par le système polonais n'a certainement pas encore trouvé sa forme optimale. Nombre de ses aspects doivent être revus d'urgence, tandis que d'autres doivent faire l'objet d'un sérieux débat interdisciplinaire en présence de spécialistes des domaines concernés. Des recherches plus poussées dans ce domaine sont également indispensables. Mais indépendamment de ces constats, il y a lieu aussi de reconnaître à sa juste valeur tout le travail d'organisation de la thérapie des délinquants sexuels fourni par l'administration pénitentiaire polonaise, et surtout, l'engagement de son personnel spécialisé dans le travail quotidien avec cette catégorie contraignante de détenus.

Criminels dangereux par meurtres multiples et traitement judiciaire

Etude analytique d'un cas marocain

Mohamed JAOUHAR

Directeur du Laboratoire Justice Pénale et Systèmes Comparés
Chef du Département de Droit Privé à la Faculté de
Droit Ain Chock - Université Hassan II – Casablanca

Introduction

La dangerosité criminelle interpelle différents champs des sciences humaines et sociales, une passerelle invisible existe entre sa conception psychiatrique et sa conception criminologique. Dans ces deux domaines, on peut définir la dangerosité « *comme la capacité d'un individu à présenter un risque de violence et de transgression, physique ou psychologique, ou encore comme une disposition, dans un contexte donné, à passer à l'acte d'une manière violente ettransgressive* »[1]. Le passage à l'acte criminel dans un pareil contexte ne

---

[1]Sous la direction de Christiane de Beaurepaire, Michel Bénézech et Christian Kottler, Les dangerosités. De la criminologie à la psychopathologie, entre justice et psychiatrie. Edition John Libbey Eurotext, 2004.

manquera pas d'entrainer dans son sillage un autre débat sur la dangerosité au regard du droit pénal[2], ainsi que sur la dangerosité pénitentiaire[3].

La dangerosité criminelle peut se présenter sous différentes figures[4] et donner lieu à une diversité de typologies criminelles. Si on se limite au seul domaine des meurtriers à victimes multiples, on pourrait se trouver classiquement devant quatre types de criminels, qui diffèrent quant à leurs personnalités, leurs motivations et leurs *modus operandi*. C'est le cas pour - le meurtrier exécutant une action terroriste ; - le tueur en série (Serial killer) ; - le tueur de masse (Mass murdrer) ; - le tueur compulsif (Spree killer)[5].

Incontestablement, ces quatre profils incarnent la dangerosité criminelle dans son expression violente et agressive. Si on laisse de côté le tueur terroriste qui agit pour des motifs idéologiques, et le tueur en série qui tue par plaisir, et qu'on s'arrête aux deux derniers types, à

---

[2]Arnaud Coche, La détermination de la dangerosité des délinquants en droit pénal. Etude de droit français. Thèse, Aix Marseille, 2005. Yatrib El Mouden, La dangerosité criminologique face au droit pénal. Notions et évolution dans le système français. Thèse, Faculté de Droit Ain Chock, Casablanca, 2015. G. Giudicelli-Delage et C. Lazerges, La dangerosité saisie par le droit pénal. IRJS Editions, 2011.

[3] Jean Philippe Duroché, Les dangerosités pénitentiaires. *In* Peine Dangerosité. Quelles certitudes ? Institut de Criminologie de Paris, Dalloz, Essais de philosophie pénale et de criminologie, Vol 9, 2010.

[4] Sous la direction de : Paul Mbanzoulou, Hélène Bazex, Olivier Razak et Joséfina Alvarez, Les nouvelles figures de la dangerosité, Travaux de l'ENAP, Edition L'Harmattan, 2008.

[5] P.E. Dietz, Mass, serial and sensational homicides. Bulletin of the New York Akademy of Medecine, Vol 62, 1986, p 477-491. J.Douglas, AW. Burgess, AG. Burgess, RK. Ressler, Crime classification manual. A standard system for investigating and classifying violent crime. John Wiley & Sons, 2013.

savoir le tueur de masse et le tueur compulsif[6], il serait nécessaire de faire la différence entre ces deux modèles.

A la différence du tueur de masse qui le plus souvent utilise l'arme à feu et tire à l'aveuglette sur une foule de personnes qui se trouvent dans un même endroit, le tueur compulsif utilise l'arme blanche et vise des personnes bien ciblées par lui qui peuvent se trouver dans des endroits différents, mais dans le cadre d'une seule action limitée dans le temps[7].

Pour ce congrès j'ai choisi de traiter, à partir des annales judiciaires marocaines, une affaire qui avait secoué l'opinion publique et qui concerne un tueur compulsif, en tant que figure incarnant la dangerosité criminelle. Notre étude va combiner l'approche criminologique avec un background de psychiatrie criminelle et l'approche pénale.

I. L'affaire criminelle et la personnalité criminelle

Les meurtres multiples commis par Abdelali Dakir remontent à 2016, ils sont le fruit de la dangerosité de sa personnalité criminelle.

A. L'affaire criminelle : le massacre de l'entourage familial

C'est par le matin du samedi 23 avril 2016 qu'un petit douar (littéralement un cercle d'habitation d'un large groupement familial) du nom de Douar Laqdamra, sis dans une commune rurale (Zaouite Saiss), dans la banlieue de la ville d'El Jadida, pratiquement à 150 km au sud de Casablanca, vient d'être secoué par le massacre d'une dizaine de personnes appartenant toutes à l'entourage familial du meurtrier[89].

---

[6] Qualifié également de tueur de bordée, ce qui renvoie à un tueur fou, à un tueur déchainé. Ces termes se veulent être la traduction de ce qu'on appelle en anglais : Spree killer ou encore Rampage killer.

[7] Olivier Hassid et Julien Marcel, Tueurs de masse. Edition Eyrolles, 2012, p 20.

[8] La présente étude se base sur une enquête de terrain menée par la doctorante Samira Beggari à partir d'un séjour de 4 jours dans le douar théâtre du massacre du 6 au 9 septembre 2017 et la série des entretiens avec les proches parents des victimes. Couronnés par l'établissement d'un rapport bien documenté sur l'affaire criminelle, contenant des photos, le PV de la Gendarmerie Royale, ainsi que les jugements.

[9] L'étude se base également sur une série d'entretiens que j'ai eu avec un oncle maternel de l'épouse du criminel du nom de Hassan El Qadmeri, ainsi que sur une enquête complémentaire que j'ai effectué au douar en août 2019.

1) Un seul événement et des meurtres multiples

Retournant un peu tôt, du marché hebdomadaire (le souk du samedi), où il avait pris soin auparavant d'aiguiser un grand couteau, Abdelali Dakir âgé de 45 ans s'est déchaîné dans l'enceinte de son douar dans une folie meurtrière contre plusieurs membres de sa famille. Ainsi, une dizaine de personnes ont été massacrées entre 11h30 et 13h de cette matinée du samedi.

L'événement a commencé suite à une dispute qui a éclaté dans la maison de ses parents où il vivait avec son épouse, après des reproches qui lui ont été adressées par son père du fait d'avoir privé la famille de l'ânesse en la vendant au marché. Et à la suite d'une discussion véhémente avec sa femme accusée par lui de trahison, il va se livrer à son premier carnage.

Muni de son grand couteau, il va s'en prendre d'abord à son épouse, qui se trouvait à la cour de la maison, à laquelle il va assener plusieurs coups au visage, pour lui trancher la gorge par la suite. Il se saisit ensuite d'une barre de fer et s'oriente directement vers la chambre de sa mère pour lui fracasser la tête avec plusieurs coups, il fait de même avec son père. Sa belle-mère qui vient frapper à la porte de la maison pour voir ce qui se passe, dès qu'elle aura franchi le seuil de la maison elle va recevoir elle aussi des coups de barre sur la tête pour s'affaisser au hall de la maison[10].

Ainsi quatre meurtres ont été commis successivement au domicile familial. Après ce carnage, Dakir sort à l'enceinte du village où il va croiser la cousine de sa femme, qui est en même temps sa voisine, et avec laquelle il a un litige qui concerne le refus par cette femme de l'ouverture d'une fenêtre qui donne sur sa maison. Avec son couteau il la frappe de deux coups au visage et finit par l'égorger après une certaine lutte. Un peu plus loin, l'oncle maternel de son épouse qui était âgé de 71 ans et qui revenait des vestiaires de la mosquée avec un récipient rempli d'eau, assistant médusé à la scène d'égorgement de la femme, se trouvait incapable de bouger. L'agresseur se dirigeait

---

[10] PV de la Gendarmerie Royale du 23/04/2016, p 8.

alors tout droit vers lui et le frappe sur la tête avec la barre de fer, la victime gît morte près du lampadaire[11].

Il prenait ensuite la direction de la maison de son oncle maternel, trouvant le fils de celui-ci (47 ans) assis dans le hall en train de siroter un verre de thé, il le poignardait de plusieurs coups au visage, à la poitrine et au ventre, pour sortir rattraper la mère de celui-ci sur le seuil de sa maison, pour lui réserver le même sort. A l'entrée du douar il percevait la femme de son frère de retour de l'école après avoir amené les enfants, il s'attaquait alors à elle et plein de ressentiment à son égard il lui tranchait la gorge.

Il se dirigeait ensuite vers le domicile de son frère, dans la cour, la fille de son frère âgée de 17 ans prenait la fuite et s'enfermait dans la salle de bain. Le criminel n'a pas eu beaucoup de mal pour casser la porte pour agresser la fille de plusieurs coups de couteau, lui donnant ainsi la mort, et faisant d'elle sa dixième victime[12].

Après ce carnage et avec le commencement du retour des hommes du marché hebdomadaire au douar, Dakir décidait de regagner sa maison, il prenait alors ses quatre filles, âgées respectivement de 9 ans, 7ans, 5 ans et 3 ans, en otages se retranchant dans sa chambre à coucher en fermant la porte à verrou. A la sommation des gendarmes, il répondait par le jet d'objets et par la menace de tuer ses filles. Les gendarmes n'ont pu donner l'assaut qu'après l'avoir neutralisé par un projectile à laser[13].

2) Profil des victimes et *modus operandi*

Le tableau suivant, présenté selon l'ordre chronologique des meurtres perpétrés, permet de nous donner une idée sur le profil des victimes en ce qui concerne leur âge, leur sexe et le lien familial qu'elles ont avec le tueur[14].

- L'épouse : Saida Errafed (née en 1987) ---> 29 ans
- Sa mère : Amina El Adnani (née en 1941) ---> 75 ans
- Son père : Brahim Dakir (né en 1937) ---> 79 ans

---

[11] PV de la GR, p8.

[12] PV de la GR, p 9.

[13] PV de la GR, p 2.

[14] PV de la GR, p 3 et 4.

- Sa belle-mère : Aicha Rouzaqui (née en 1959) ---> 57 ans
- La cousine de sa femme : Saadia Errafed (née en 1968) ---> 48 ans
- L'oncle maternel de sa femme : Driss Rouzaqui (né en 1945) ---> 71 ans
- Le fils de son oncle maternel : Omar El Adnani (né en 1969) ---> 47 ans
- La femme de son oncle maternel : Khadija Harouch (née en 1930) ---> 86 ans
- L'épouse de son frère : Zaynab Bennani (née en 1972) ---> 44 ans
- La fille de son frère : Amina Dakir (née en 1999) ---> 17 ans

Dans ce tableau des victimes, on relève les faits suivants :

- Sept victimes sur dix sont des femmes, sur les trois victimes hommes deux sont âgés de plus de 70 ans et le troisième âgé de 45 ans est d'une structure physique bien faible ;
- Trois femmes sur les sept avaient la gorge tranchée, ce qui dénote de la grande haine que ressent le meurtrier à leur égard ;
- Trois victimes sur dix sont des personnes très âgées dépassant les 70 ans ;
- Pratiquement toutes les tranches d'âge ont été visées, la victime la plus jeune est âgée de 17 ans et la victime la plus âgée a 86 ans.

D'un point de vue victimologique, toutes ces personnes ne pouvaient faire face au meurtrier et pouvoir se défendre, vu leur sexe, leur âge ou leur structure physique (cas de Omar, fils de son oncle maternel, qui était chétif accusant une certaine faiblesse physique). Ces victimes ne faisaient pas le poids face à un meurtrier bien bâti et mesurant 1,85 m. Par conséquent, sa propre condition physique, à côté de celle des victimes a facilité la tâche du tueur et la victimisation des personnes ciblées. Si on rajoute à ce constat un autre fait, à savoir son retour du marché avant les autres à un douar où ne se trouve que des femmes, des enfants et des personnes âgées, et en l'absence d'hommes vigoureux qui peuvent intervenir, on va se rendre compte que le tueur s'est livré à une analyse stratégique avant son passage à l'acte pour atteindre son objectif dans les meilleures conditions[15]. Ce qui va parfaitement dans le sens d'une *folie raisonnante*, expression attribuée par les psychiatres à la paranoïa.

Pour le tueur toutes ces personnes étaient coupables et devraient être exécutées. Mais il faut relever qu'il ne s'agit là que des victimes directes qui se sont trouvées à la portée du criminel, six autres n'ont pas été retrouvées par lui alors qu'elles étaient ciblées. Par ailleurs ces victimes directes ont toutes laissé derrière elles des enfants, des conjoints, des parents et des frères et sœurs, le nombre de victimes indirectes peut facilement tourner autour d'une centaine. Sans compter le traumatisme psychique laissé chez tous les habitants du douar.

Le modus operandi suivi par le tueur permet aussi de nous renseigner sur la dangerosité de cette personnalité criminelle. Armé d'un long couteau (28 cm de lame) qu'il avait pris soin d'aiguiser en revenant du marché et d'une barre de fer sur la manche de laquelle il a entouré du caoutchouc[16], il attaquait ses victimes tantôt avec l'un tantôt avec l'autre, selon deux modus operandi.

Dans le premier MO, il fait usage de l'arme blanche en visant le visage et la tête par plusieurs coups successifs. Ainsi six victimes sur dix ont été attaquées à l'arme tranchante de cette manière (son épouse, la cousine de son épouse, la femme de son frère, la fille de son frère, la femme de son oncle et le fils de son oncle). Ce dernier était la seule victime ayant reçu en plus des coups sur le visage, des coups dans la poitrine et le ventre.

Sur ces six victimes attaquées à l'arme blanche trois femmes ont été littéralement égorgées (son épouse, la cousine de son épouse et la femme de son frère). Le PV de la gendarmerie fait état de la gorge tranchée de ces trois victimes, cette décapitation partielle dénote du

---

[15]P. Le Bihan et M. Bénézech, Degré d'organisation du crime de parricide pathologique : mode opératoire, profil criminologique. A propos de 42 observations. In : Annales Médico-psychologiques, 2004, Vol 162, p 615-625.

[16]Photos du PV de la GR et photos annexés au rapport de S. Beggari.

degré de l'acharnement du tueur sur ces trois victimes, cruauté qui dévoile le degré de ressentiment qu'il nourrissait à leur égard[17].

Dans le second MO, il fait usage de la barre de fer, arme contendante en assenant de toute sa force, plusieurs coups sur la tête, le PV de la gendarmerie fait le constat de blessures profondes sur plusieurs endroits des têtes des victimes. Quatre victimes ont été assassinées selon ce procédé (sa mère, son père, sa belle-mère et l'oncle maternel de son épouse). Un acharnement particulier a été constaté sur le père et la mère, qui avaient chacun d'eux la tête quasiment fendue. Ce qui révèle une certaine férocité, fruit d'un grand ressentiment à l'égard de ses géniteurs. Les spécialistes décrivent ce genre de meurtre comme particulièrement brutal et paroxystique, selon eux ce geste exprime un sentiment d'impasse situationnel, d'étouffement et d'échec de tentative de fuite, ainsi qu'une rupture du lien généalogique[18].

Dans son œuvre criminelle, le tueur est resté fidèle à un seul scénario. Pour toutes les victimes, sans aucun préliminaire il attaque directement la victime, et sous l'effet de surprise il poursuit ses coups, sans aucun échange verbal, soit à l'arme tranchante soit à l'arme contendante, jusqu'à ce qu'elle rende l'âme. L'objectif de donner la mort était bien recherché par le criminel, plusieurs de ses déclarations figurant dans le PV vont dans ce sens[19]. Ce scénario suivi, les armes

---

[17]Sur la signification et la portée de l'acte de trancher la gorge, voir l'excellent travail soutenu par, Marie Klein et Julie Nouchi, Homicide pathologique par décapitation :caractéristiques sociodémographiques, cliniques et criminologiques. Etude descriptive de 13 observations, Thèse, Faculté de médecine de Nancy, Université de Lorraine, 2016.

[18]Olfa Dakhlaoui, Omar Khémiri, Nesrine Gaha, Rym Ridha et Fakhreddine Haffani, Le parricide psychotique : étude analytique. A propos de 16 cas. In : La Tunisie Médicale, 2009, Vol 87, p 824- 828. D. Zagury et F. Millaud, Le passage à l'acte, aspects cliniques et psychodynamiques. Ed Masson, 2002. D. Zagury, Le double parricide un crime d'auto-engendrement. Perspectives psychiatriques, 1992, Vol 4, p 31-34.

[19]L'expression : « jusqu'à ce que la vie l'ait quittée » revient fréquemment dans le PV de la GR.

[20]Nesrine Bram Khemiri, Imane Ghazali et Rym Rhida, Schizophrénie et crimes intrafamiliaux. Etude clinique et comparative de 80 cas. In : L'information psychiatrique, 2012/10, Vol 88, p 839-846. F. Millaud, J. Marleau, F. Proulx, Violences et homicides intrafamiliaux. In : Psychiatrie et violence, 2008, N°1, p 1-24.

utilisées et la nature des coups portés ne laissent aucun doute sur sa détermination à tuer, chose qu'il faisait avec application, froideur et cruauté.

A. La personnalité criminelle : Les symptômes de la dangerosité

Afin de comprendre les facteurs de risque qui ont favorisé le passage à l'acte criminel et la perpétration de ces meurtres multiples d'une extrême violence sur l'entourage familial[20], il est nécessaire de cerner la personnalité de ce criminel pour percevoir les traits de sa propre dangerosité.

1) Parcours et traits de la personnalité criminelle

Le parcours de vie de Abdelali Dakir révèle une grande instabilité sur différents plans[21]. Il est né en 1970 dans le douar qui a été la scène macabre de ses actes homicides, il est le plus jeune d'une fratrie de sept enfants. Il a été scolarisé à l'âge de 7 ans et a passé 5 ans d'école primaire, pour abandonner les études en 1982. Durant six ans il a assisté son père dans ses travaux d'agriculture, pour faire ensuite de l'épicerie avec son frère pendant trois ans, et enchaîner en tant que ferrailleur à Casablanca. Durant dix ans, de 1992 à 2002, il alterne travaux d'agriculture avec le père et de fréquents sauts à Casablanca pour faire de petits jobs (maçon journalier- porteur au port).

Ainsi sur le plan professionnel, on constate une grande instabilité qui émaille son parcours de vie. Dakir se balançait assez souvent entre précarité et désœuvrement, ce qui le met assez souvent dans des difficultés financières et le rend dépendant de son entourage familial. Cette situation matérielle n'a pas seulement marqué sa personnalité, mais elle a été largement à l'origine de tensions et de rapports conflictuels avec plusieurs membres de sa famille et notamment avec son père. En outre, Dakir s'adonnait depuis le début de son adolescence à la consommation de tabac et du cannabis, ce qui le mettait dans une

---

[21] Les informations sur le parcours de vie du criminel sont essentiellement puisées dans les entretiens que j'ai eu avec les proches des victimes, ainsi que dans le rapport de S. Beggari.

situation de dépendance physique, psychique et matérielle et impactait dans une large mesure son caractère et la perception de son univers social.

Ainsi, en 1997 soit à l'âge de 27 ans, il est atteint d'une schizophrénie, fruit de son sentiment de solitude et de manque de moyens, aggravée de toute évidence par sa toxicomanie. Son retrait social est amorcé, il plonge avec le temps dans un univers délirant et traverse de temps à autre des crises psychiques ne laissant pas de doute chez l'entourage sur sa pathologie psychique. Le 22 septembre 1997 son frère et un cousin à lui, réussissent à l'emmener chez un psychiatre à Marrakech, qui va diagnostiquer entre autres un délire articulé autour d'une révélation mystique. Le médecin lui prescrit alors un traitement, qu'il va abandonner au bout d'une semaine, l'interdiction d'arrêter la consommation du tabac et du cannabis ne sera pas également observée[22].

Après 2002 et durant quatre ans, il se propose muezzin du douar en faisant l'appel à la prière. En empruntant cette mission, il va glisser progressivement dans une interprétation rigoriste de la religion, en estimant que les habitants du douar ne se conforment pas aux préceptes de la religion. Une dérive mystique, dans laquelle il s'érige en censeur de la morale religieuse des habitants du douar.

Ce n'est qu'en 2006 qu'il va se marier, pour devenir le père de quatre filles, la première étant née en 2007 la dernière en 2013. Il va mener une vie conjugale difficile, beaucoup de disputes éclataient avec sa femme, celle-ci prenait souvent refuge dans la maison de sa mère après avoir été battue par lui. Son agressivité ne s'exprimait pas simplement à l'égard de sa femme mais même à l'égard des objets. Ainsi, dans sa dérive morale découlant d'une perception erronée de la

---

[22]Toutes les études spécialisées signalent le risque bien élevé qui existe entre la maladie psychotique d'une part et l'inobservance du traitement et la toxicomanie d'autre part, ce qui met le sujet dans une situation de comorbidité. Voir : Loubna Khollati, Schizophrénie et toxicomanie. Thèse, 2009, Faculté de médecine de Fès.

[23] Fait qui a été rapporté par Monsieur Hassan El Qadmiri.

religion, il a été amené à casser la télévision sous prétexte qu'elle enseigne l'immoralité et jeté le livret de famille de l'état civil dans le puit[23].

Dakir vivait depuis son jeune âge une crise existentielle en ce qui concerne ses relations sociales. La maladie n'a fait qu'aggraver ses difficultés d'intégration sociale. Sa taille imposante, sa personnalité caractérielle et délirante à tendance agressive le rendent redoutable chez les habitants du douar. On évitait souvent de rentrer en altercation avec lui ou de provoquer sa colère. Beaucoup de tensions jalonnaient ses relations avec différents membres de sa famille et de la famille de son épouse, souvent pour des questions d'ordre matériel. La crise relationnelle avec l'entourage familial a débouché sur une action d'une extrême violence, les frustrations et les ressentiments accumulées[24] ont fini par éclater dans le carnage du samedi 23 avril 2016.

2) La trajectoire pathologique de la folie meurtrière

La particularité de la personnalité de Dakir sur les plans physique et psychique, qui se trouve placée dans une situation sociale difficile à la fois sur le plan matériel et sur le plan relationnel, sont tout à fait de nature à favoriser son glissement vers la maladie mentale et à le plonger dans les abysses de la schizophrénie et de la paranoïa[25]. Ses délires alimentés au fil des années vont faire éclater son agressivité et le déchainer dans une folie meurtrière[26]. Plusieurs facteurs et signes avant-

---

[24]Les relations conflictuelles avec l'entourage familial sont considérées par les psychiatres comme des troubles de la familiarité, pouvant s'exprimer entre autres à travers l'hypo familiarité, qualifiée de syndrome de Capgras. Voir : Laura Langloff, Troubles de la familiarité et schizophrénie : impacts sur les comportements violents. Thèse, 2016, Faculté de médecine de Lille, p 20.

[25]Sophie de Mijolla-mellor, La paranoïa, QSJ, 2007.

[26]C'est justement là que se trouve la particularité du tueur compulsif ou spree killer.

[27]L'altération de la perception est la trame nourricière de la paranoïa, dans ce sens Sophie de Mijolla-Mellor affirme : *« On se sent « parano » lorsque s'impose comme évidence l'impression de ne croiser que des regards méprisants ou hostiles qui, prétendant vous ignorer, n'en pensent pas moins et révèlent, tout en le dissimulant, l'existence d'une entente hostile ou, pire, d'un complot dont vous êtes, pour une raison qui reste à comprendre, la victime cernéede toutes parts »*. La paranoïa, *op. cit*, p 3.

coureurs ont préparé le terrain pour cette personnalité dangereuse, qui va s'exprimer à travers une action d'une extrême violence.

Tout d'abord, depuis son adolescence, Dakir était connu par sa dépendance par rapport au tabac et au cannabis et toutes les études psychiatriques en font un facteur de risque majeur de passage à l'acte en cas de schizophrénie paranoïaque. Ensuite, Dakir était empêtré dans la maladie très probablement avant 1997 et l'unique consultation a eu lieu le mois de septembre de cette année, ce qui a permis à la maladie de bien s'installer. Mais même après la consultation, il n'avait pas arrêté la consommation de la drogue et il avait interrompu le traitement médical juste une semaine après la consultation, un autre facteur majeur de risque.

Sa maladie a aggravé sa solitude et altéré la perception de sa situation et de ses relations avec les autres[27]. Peut-être pour alléger le poids de cette solitude, il avait décidé de se marier en 2006, mais ce mariage n'avait pas arrangé les choses pour lui. Lorsqu'il est de temps à autre la proie des crises, il plonge dans le silence et tantôt il s'enferme chez lui, tantôt il sort pour marcher tout seul et errer en parcourant de grandes distances, le plus souvent la nuit dans la forêt, comme s'il fuyait quelque chose.

Les habitants du douar remarquaient que le couteau était le plus souvent à ses côtés, ce qui exprime d'une certaine manière un sentiment latent d'insécurité et le met sur la défensive. Il se montre parfois menaçant, mais en silence et de manière indirecte en brandissant le couteau dans certains lieux et dans certaines circonstances. Son agressivité et sa personnalité inquiétante n'ont pas manqué de s'exprimer avant le carnage du 23 avril 2016, lorsqu'il a égorgé son chien et son âne et a fait ensuite la prière sur leurs âmes. Un mois avant le massacre, il avait attaqué la femme de son frère par une fourche en la blessant à la cuisse[28]. Sa femme était à maintes reprises victime de ses brutalités[29].

Sa crise relationnelle avec l'entourage familial ne faisait que l'enfoncer dans sa pathologie mentale. Sa perception de sa propre personne et du lien parental, familial et social qui le lie aux autres devient altérée par des délires multiples, fruit des dérives de son imagination et de son interprétation pathologique. Il se sent alors mal aimé et persécuté, que personne ne lui veut du bien et développe ainsi le délire de persécution[30].

Quelques années avant son mariage, il glisse dans un certain mysticisme en affichant une interprétation un peu rigoriste de la religion et de la morale. Il commence alors à interpréter le comportement de son entourage à la lumière de son interprétation, en tant que censeur de la moralité des habitants du douar, corolaire de son délire mystique[31].

Trois ans avant le massacre, il succombe à un délire de jalousie, croyant fermement que sa femme le trahit. Ce dernier délire a constitué un facteur déclenchant du massacre, dont la première victime était son épouse. Pour justifier l'égorgement de sa femme, il prétend lui avoir dit : *« je jure que jeprendrai à ton encontre un copain »*[32]. Le meurtrier présente cette expression comme étant à l'origine de son sursaut contre son épouse, car il s'est senti touché dans sa masculinité.

---

[28]Ce fait est relevé dans le rapport de Samira Beggari.

[29]Ce fait est relaté par Hassan El Qadmiri.

[30] Plusieurs travaux ont traité cette relation entre le délire paranoïaque et le passage à l'acte criminel, à titre d'exemple, J.P. Bouchard et Al., Délires paranoïaques, dangerosités et homicides. Annales Médico-psychologiques, 2018, Vol 176, p. 702-711. Othman Ayouche, Approche clinique et psychopathologique de l'homicide chez un psychotique. Thèse 2016, Faculté de médecine de Rabat, Université Mohamed V.

[31] « *On réunit habituellement sous le vocable mysticisme pathologique tous les états morbidesqui comportent des préoccupations religieuses. Délires à thème religieux* », Antoine Porot, Manuel alphabétique de psychiatrie, PUF, 1969, p 393.

[32] Dans le cadre de notre enquête complémentaire, les habitants du douar ont été unanimes sur le comportement irréprochable de l'épouse du meurtrier.

[33]Sophie de Mijolla-Mellor, *op. cit.*, p 4.

Dans le langage psychiatrique, c'est une atteinte à l'amour propre vécu comme une blessure narcissique[33].

La rencontre de tous ces délires dans la tête d'un schizophrène paranoïde, qui se trouve en situation de frustration et de crise relationnelle avec l'entourage familial, avec tout ce que ça entraine comme ressentiment ne peux qu'attiser son agressivité et élever le risque du passage à l'acte criminel[34]. Avec cette trajectoire pathologique, tous les ingrédients de la dangerosité criminelle et de la folie meurtrière étaient réunis pour faire de cette personne un tueur compulsif à meurtres multiples. Le meurtrier s'est trouvé en quelque sorte dans un cercle fermé, à partir du moment où l'univers – et tout ce qui le compose – est perçue comme menaçant, le sujet ne peut que s'en défendre en ripostant[35].

Malheureusement, le traitement judiciaire n'a pas été à la hauteur de la dangerosité de cette personnalité criminelle.

I. Le traitement judiciaire et l'indifférence à la dangerosité criminelle

Cette affaire criminelle n'avait pas choqué que les habitants du petit douar mais tous les marocains, puisqu'elle a été médiatisée. Et malgré la multiplicité des victimes et la dangerosité du criminel, la justice marocaine lui a réservé un traitement bien banal.

A- L'attitude des juridictions de jugement

Il est à noter que le droit pénal marocain n'ignore nullement la question de la dangerosité[36], d'ailleurs l'article 141 du code pénal parle

---

[34] Laurent Morasz parle de « *l'acting par élimination de l'agresseur, perçu comme responsablede la détresse du sujet* », Comprendre la violence en psychiatrie, éd Dunod, 2002, p 122.

[35] C'est le mécanisme de l'identification à l'agresseur développé par Ferenzi et invoqué par Christophe Adam, Psychopathologie et délinquance. Edition Bruylant, 2015, p 128.

[36] Abdelwahed El Alami, Explication du droit pénal marocain (Partie générale), Edition Annajah, 2017, p 291 et suivants, (en arabe).

[37] Le rapport de l'Institut de Criminalistique du 25/04/2016 conclut : « *Les résultats d'analyses n'ont mis en évidence aucune trace d'alcool ou de produits psychotropes appartenant à la famille des opiacés, benzodiazépines, cocaïniques, cannabinoïdiques,*

de l'individualisation de la sanction en fonction de la gravité de l'infraction et de la personnalité du délinquant. En effet cet article dispose : « *Dans les limites du maximum et du minimum édictés par la loi réprimant l'infraction, le juge dispose d'un pouvoir discrétionnaire pour fixer et individualiser la peine, en tenant compte d'une part de la gravité de l'infraction commise, d'autre part de la personnalité du délinquant* ».

Ainsi, malgré la particularité de l'affaire et la dangerosité de la personnalité, le meurtrier n'avait fait l'objet d'aucun examen pouvant donner lieu à la préparation d'un dossier de la personnalité, pourtant prévu par les articles 87 et 88 du code de procédure pénale. Le seul examen auquel il a été soumis, c'est une analyse de son sang pour savoir s'il avait agi sous la prise de la drogue ou de l'alcool, mais cette analyse s'est avérée négative, car le jour du carnage il n'était pas sous l'effet des psychotropes[37].

Pire encore, la cour n'a pas jugé nécessaire de le soumettre à une expertise psychiatrique, permettant de s'assurer de ses facultés mentales, et de la présence de troubles pouvant faire disparaitre son discernement et exclure totalement sa responsabilité (article 134 du code pénal), ou affaiblissant son discernement et laissant lieu à une responsabilité pénale partielle (article 135 du code pénal).

Dans ce sens, l'art 134 dispose : « *N'est pas responsable et doit être absous celui qui, au moment des faits qui lui sont imputés, se trouvait par suite de troubles de ses facultés mentales dans l'impossibilité de comprendre et de vouloir* ». Ce qui aboutirait dans ce cas à une déclaration d'irresponsabilité pénale totale et permettrait à la cour de prendre la mesure de sûreté de l'internement dans un établissement psychiatrique conformément à l'art 76 du code pénal.

Au cas où le discernement se trouve seulement altéré, il y aura lieu à la déclaration d'une responsabilité pénale partielle. Dans ce sens l'art 135 dispose : « *Est partiellement irresponsable celui qui, au moment où il a commis l'infraction, se trouvait atteint d'un*

---

amphétamines ou méthamphétamines au sein du prélèvement sanguin du mis en cause Abdelali Dakir, dans les conditions opératoires de dépistage classique adoptées au laboratoire ».

affaiblissement de ses facultés mentales de nature à réduire sa compréhension ou sa volonté et entrainant une diminution partielle de sa responsabilité ». Dans ce cas la juridiction doit retenir la responsabilité partielle, prononcer la peine, et si les troubles persistent ordonner l'hospitalisation dans un établissement psychiatrique, conformément à l'article 78 du code pénal.

Préférant ignorer allègrement les dispositions claires et précises du code pénal, la Cour s'est contentée des aveux du criminel devant la gendarmerie royale et devant le juge d'instruction relative à sa ferme intention de commettre ces meurtres et s'est basée sur le fait matériel de la mort des victimes dont il est à l'origine, pour conclure à la pleine responsabilité pénale et à la condamnation à la peine de mort. Or, en ce qui concerne la peine de mort, son exécution est suspendue au Maroc depuis 1994, elle est transformée *de facto* en une réclusion criminelle à perpétuité[38].

Dans son arrêt datant du 21/07/2016, la chambre criminelle de la Cour d'Appel d'El Jadida statuant au premier degré estime que : *« ces faits ont permis à la Cour d'avoir la conviction qu'il est un homme sain d'esprit et psychiquement non déséquilibré et qu'il assume l'entière responsabilité des infractions qu'il avait commises, … en prononçant sa condamnation à la peine de mort »*[39]. On remarque que malgré la dangerosité du criminel et malgré l'ampleur du massacre, la juridiction criminelle a préféré se limiter à la matérialité des actes de meurtres, en considérant qu'une expertise psychiatrique n'a pas raison d'avoir lieu, et se substituant ainsi au psychiatre, la juridiction s'est permise d'apprécier l'absence de troubles mentaux chez le criminel, pour aboutir à la déclaration de sa responsabilité.

---

[38]Décision politique afin de ménager les partenaires européens, sans toutefois aller jusqu'à l'abolition afin d'éviter la colère des islamistes. Voir : Mohamed Jaouhar, Peine de mort et ambivalences des normes dans le système pénal islamique. In : Filisofia dei dritti umani, 2014, An XVI, Fasc 39, p 42-55.

[39]Dossier criminel de première instance N° 16/175, arrêt criminel N° 447.

[40] Dossier criminel d'appel N 16/2612/347. Arrêt N° 17/62.

[41]Mohamed Jaouhar, Médecine psychiatrique médico-légale et justice pénale. In : Etudes pénales, méditations et recommandations. Publications de la Faculté de Droit de Marrakech, N° 57, 2018, p 53- 66, (en arabe).

[42]Dossier criminel cassation, N° 2017/5/6/13472. Arrêt N° 5/1433.

Dans son arrêt datant du 01/02/2017, la chambre criminelle de la Cour d'Appel statuant au second degré[40], suite à l'appel interjeté, est allée dans le même sens en confirmant la décision attaquée en appel et en reprenant pour son compte les mêmes arguments développés par la juridiction du premier degré.

Cet évitement par les magistrats du recours à l'expertise psychiatrique ne peut être expliqué que par la pression de l'opinion publique, craignant que l'expertise ne puisse les obliger à retenir l'irresponsabilité pénale, et ce n'est pas d'ailleurs la première fois qu'on préfère ignorer le recours à l'expertise psychiatrique[41]. Or, une déclaration d'irresponsabilité pénale dans un pareil cas ne saura être comprise par les multiples victimes indirectes qui sont les proches parents des victimes directes qui ont été massacrées. Ce qui n'a pas empêché l'avocat du meurtrier d'intenter un recours en cassation le 10/02/2017.

B- La position de la Cour de Cassation

Dans sa requête l'avocat du criminel fait état de la non satisfaction, aussi bien au niveau du premier degré que du second degré, par la Cour d'Appel de sa demande de soumettre le meurtrier à une expertise psychiatrique afin de s'assurer de son état de santé mentale.

En se saisissant du pourvoi, la chambre criminelle de la Cour de Cassation dans son arrêt du 27/12/2017[42] n'a pas hésité à casser l'arrêt de la Cour d'Appel ayant statué au second degré, en retenant l'insuffisance de motivation, et en estimant la décision de la Cour d'Appel de rejeter le recours à l'expertise psychiatrique infondée, au vu des déclarations des antécédents psychiatriques figurant au PV de la gendarmerie royale et qui ont été invoquées par plusieurs personnes interrogées, ainsi que par le meurtrier lors de l'interrogatoire.

La cour de cassation a également estimé que, la Cour d'Appel statuant au second degré avait tort de baser sa motivation relative à la capacité mentale du requérant par référence à la période antérieure à la commission des actes criminels, et non par référence au moment de l'accomplissement de l'action criminelle. La cour de cassation conclut, en estimant que la Cour d'Appel s'est permise de trancher une question technique et scientifique, qui suppose au préalable, le recours à des personnes compétentes et bien qualifiées en mesure d'évaluer la capacité mentale du meurtrier.

Aujourd'hui, l'affaire se trouve de nouveau devant la chambre criminelle de la Cour d'Appel d'El Jadida (dossier 2018/2612/91) pour être rejugée. Et depuis Le 17/10/2018, de report en report, l'affaire traîne toujours devant la Cour d'Appel. Cette expertise psychiatrique devra permettre de se positionner sur la responsabilité ou l'irresponsabilité pénale du criminel.

Conclusion

Dans les annales judiciaires marocaines les meurtres commis le 23 avril 2016 au douar Laqdamra par le meurtrier Abdelali Dakir ne sont pas une affaire criminelle banale, que ce soit au regard du lieu (commune rurale), de la multiplicité des victimes et de leurs liens familiaux, ou au regard de la personnalité hautement dangereuse du criminel. L'analyse criminologique se basant sur des études de psychiatrie criminelle a montré les multiples facettes de la dangerosité à la fois psychiatrique et criminologique, en relation étroite avec les multiples délires d'un schizophrène paranoïde.

La multiplicité des meurtres et des victimes a plutôt été envisagée par le système judiciaire comme un facteur de pression pour aller dans le sens de la condamnation, et la prise en considération de l'opinion publique a joué en quelque sorte dans l'orientation des décisions des juridictions d'appel. Celles-ci ont préféré ignorer la particularité de l'affaire et la dangerosité du criminel et les troubles mentaux dont il est le sujet, pour refuser de diligenter une expertise psychiatrique, qui risque de les forcer à prononcer l'irresponsabilité pénale !

L'étude du traitement judiciaire trivial de ce cas de dangerosité criminelle, se caractérisant par l'insouciance et l'indifférence, ne manque pas de significations quant à l'adéquation du fonctionnement du système judiciaire par rapport au droit positif. On se trouve ainsi devant un traitement qui occulte cette double question, d'une part de l'expertise de dangerosité et d'autre part de l'expertise psychiatrique en relation avec la déclaration de l'irresponsabilité pénale.

A quoi bon alors pour le législateur pénal de réserver des dispositions juridiques sur l'individualisation de la sanction, sur la dangerosité et sur l'expertise psychiatrique dans sa relation avec la déclaration de la responsabilité pénale totale ou partielle ou avec l'irresponsabilité pénale ?

Ce cas de dangerosité criminelle, tel qu'il a été traité par la justice pénale marocaine, permet de nous donner une idée, ne serait-ce qu'approximative, sur le fossé qui sépare le droit pénal théorique qui figure dans les codes du législateur et qu'on enseigne aux étudiants et le droit pénal tel qu'il est appliqué par le système judiciaire et qui se trouve soumis à d'autres contingences et à d'autres considérations.

On dirait qu'on est dans deux mondes juridiques différents !

La notion de criminel dangereux en droit pénal turc*

E. Eylem AKSOY RETORNAZ

Professeure associée de droit pénal et de procédure pénale
Université Galatasaray- Faculté de droit (Istanbul)

Introduction

En droit turc, la dangerosité n'a pas fait couler beaucoup d'encre en doctrine, si ce n'est sous la plume de quelques auteurs qui empruntent la notion de dangerosité criminologique aux pères fondateurs du positivisme[1].

Il sied d'emblée de préciser qu'il n'existait aucune définition de la dangerosité dans le Code pénal turc jusqu'en 2005. On rencontrait çà et là des dispositions spécifiques relatives à certaines catégories de délinquant considéré comme dangereux tels que les délinquants récidivistes et habituels. Ces dispositions prévoyaient une aggravation de la peine[2].

En premier lieu, nous examinerons les disposisitions du Code pénal turc sur la dangerosité, puis nous nous pencherons sur le régime juridique applicable aux détenus dangereux.

I. La dangerosité criminologique

A) Une notion confuse

Le Code pénal actuel entré en vigueur en 2005 ne contient toujours pas de définition de la dangerosité. La note marginale sur l'article

---

* La réalisation de cet article a été rendue possible grâce aux fonds de recherches scientifiques de l'Université de Galatasaray (BAP-18.200.001).

[1] Voir notamment DÖNMEZER Sulhi/ ERMAN Sahir, Nazari ve Tatbiki Ceza Hukuku, vol. IIII, 14. Bası, Beta Yayınevi, İstanbul, 1998.

[2] DÖNMEZER/ERMAN Sahir, 1998, p. 121et s.

58 est libellée « récidive et délinquant particulièrement dangereux ». Cette disposition traite principalement des conditions de la récidive ainsi que de ses conséquences. Le délinquant récidiviste est ainsi considéré comme dangereux par le Code pénal, et soumis à un régime particulier de l'exécution des peines et à la probation après l'exécution des peines. Le nouveau code ne considère plus la dangerosité du fait de la récidive comme un motif d'aggravation de la peine.

Par ailleurs, l'alinéa 9 de l'article 58 sur la récidive précise que les délinquant habituels, professionnels et membres d'une organisation criminelle seront aussi soumis au même régime que les récidivistes.

Il ressort implicitement de cette disposition que le Code pénal turc aborde la question de la dangerosité sous l'angle du délinquant récidiviste, habituel, professionnel ou membre d'une organisation criminelle.

Notons au passage qu'en droit pénal turc, la récidive s'entend comme l'état du délinquant qui déjà condamné par un jugement définitif commet une nouvelle infraction dans un délai déterminé.

Cependant, le Code pénal est presque muet sur les autres catégories de délinquant dangereux que les récidivistes et se borne à en donner une définition lacunaire dans son article 6.

Le délinquant habituel est un délinquant qui, commet intentionnellement, dans une période d'un an, à plus de deux moments différents, la même infraction avec ou sans circonstances aggravantes ou atténuantes.

Le Code n'aborde pas la nécessité de la condamnation. Néanmoins, la Cour de cassation exige que le délinquant soit condamné pour la première infraction pour qu'il soit considéré comme un délinquant habituel[3].

Dans l'hypothèse où le délinquant commet pour la deuxième et la troisième fois la même infraction, dans un délai d'un an, après avoir été comdamné pour la première infraction aux termes du Code, il sera

---

[3] Y. (Cour de cassation), E. K. 21554/ 8402, 4/7/2007.

de toute façon considéré comme récidiviste. Etant donné que le régime spécifique ne peut être appliqué deux fois, il s'agit en effet d'une disposition redondante[4].

Selon la définition du Code, le délinquant professionnel est un délinquant qui a pris l'habitude de gagner sa vie, à tout le moins partiellement, avec le butin de l'infraction. Aucune précision ne figure dans le Code pénal en ce qui concerne le nombre d'infraction, ou la détérmination de la carrière professionnelle.

Quant au délinquant membre d'une organisation criminelle c'est un délinquant qui crée, contrôle ou adhère à une organisation criminelle ; ou un délinquant qui commet une infraction au nom d'une organisation criminelle, soit seul, soit en concours avec d'autres personnes. Contrairement aux autres catégories de délinquants dangereux, il suffit que le délinquant commette une seule infraction dans le cadre d'une organisation criminelle pour qu'il soit considéré comme dangereux.

En outre, deux autres catégories de délinquants dangereux s'ajoutent aux catégories déjà existantes. La première catégorie par le biais de l'article 17 de la loi sur la lutte contre le terrorisme. Le délinquant qui commet une infraction terroriste est assimilé à un délinquant récidiviste[5].

De même, la modification de l'article 108 de la loi sur l'exécution des peines et sur la libération conditionnelle des récidivistes, assimile le délinquant condamné à une peine de prison à vie aggravée ou à la peine privative de liberté à vie pour avoir commis une infraction sexuelle sur mineur à un délinquant récidiviste. Même si le délinquant est condamné pour la première fois pour une infraction terroriste ou sexuelle, le législateur le considère comme un délinquant à risque.

---

[4] ZAFER Hamide, *Ceza Hukuku Genel Hükümler*, 7. Bası, Beta Yayınevi, İstanbul, 2019, p. 747.

[5] Aux termes de la loi sur la lutte contre le terrorisme (LLT), une infraction terroriste consiste en une combinaison d'un ensemble d'infractions prévues par le Code pénal (LLT, art. 3) et d'autres catégories d'infractions prévues par les lois diverses commises aux fins énoncées dans le cadre d'une organisation terroriste.

B) L'ombre de la dangerosité psychiatrique

Même si l'article 58 du code pénal semble admettre la dangerosité criminologique du fait du risque présenté par certaines catégories de délinquants, la disposition précédente prévoit l'application d'une mesure de sûreté au délinquant atteint de maladie mentale.

L'article 32 du Code pénal turc traite de la responsabilité pénale des personnes atteintes dans leur santé mentale. Il prévoit aussi bien la suppression pure et simple de cette responsabilité que sa seule diminution.

Le premier alinéa de cette disposition dispose que « *n'est pas puni la personne qui était atteinte au moment des faits d'un trouble mental ayant aboli la capacité à percevoir le sens juridique et les conséquences de l'infraction ou le contrôle de ses actes.* » La perte du discernement et l'incapacité de contrôler ses actes excluent donc que l'intéressé puisse être sanctionné.

Cela ne signifie pas encore qu'il sera relâché sans autre formalité. L'art. 57 du Code pénal prévoit que le juge envisagera alors le placement dans un « *établissement sanitaire de haute sécurité* » en vu du traitement et de la protection de l'accusé. Le prononcé de cette mesure de sûreté est automatique, aucun pouvoir d'appréciation n'étant reconnu au juge.

La doctrine et la jurisprudence ne s'étendent guère sur ce qu'on doit entendre par un « *établissement sanitaire de haute sécurité* ». Jusqu'à présent aucune entité de ce genre n'a été créée. Les personnes concernées sont placées dans les asiles psychiatriques.

Le deuxième alinéa de l'article 32 du Code pénal turc prévoit la diminution de la responsabilité pénale. La personne qui était atteinte au moment des faits d'un trouble mental ayant altéré son discernement ou entravé le contrôle de ses actes demeure punissable. Toutefois, la peine peut être atténuée par le juge. La réduction peut aller jusqu'au sixième de la peine encourue si le discernement avait été intact. Lorsque l'accusé encourt la perpétuité aggravée, celle-ci sera remplacée par une peine de vingt-cinq ans de prison ; la perpétuité simple est remplacée par une peine de vingt ans.

Par ailleurs, le tribunal peut ordonner que la peine soit purgée selon les règles applicables à la mesure de sûreté concernant les délinquants irresponsables pour cause de trouble mental. Une telle décision peut être également prise après que le condamné a commencé à purger sa peine dans un établissement carcéral ordinaire.

II. L'exécution des peines des détenus dangereux

A) Le durcissement des conditions de la libération conditionnelle

L'article 108 de la loi sur l'exécution des peines et des mesures, dont la note marginale est intitulée « *régime particulier d'exécution des peines et de probation pour les récidivistes et certaines catégories de délinquant* », prévoit que les récidivistes et les délinquants assimilés aux récidivistes seront soumis à des conditions d'octroi de la libération conditionnelle moins favorables que les autres condanmés.

La libération conditionnelle pour les détenus primaires peut intervenir à deux tiers de leur peine[6] mais au trois quarts pour les détenus dangereux sauf pour les détenus membres d'une organisation criminelle.

L'article 108 prévoit des périodes de détention minimales différentes pour les détenus condamnés à une peine de réclusion à perpétuité. Les condamnés à la peine de réclusion à perpétuité récidivistes doivent purger trente-trois ans de leur peine, tandis que les détenus condamnés à la peine de réclusion à perpétuité aggravée doivent passer une période minimale de détention de trente-neuf ans en détention. La prolongation en raison de la récidive ne doit pas être plus longue que la peine la plus lourde prise comme base de la récidive.

Les détenus condamnés à la peine de réclusion à perpétuité aggravée pour des crimes contre la sécurité de l'État, contre l'ordre constitutionnel et contre la défense nationale commis en bande organisée[7] ne sont pas éligibles à la libération conditionnelle pour bonne

---

[6] Les condamnés à la peine de réclusion à perpétuité ordinaire doivent purger vingt-quatre ans de leur peine, tandis que les détenus condamnés à la peine de réclusion à perpétuité aggravée doivent exécuter une période minimale de détention de trente ans.

[7] Art. 107 al. 16 LEPM.

conduite. Cela revient à créer une forme de « *perpétuité incompressible* ». La Cour européenne des droits de l'Homme a constaté dans un arrêt contre la Turquie qu'une telle situation emportait violation de l'article 3 de la Convention européenne des droits de l'Homme[8].

B) Le régime pénitentiaire des détenus dangereux

Mis à part cette disposition sur la libération conditionnelle, la loi sur l'éxécution des peines et des mesures fait référence à la dangerosité du délinquant indépendamment de l'existence de la récidive ou d'une délinquance légalement assimilés à la récidive.

En vertu de la législation pénitentiaire, le détenu sera considéré dangereux lorsque le type et la modalité de l'infraction commise constitue un danger grave pour la société ou lorsqu'il existe des preuves ou des indices sérieux que celui-ci portera atteinte à la sécurité et à l'ordre de l'établissement pénitentiaire. Il s'agit de la dangerosité pénitentiaire.

Le risque sera évalué par l'administration pénitentaire lors de l'admission du détenu et tout au long de l'exécution de sa peine. Si au terme de l'évaluation le détenu est considéré comme dangereux, il sera placé dans un établissement de haute sécurité ou dans la section de haute sécurité d'un établissement fermé.

Cependant, les détenus condamnés à une peine perpétuelle aggravée et les détenus condamnés pour avoir créé ou dirigé une organisation criminelle ou pour une infraction commise dans le cadre d'une organisation criminelle (crimes contre l'humanité, meurtre, trafic de stupéfiant, crimes contre la sûreté de l'État et crimes contre l'ordre constitutionnel) sont automatiquement placés dans un établissement de haute sécurité indépendamment de la durée de la peine à laquelle ils ont été condamnés[9], sans aucune évaluation du risque. Ainsi la loi crée une présomption de la dangerosité.

En outre, il existe des dispositions spécifiques sur le régime pénitentiare des détenus dangereux. La loi pénitentiaire déroge au

---

[8]CEDH, , *Öcalan c/ Turquie* (n° 2),n°s 24069/03, 197/04, 6201/06 et 10464/07, arrêt du 18 mars 2014.

[9] Art. 9 LEPM.

principe posé par l'article 59 selon lequel les documents et les dossiers de l'avocat relatifs à la défense du détenu ainsi que les enregistrements de ses rencontres avec le client ne peuvent être soumis à aucun examen. En conséquence, s'il est constaté ou prouvé qu'un avocat sert d'intermédiaire entre des membres d'une organisation terroriste, sur demande du procureur et par décision du juge d'exécution des peines, un membre du personnel pénitentiaire peut être présent lors des rencontres entre l'avocat et l'accusé, les rencontres peuvent être enregistrées et les documents qu'ils échangent peuvent faire l'objet d'un examen pour une période de trois mois prolongeable à souhait.

Concernant les conditions de détention, la loi pénitentiaire prévoit que les détenus dangereux doivent être hébergés dans une cellule individuelle ou dans une cellule à trois personnes. Les détenus condamnés pour une infraction terroriste ou pour une infraction commise dans le cadre d'une organisation criminelle ne sont en principe pas autorisés à se réunir ni avoir des contacts entre eux.

La loi prévoit en outre que le droit de recevoir des visites, de la correspondance et le droit de recevoir des journaux ou des émissions radiotélévisées peut faire l'objet de limitations pour les détenus dangereux ou condamnés pour appartenance à une organisation criminelle, qui continuent leurs activités au sein de l'établissement pénitentiaire.

Notons que la Cour Constitutionnelle, sur requête individuelle a constaté plusieurs violations de la liberté d'expression s'agissant des restrictions relatives à la réception par les détenus dangereux de livres et journaux dans les établissements pénitentiaires[10].

L'article 25 LEPM prévoit un régime spécifique pour les détenus condamnés à la perpétuité aggravée. Le condamné est placé dans une cellule individuelle et il bénéficie d'une heure de sortie en plein air et de sport par jour. Avec l'autorisation du conseil d'administration de l'établissement, le condamné peut téléphoner à ses proches une fois tous les quinze jours, durant dix minutes. Il peut aussi recevoir la visite de son conjoint, de ses ascendants, de ses descendants, de ses frères et sœurs et de son tuteur tous les quinze jours pour une durée ne pouvant excéder une heure. Il ne peut en aucun cas travailler en dehors

---

[10]Voir entre autres AYM (Cour constitutonelle), *Recep Bekik ve diğerleri*, n°2016/12936, arrêt du 27 mars 2019. publié dans le journal officiel du 21 mai 2019.

de l'établissement pénitentiaire ni bénéficier d'une permission de sortir. L'exécution de la peine ne peut en aucun cas être interrompue. Tous les traitements médicaux doivent être administrés dans un établissement pénitentiaire ou, si cela s'avère impossible, dans le quartier pénitentiaire d'un hôpital public, le détenu demeurant dans une cellule individuelle de haute sécurité.

C) L'exécution des peines des détenus atteints de trouble mentaux

La loi fait une distinction entre le détenu souffrant de maladie mentale avant le début de l'exécution de la peine et le détenu atteint de la maladie mentale pendant l'exécution de la peine.

Si la maladie mentale d'un détenu incarcéré dans des établissements pénitentiaires ordinaires se déclare avant le début de l'exécution de la peine, et qu'elle peut être guérie, le juge d'exécution des peines peut ordonner que le condamné purge sa peine dans l'« *établissement sanitaire de haute sécurité* » jusqu'à son rétablissement.

Si la maladie mentale se manifeste au cours de l'exécution de la peine, l'article 16 de la Loi sur l'exécution des peines et des mesures introduit la possibilité d'une suspension de peine pour raison médicale. L'exécution de la peine d'un détenu souffrant d'une maladie mentale sera interrompue et il sera placé dans un établissement hospitalier jusqu'à sa guérison.

Les détenus souffrant d'un trouble psychiatrique, qui n'est pas suffisamment grave pour justifier un séjour dans un hôpital psychiatrique, purgent leurs peines dans des quartiers spécialement aménagés à cet effet. La présence du personnel médical nécessaire est assurée par le ministère de la Santé.

Une étude de terrain nous a permis de nous rendre compte qu'un petit nombre de psychologues étaient affectés aux établissements pénitentiaires et que leurs fonctions n'étaient pas limitées à la prise en charge de la santé psychique et des problèmes psychologiques des détenus[11]. Ceux-ci doivent en outre assurer des tâches plus administratives de conseil psychologiques et de liaison avec les autorités extérieures à la prison et le conseil d'inspection de celle-ci. Cela a pour conséquence que les soins à proprement parler ne sont pas dispensés de manière adéquate.

Conclusion

En guise de conclusion, deux constats s'imposent, tout d'abord le droit turc est confus sur la notion de dangerosité. Les dispositions sont lacunaires et éparpillées dans plusieurs législations. Ensuite, il n'est pas erroné de dire qu'aux yeux du législateur turc, il suffit de commettre une seule fois une infraction pour que le délinquant soit considéré comme dangereux. La dangerosité n'est pas évaluée à l'aune du risque individuel, mais procède d'une approche normative suivie par le législateur.

En effet, plusieurs dispositions dans la législation nous conduisent à cette conclusion :

En premier lieu, la note marginale de l'art. 58 du Code pénal turc à savoir « récidive et délinquant particulièrement dangereux » montre clairement que le législateur opère une distinction entre le délinquant dangereux simple, autrement dit le délinquant ayant commis pour la première fois une infraction et le délinquant dangereux ayant commis deux, voire plusieurs infractions.

A cela s'ajoute l'article 53 du Code pénal turc, qui prévoit la privation de l'exercice de certains droits comme une mesure de sûreté résultant de la condamnation pénale. Même si le législateur semble techniquement confondre les mesures de sûreté et les peines accessoires, il considère le délinquant condamné pour une seule infraction comme un délinquant dangereux assujetti aux mesures de sûreté.

---

[11] MERÇIL İpek/AKSOY RETORNAZ Emine Eylem/DOGUÇ Seçil, *"Türkiye'de Kadın Suçluluğu ve Cezaevinde Kadın Olmak"* (La criminalité féminine et la condition des détenues en Turquie), recherche de terrain menée dans la prison pour femme à Istanbul, non publiée, 2011.

Prisonniers "dangereux". Aspects juridiques et problèmes pénitentiaires choisis

Włodzimierz Markiewicz

Ancien Directeur Général de l'Administration Pénitentiaire (1996 – 2000)
Université Adam Mickiewicz (Poznań, Pologne)
Faculté des Sciences de l' Education

Les détenus dangereux constituent une petite partie de la population incarcérée dans les établissements pénitentiaires, on pourrait même dire qu'ils sont invisibles dans le contexte de tous les problèmes liés à l'exécution des peines de prison. Toutefois, il convient de se souvenir des personnes qui, en raison de la création d'une menace potentielle pour la sécurité, sont classées comme "dangereuses" et, par conséquent, sont traitées différemment des autres personnes détenues dans les établissements pénitentiaires.

Le système pénitentiaire polonais est fondé sur les principes d'humanité à l'égard des personnes privées de liberté, le respect de leurs droits et libertés civiles, l'interdiction de la torture et autres peines ou traitements inhumains ou dégradants. Ces principes concernent à la fois les conditions matérielles dans lesquelles ils sont privés de liberté et, ce qui mérite d'être souligné, leur relation avec le personnel pénitentiaire.

Parmi les autres principes fondamentaux figurent le traitement subjectif des détenus et l'individualisation des mesures correctives.

Le système pénitentiaire polonais est basé donc sur des fondements similaires à ceux d'autres pays modernes de notre cercle culturel et respecte des normes morales, juridiques et sociales proches. La confirmation d'une telle affirmation se vérifiera à l'aune de l'analyse des réglementations juridiques en vigueur en Pologne, y compris les Règles pénitentiaires européennes, ainsi que dans les comparaisons directes de la réalité carcérale dans différents pays.

On suppose traditionnellement que le but de l'emprisonnement est de protéger la société contre les auteurs d'actes criminels et leurs activités illégales qui menacent la société. Cependant, il est impossible de ne pas voir ce qui est difficile à mesurer à travers les murs de la prison. Je parle de la nécessité d'assurer la sécurité d'une manière très concrète. C'est la sécurité personnelle des détenus, du personnel pénitentiaire, des personnes qui, pour diverses raisons, ont des contacts avec les détenus, comme les visiteurs, les avocats, le personnel médical des établissements de soins externes, les personnes qui visitent ou contrôlent des prisons, les surveillants, les enseignants, etc. Une institution pénitentiaire qui ne garantit pas une sécurité aussi largement perçue ne sera pas en mesure d'atteindre d'autres objectifs d'exécution d'une peine d'emprisonnement. Les normes juridiques qui imposent de telles tâches à l'administration pénitentiaire, bien sûr, donnent à cette formation les outils appropriés pour permettre leur mise en œuvre, en définissant les devoirs et les droits des agents.

Dans le système juridique polonais, les objectifs de l'exécution d'une peine d'emprisonnement sont clairement définis. C'est la réintegration sociale. Parmi les questions les plus importantes, il convient de mentionner, je pense, que l'actuel code pénal exécutif, adopté il y a 22 ans déjà - contrairement au précédent de 1969, qui obligeait catégoriquement le détenu à se soumettre aux impacts de la resocialisation -, a introduit la règle de la resocialisation volontaire, la coopération dans le développement des projets d'impacts et leur mise en œuvre.

La peine privative de liberté peut être exécutée dans l'un des trois systèmes suivants : normal, programmé ou thérapeutique. Les principaux moyens d'impact sont le travail des détenus, leur participation à des activités culturelles, éducatives et sportives, l'enseignement, le maintien des liens familiaux et des contacts avec le monde extérieur et les moyens thérapeutiques. La peine est exécutée dans différentes sortes de prisons, qui visent, entre autres, à garantir la protection contre la démoralisation en séparant les détenus primaires des récidivistes et les mineurs des adultes.

Chaque catégorie de prison peut être organisée en un seul type. Il existe des prisons fermées, semi-ouvertes ou ouvertes. Les differences se situent en particulier par le degré de sécurité, l'isolement des détenus et les obligations et pouvoirs qui en découlent en matière de déplacement à l'intérieur et à l'extérieur de la prison.

Essayons de souligner brièvement les différences entre les types de prisons selon les aspects de la vie carcérale.

Veuillez excuser cette digression. Il y a environ autant de détenus dans les prisons fermées que dans les deux autres types réunis. Cela n'est pas conforme à l'intention du législateur selon laquelle le type de prison de base devrait être une prison semi-ouverte. Je ne veux pas parler des causes d'une telle situation, mais il est certain qu'un isolement accru et un régime de protection permettent à ceux qui décident directement d'envoyer un prisonnier dans une prison donnée de dormir plus sereinement, ainsi qu'aux politiciens responsables des questions de justice.

Revenons à nos moutons. Dans une prison fermée, les cellules restent fermées et ne peuvent être ouvertes que le jour, aux heures fixées par le directeur. Dans une prison semi-ouverte, si le directeur en décide ainsi pour une bonne raison, les cellules peuvent être fermées au maximum la nuit et dans la prison ouverte, elles sont ouvertes 24 heures sur 24. Les détenus des prisons semi-ouvertes et ouvertes peuvent travailler à l'extérieur de la prison sans la supervision permanente d'agents, parfois même sur des lieux de travail individuels. L'éducation d'un détenu en prison fermé ne peut se faire que dans les écoles placées a l'intérieur des établissements pénitentiaires, tandis que les cours dans les écoles publiques ne peuvent être suivis que par les personnes résidant dans les établissements semi-ouverts et ouverts. Les visites dans le type fermé sont strictement surveillées et moins fréquentes que dans d'autres types d'institutions, où la surveillance n'est que de nature ordonnée. Il en va de même pour les conversations téléphoniques, qui sont contrôlées/écoutées dans le type fermé, la correspondance censurée et les procédures de délivrance des congées supprimées. Les règles sont incomparablement plus strictes que dans les autres types. Il convient également de noter que l'on oublie souvent que les prisons ouvertes et semi-ouvertes n'appliquent pas les sanctions disciplinaires les plus sévères, c'est-à-dire le placement en cellule d'isolement et les visites sans contact direct.

Ces différences, que j'ai été le seul à indiquer et superficiellement, ont une importance colossale pour les détenus et affectent considérablement leur sentiment de confort et de réconfort dans la vie carcérale, mais aussi leur capacité de programmer, d'élaborer et de mettre en œuvre des programmes individuels de réadaptation. On peut s'attendre à ce que l'efficacité de la réadaptation dépende dans une large mesure du type de prison dans laquelle le détenu purge sa peine.

La Commission pénitentiaire décide du système d'exécution de la peine, de la sorte et du type de prison dans laquelle la personne condamnée sera placé. Il s'agit d'un organisme désigné par le directeur de la prison et chargé, entre autres, de classer les détenus.

Le but de la classification est de créer des conditions propices à l'individualisation du traitement des détenus. Ses objectifs sont, bien entendu, plus larges - y compris la protection contre l'influence démoralisante d'autres détenus, le placement dans des unités et des cellules de la prison, le choix d'un système d'exécution et des mesures d'impacts adaptées aux besoins de la personne condamnée. La sécurité personnelle étant l'une des tâches les plus importantes du service pénitentiaire. La classification est également destinée à cette fin.

J'ai essayé de présenter les éléments les plus importants et les hypothèses de base du système pénitentiaire en Pologne, dont les détails se trouvent dans deux actes juridiques fondamentaux. Tout d'abord, il s'agit du Code pénal exécutif de 1997. On peut dire qu'il s'agit d'une loi " malchanceuse ", elle a été amendée si souvent, mais la philosophie du traitement et de l'approche du condamné a heureusement survécu. La deuxième loi est la loi de 2010 sur le service pénitentiaire. C'est une loi pragmatique qui définit les droits et les devoirs d'une formation créée pour exécuter une peine d'emprisonnement.

Prisonniers dangereux

Bien entendu, parmi les milliers de prisonniers détenus dans les établissements pénitentiaires, il y a aussi ceux qui représentent une menace réelle ou potentielle supérieure à la moyenne. Ils sont communément appelés " dangereux ". Cependant, nous ne trouverons pas un tel terme dans la loi, car il est considéré comme stigmatisant et imprécis. Une définition juridique est donc très large et compliquée. Cela peut conduire à des difficultés d'interprétations de cette disposition. Le code pénal exécutif utilise le terme : "personne condamnée qui constitue une menace sociale grave ou qui a commis un crime ayant un degré très élevé de préjudice social".

Cette catégorie comprend ceux qui ont commis les crimes énumérés dans le Code pénal exécutif (13 types). Il s'agit par exemple d'actes portant atteinte à l'indépendance, à l'intégrité, au système constitutionnel de la République de Pologne, de crimes de nature terroriste ou de crimes particulièrement cruels, ainsi que de crimes du type mafieux. La loi indique également les personnes qui, pendant leur incarcération, tant actuelles qu'anciennes, ont constitué une menace pour la sécurité de l'établissement. Les participants et organisateurs de révoltes, les auteurs d'agressions contre un agent de la fonction publique, les auteurs de crimes graves contre d'autres prisonniers ou les évadés sont énumérés.

J'ai mentionné la Commission pénitentiaire, un organe dont la tâche principale est de classer les prisonniers. Elle est également compétente pour décider s'il y a lieu de considérer un détenu comme dangereux. Si l'on examine les indications, les facteurs à prendre en compte pour prendre une telle décision, on constate une liberté relativement grande dans la possibilité d'évaluer les caractéristiques d'un détenu, son fonctionnement dans des conditions de privation de liberté, la nature des relations avec les autres détenus, y compris ceux avec qui il a commis des crimes conjointement.

Il convient de souligner que la réglementation définissant les règles de qualification en tant que condamnés dangereux est formulée avec beaucoup de soin, qu'elle protège contre les décisions hâtives et qu'elle est compatible avec les règles de classification. Elles garantissent que, malgré le fait que certaines infractions aient été spécifiées dans le code pénal exécutif ou la manière dont elles ont été commises comme un élément clé permettant de les considérer comme dangereuses, l'un des fondements du système, c'est-à-dire le traitement individuel, est assuré.

Une fois classée, la nécessité de traiter un détenu comme dangereux est vérifiée au moins tous les trois mois. Il semble que c'est le moment où l'on peut faire des évaluations et des prévisions objectives de l'évolution du détenu et, en même temps, cela ne constitue pas une contrainte excessive pour le détenu.

Dans quelles conditions les détenus dangereux purgent-ils leur peine ? Tout d'abord, ils doivent être incarcérés dans des prisons de type fermé. Il est donc impossible de les envoyer dans une prison semi-ouverte ou ouverte. Les personnes dangereuses peuvent être détenues dans des quartiers séparés existant dans certaines prisons, ou dans des cellules spécialement adaptées, dans des prisons désignées.

Les différences de conditions dans un quartier séparé, parfois appelé "prison en prison" et dans une cellule désignée, située dans un quartier ordinaire sont colossales. Bien que les exigences en matière de sécurité, d'autorité et de procédures soient les mêmes dans les deux endroits, le degré d'isolement par rapport aux autres détenus ou d'aliénation de la vie carcérale est un élément essentiel pour différencier ces conditions de détention. Il est certain que purger une peine de la manière prévue pour les prisonniers dangereux est une expérience extrêmement oppressante. Les locaux dans lesquels sont placés les dangereux sont spécialement adaptés. Ils sont équipés d'une protection mécanique technique et protectrice sophistiquée, comme les grilles appelées "paniers" qui empêchent l'accès aux portes et aux fenêtres de la cellule, et d'une protection électronique, comme la surveillance audio/vidéo, divers types de capteurs, etc.

Ce ne sont pas ces éléments du système de sécurité qui, à mon avis, constituent l'essence des différentes conditions créées pour les personnes dangereuses. Compte tenu de la technicisation qui progresse dans les prisons polonaises et de l'utilisation extrêmement répandue, y compris dans les prisons ouvertes et semi-ouvertes, de divers types de mesures de sécurité, les détenus n'ont pas le sentiment qu'elles sont extraordinaires. Cependant, lorsque nous comparons les procédures de protection des détenus "ordinaires" avec celles appliquées aux détenus dangereux, nous constatons des différences très importantes. Il convient de noter qu'un certain nombre de droits des prisonniers ont été restreints. Elles concernent en particulier la liberté de circulation à l'intérieur de la zone carcérale et les contacts avec les autres personnes, y compris le personnel. Les possibilités de participer à des activités culturelles et éducatives, voire d'emprunter des livres à la bibliothèque de la prison, des activités sportives, des réunions, l'enseignement ou le travail sont beaucoup plus modestes, en particulier dans les quartiers séparés. Par exemple, il existe différentes règles pour les visites des proches et des personnes "officielles", comme les avocats, et l'impossibilité de bénéficier de certains avantages prévus par la loi, en particulier l'autorisation de sortir de prison, etc. Ceux qui sont dangereux au quotidien sont confrontés à la nécessité de subir, beaucoup plus souvent que la plupart des détenus, des procédures de protection telles que des fouilles personnelles, des inspections des locaux dans lesquels ils séjournent, des inspections des effets personnels et l'application de certaines mesures (préventives) de contrainte directe à leur encontre. De même, la sphère de contact avec le personnel est différente et ceci s'applique non seulement aux relations avec les gardiens mais aussi avec les éducateurs, les psychologues et même les médecins.

Malgré la "familiarité" des détenus avec les techniques de protection utilisées dans les établissements pénitentiaires, il convient de noter le sentiment des détenus dangereux quant à la nécessité de vivre sous surveillance et contrôle constants, ostentatoires et même omniprésents.

En ce qui concerne les règles de qualification de détenu dangereux, j'ai mentionné qu'elles garantissent le traitement individuel des détenus. Dans le cas de procédures conservatoires, une telle déclaration serait irrecevable. Elles sont universellement appliquées à tous les détenus de cette catégorie, et leur objectif principal est de prévenir la possibilité qu'une menace se produise.

Il n'existe pas de dispositions légales distinctes concernant la limitation de l'impact sur les personnes dangereuses. Toutefois, la pratique montre que ces détenus sont traités différemment dans ce domaine également. Aucun des détenus dangereux dans toute la Pologne ne travaille et aucun d'entre eux ne participe à l'éducation scolaire. Les activités culturelles, éducatives et sportives ont un caractère complètement distinct et, surtout, une échelle différente de celle des unités ordinaires.

Le Directeur général de l'Administration Pénitentiaire a émis une instruction définissant les règles d'organisation et de conduite des actions pénitentiaires contre cette catégorie de condamnés. Il indique qu'il est nécessaire, en ce qui concerne ces détenus, d'intensifier significativement les interactions pénitentiaires en vue d'accroître l'activité des condamnés et de maximiser l'utilisation de leur temps libre. On y trouve également des critères pour la sélection du personnel travaillant avec les personnes dangereuses. Il est supposé que ces personnes doivent être spécialement choisies parmi des fonctionnaires expérimentés ayant une ancienneté de service appropriée, de hautes qualifications et une compétence professionnelle élevée, capables de faire face à des situations d'urgence. La nécessité d'une participation systématique de ces agents à diverses formes de formation spécialisée et d'entrainement est soulignée. Cela s'applique aussi bien au personnel pénitentiaire qu'au personnel strictement de surveillance.

Quelques informations statistiques

Actuellement, le système pénitentiaire polonais dispose de 265 places destinées au placement de personnes dangereuses. Elles sont situés dans 10 établissements pénitentiaires et maisons d'arrêts, dans lesquels il existe des unités désignées (N) qui peuvent recevoir de 36 (le plus grand - prison de Wołów) à 20 (le plus petit - maison d'arrêt de Gdańsk) détenus. De plus, les détenus dangereux peuvent être détenus dans les 5 prisons indiquées où il existe des cellules adaptées. Le fonctionnement de 5 unités d'une capacité totale de 106 places a été suspendu. Le dernier jour de juillet de l'année 2019, 140 prisonniers étaient classés comme dangereux, uniquement des hommes, dont 9 se trouvaient en dehors des unités désignées (N). Ce nombre est extrêmement faible : en 2010, il y avait 320 détenus de cette catégorie et depuis lors, il n'a cessé de diminuer. Les principales raisons pour être qualifié de détenu dangereux sont les attaques contre un fonctionnaire ou un employé dans l'exercice de ses fonctions officielles, l'utilisation d'armes à feu, d'explosifs ou de matières inflammables, le viol, les atteintes graves à la santé ou les sévices infligés à une autre personne condamnée.

L'un des détenus dangereux a été qualifié en juin 2001, 69 (soit la moitié du nombre total) l'ont été depuis plus de 6 mois.

Malgré l'ampleur limitée du problème, de nombreux institutions contrôlent l'exécution des peines d'emprisonnement pour les personnes qualifiées de dangereuses. Bien entendu, les plus fréquents sont les contrôles internes effectués par les Inspections Régionales et l'Administration Centrale. Le contrôle permanent est exercé par les juges pénitentiaires qui, quelle que soit leur activité, reçoivent des informations à jour sur les qualifications et la vérification du statut de détenus dangereux. Pratiquement à chaque visite du Comité européen pour la prévention de la torture (CPT), le traitement appliqué aux détenus dangereux a été effectué. Aucun problème, commentaire ou recommandation important n'a été formulé depuis un certain nombre d'années.

La catégorie des détenus présentant un risque social particulier ou une menace grave pour la sécurité de la prison relève d'une application spécifique de la loi en droit pénal. Sur le plan quantitatif, le problème semble mineur - 140 personnes contre 75 000 dans toutes les prisons polonaises. Toutefois, il s'agit d'un groupe de détenus, qui doit être traité comme un groupe "sensible". Il s'agit de détenus dont les caractéristiques personnelles et le fonctionnement, tant dans une société libre qu'en prison, justifient leurs craintes quant à la menace pour la sécurité. D'autre part, en appliquant des méthodes spéciales de conduite et de traitement de ces personnes dans des conditions d'isolement pénitentiaire, il est aisé de violer les normes relatives à la dignité humaine envers la personne incarcérée.

À mon avis, les personnes dangereuses dans les prisons polonaises sont traitées conformément aux normes d'un État démocratique régi par l'État de droit. Le degré d'isolement à la fois de l'extérieur et de l'intérieur de la prison peut soulever certaines réserves, ce qui entraîne l'impossibilité de mettre en place des mesures concrètes de socialisation. On pourrait également soulever la question de l'application schématique et rigoureuse des procédures de protection et de l'absence de prise en compte du besoin réel découlant d'une menace spécifique. Toutefois, le fait objectif qu'il n'y ait pas d'incidents extraordinaires comprenant une participation de détenus dangereux peut être mis en contraste avec ces réserves, ce qui indique que l'objectif principal, c'est-à-dire la minimisation de la menace qu'ils représentent, est atteint.

L'impact de la dangerosité en droit pénal canadien : un état des lieux

Simon Roy

Faculté de Droit
Université de Sherbrooke (Québec, Canada)

Introduction

De Cassandre aux algorithmes prédictifs en passant par Nostradamus, l'obsession humaine pour la capacité de prévoir le futur demeure. En droit criminel, cet éternel fantasme s'avère particulièrement séduisant car il permettrait à la justice d'intervenir dès l'apparition du risque plutôt que de devoir, trop souvent, se résoudre à punir sa concrétisation et les dommages qui en découlent[1].

Si la capacité de connaître avec exactitude l'avenir nous échappe encore, la progression des sciences liées à l'étude du comportement criminel (la criminologie et la psychologie entre autres) nous permet de s'en approcher. En effet, le concept de dangerosité occupe, en droit pénal canadien, une place importante dans le discours juridique lié à la détermination de la peine (partie 2), mais également en l'absence d'un verdict de culpabilité (partie 1). L'analyse du recours à cette notion de dangerosité appelle donc quelques réflexions (partie 3).

---

[1]Il est à noter que le droit pénal canadien punit, en fonction du risque, des gestes qui sont, par définition, préalables au crime projeté. C'est notamment le cas de la tentative (art. 463 du *Code criminel*) ainsi que du complot (art. 465 du *Code criminel*). Par ailleurs, la simple préparation d'un crime n'est pas punissable : R. c. Deutsch, [1986] 2 R.C.S. 2.

1. L'impact de la dangerosité malgré l'absence d'un verdict de culpabilité

Si l'utilisation de la notion de dangerosité au niveau de la détermination de la peine ne surprend guère, le recours à ce concept avant le prononcé d'un verdict de culpabilité est moins intuitif. Pourtant, le droit pénal canadien comporte trois mécanismes qui se fondent sur la notion de dangerosité malgré l'absence d'un verdict de culpabilité. Il s'agit, en ordre chronologique, de l'engagement de ne pas troubler la paix, de la détention provisoire et de la détention suite à un verdict de non-responsabilité pour cause de troubles mentaux.

1.1. La dangerosité dans le cadre de l'engagement de ne pas troubler la paix

La principale arme dont dispose le droit pénal canadien pour intervenir sur la simple base de la dangerosité d'un individu se trouve aux articles 810 et suivants du *Code criminel*, articles qui mettent en place un régime préventif calqué sur les régimes anglo-saxons de « restraining orders ». La pièce-maîtresse de ce dispositif législatif se lit ainsi :

810 (1) Peut déposer une dénonciation devant un juge de paix ou la faire déposer par une autre personne, la personne qui craint, pour des motifs raisonnables, qu'une autre personne :

a) soit ne lui cause ou cause à son enfant ou à son partenaire intime des lésions personnelles ou n'endommage sa propriété;

[...]

(3) La cour des poursuites sommaires ou le juge de paix devant lequel les parties comparaissent peut, s'il est convaincu par la preuve apportée que les craintes de la personne pour qui la dénonciation est déposée sont fondées sur des motifs raisonnables, ordonner que le défendeur contracte l'engagement, avec ou sans caution, de ne pas troubler l'ordre public et d'avoir une bonne conduite pour une période maximale de douze mois.

Lorsqu'une procédure entreprise en vertu de 810 C.cr. est soumise au tribunal, deux options sont possibles. D'abord, le défendeur peut reconnaître les faits et signer l'engagement en question, ce qui lui donne plein effet. Si le défendeur désire contester la procédure, il appartient alors au demandeur de démontrer, par prépondérance de preuve que sa crainte est fondée, autant sur la plan objectif que subjectif[2].

Si le tribunal conclut en faveur du demandeur mais que le défendeur refuse néanmoins de contracter l'engagement en question, le juge peut alors lui imposer une peine d'emprisonnement d'une année ou moins, selon les circonstances (art. 810 (3.01) C.cr.).

Si l'engagement de ne pas troubler la paix et d'avoir une bonne conduite semble peu contraignant en raison de la généralité des termes utilisés, il en va tout autrement des conditions facultatives que le juge qui prononce une telle ordonnance peut y ajouter s'il l'estime souhaitable pour garantir la bonne conduite du défendeur. Parmi ces conditions supplémentaires, on retrouve notamment :

- l'interdiction de consommer des drogues, de l'alcool ou d'autres substances intoxicantes (sauf pour fins médicales) (art. 810 (3.02)(a) C.cr.)
- l'interdiction de posséder des armes (art. 810 (3.1) C.cr.)
- l'interdiction de se trouver à proximité de lieux fréquentés par la personne menacée, ses enfants ou son partenaire intime, dans la mesure où ces lieux sont spécifiquement mentionnés dans l'ordonnance (art. 810 (3.2)(a) C.cr.)
- l'interdiction de contacter directement ou indirectement avec la personne menacée, ses enfants ou son partenaire intime (art. 810 (3.2)(b) C.cr.)

Évidemment, il ne s'agit là que d'exemples spécifiques qui ne limitent en rien la créativité du juge dans l'élaboration de conditions raisonnables pour garantir la bonne conduite du défendeur. Ainsi, on pourrait imaginer sans peine une ordonnance limitant ou interdisant l'accès à internet ou à un ordinateur si cela s'avère pertinent pour limiter la dangerosité. Une telle ordonnance est d'ailleurs monnaie

---

[2] R. c. Budreo, (2000) 32 C.R. (5th) 127 (C.A. Ont.)

courante quand le comportement menaçant implique l'usage d'un ordinateur[3].

La violation de l'une ou l'autre des conditions de l'engagement constitue une infraction passible d'une peine maximale de quatre ans d'emprisonnement (art. 811 C.cr.). Cela dit, la violation de l'engagement doit être volontaire et nécessite donc la preuve de l'insouciance de l'accusé[4].

Soulignons que l'imposition d'une peine pour la violation de son engagement ne dispensera pas le contrevenant de toute autre peine applicable dans le cas où le geste qui contrevient à l'engagement constitue également une infraction à part entière. Par exemple, un défendeur qui transmettrait des menaces de mort à la personne ayant obtenu l'émission d'une ordonnance de ne pas troubler la paix à son égard contreviendrait à la fois à l'article 811 C.cr. et à l'article 264.1 du même code qui prohibe les menaces de mort.

Bien que l'article 810 vise de façon générale les risques contre la personne ou la propriété, le législateur a cru bon d'ajouter des variantes touchant spécifiquement des dangers précis. Ainsi, on retrouve à l'article 810.1 C.cr., une mesure similaire visant les infractions de gangstérisme qui ajoute spécifiquement la possibilité d'exiger que la personne visée par l'ordonnance porte une dispositif de surveillance à distance si le juge l'estime souhaitable (art. 810.01(4.1)b) C.cr.). Dans la même veine, l'article 810.011 C.cr. aborde les craintes d'activités terroristes. Pour cette dernière variante, l'obligation de déposer son passeport fait son entrée dans l'arsenal judiciaire (art. 810.011(9) C.cr.). La même possibilité est prévue s'il y a crainte de mariage forcée ou de mariage d'une personne de moins de 16 ans (art. 810.02 (6)c) C.cr.).

La palme des mesures contraignantes spécifiquement disponibles revient toutefois aux articles 810.1 (crainte d'une infraction sexuelle contre une personne de moins de 16 ans) et 810.2 (crainte de sévices graves) qui comportent la possibilité d'intimer à la personne visée par l'ordonnance de subir un traitement. La compatibilité d'une telle ordonnance avec le droit d'une personne de consentir ou non à des soins

---

[3]On peut notamment penser à l'envoi de courriels intimidants.

[4]R. *c.* Zora, 2020 CSC 14.

médicaux demeure évidemment problématique. Notons toutefois, que la personne visée pourrait avoir avantage à consentir au traitement afin d'éviter des mesures qu'elle juge plus contraignantes.

Manifestement, on constate donc qu'il n'est pas nécessaire de commettre une infraction ou même d'être soupçonné d'en avoir commis une pour que la dangerosité d'un individu puisse donner lieu à des mesures de privation de liberté typiquement associées au droit pénal. On retiendra que le législateur n'a pas jugé nécessaire de recourir à l'emprisonnement (sauf en cas de refus de signer l'engagement) dans ce contexte. Il en va toutefois autrement quand la dangerosité s'inscrit dans le cadre d'une procédure judiciaire pour une présumée infraction.

1.2. La dangerosité dans le cadre de la détention provisoire (515 C.cr.)

D'entrée de jeu, précisons que la règle générale demeure la remise en liberté de l'accusé durant les procédures judiciaires. C'est d'ailleurs un droit constitutionnel prévu à l'alinéa 11(e) de la Charte canadienne :

Tout inculpé a le droit :

e) de ne pas être privé sans juste cause d'une mise en liberté assortie d'un cautionnement raisonnable ;

On notera par contre que ce droit à la liberté comporte deux limites importantes. La première vient préciser que la liberté n'a pas à être absolue et peut donc être assortie d'un cautionnement raisonnable sans enfreindre les droits constitutionnels de l'accusé[5].

La seconde limite, et la plus importante, ajoute qu'une *juste cause* peut faire en sorte d'outrepasser le droit à la liberté durant les procédures judiciaires et donc justifier des mesures plus ou moins restrictives de liberté, mesures allant de l'imposition de conditions à la détention complète.[6] Il est donc essentiel de s'attarder sur cette notion de juste cause, dont l'essence est codifiée à l'article 515(10) C.cr. :

---

[5] R. *c.* Antic, 2017 CSC 27, [2017] 1 R.C.S. 509.

[6] L'obligation de porter un bracelet GPS peut notamment être utilisée bien que la Cour d'appel du Québec se montre sceptique quant à son utilité : R. c. Chun. 2015 QCCA 1021.

(10) Pour l'application du présent article, la détention d'un prévenu sous garde n'est justifiée que dans l'un des cas suivants :

a) sa détention est nécessaire pour assurer sa présence au tribunal afin qu'il soit traité selon la loi ;

b) sa détention est nécessaire pour la protection ou la sécurité du public, notamment celle des victimes et des témoins de l'infraction ou celle des personnes âgées de moins de dix-huit ans, eu égard aux circonstances, **y compris toute probabilité marquée que le prévenu, s'il est mis en liberté, commettra une infraction criminelle** ou nuira à l'administration de la justice ;

c) sa détention est nécessaire pour ne pas miner la confiance du public envers l'administration de la justice, compte tenu de toutes les circonstances, notamment les suivantes :

(i) le fait que l'accusation paraît fondée,

(ii) la gravité de l'infraction,

(iii) les circonstances entourant sa perpétration, y compris l'usage d'une arme à feu,

(iv) le fait que le prévenu encourt, en cas de condamnation, une longue peine d'emprisonnement ou, s'agissant d'une infraction mettant en jeu une arme à feu, une peine minimale d'emprisonnement d'au moins trois ans.

Pour les fins du présent texte, on notera donc que la probabilité marquée de dangerosité criminelle constitue donc un motif suffisant pour détenir un accusé durant les procédures judiciaires.[7] Selon la jurisprudence, les éléments suivants doivent être considérés pour trancher la question de la probabilité marquée :

1) la nature de l'infraction ;

2) les circonstances pertinentes de celle-ci, ce qui peut mettre en cause les événements antérieurs et postérieurs ;

---

[7] R. c. Morales, [1992] 3 R.C.S 711.

3) la probabilité d'une condamnation ;

4) le degré de participation de l'inculpé ;

5) la relation de l'inculpé avec la victime ;

6) le profil de l'inculpé, c'est-à-dire son occupation, son mode de vie, ses antécédents judiciaires, son milieu familial, son état mental ;

7) sa conduite postérieurement à la commission de l'infraction reprochée ;

8) le danger que représente la libération provisoire de l'inculpé[8].

C'est habituellement au poursuivant de démontrer qu'une juste cause justifie l'imposition de conditions restrictives de liberté, incluant notamment la détention de l'accusé durant les procédures judiciaires, sauf dans le cas de certaines infractions précises pour lesquelles le Législateur a cru nécessaire de renverser ce fardeau de preuve en raison de la dangerosité intrinsèque des individus qui commettent ce genre de crime. L'article 515(6) C.cr. opère donc un tel renversement pour les infractions de meurtre, de gangstérisme, de terrorisme notamment. Il en sera de même pour les principales infractions en matière de trafic de stupéfiants.

1.3. La dangerosité dans le cadre des troubles mentaux (672.64, 672.81 C.cr.)

Le traitement des délinquants atteints de troubles mentaux pose un dilemme. D'une part, les principes de base de la responsabilité pénale empêchent la punition de ces délinquants en raison de leur incapacité de choisir consciemment une conduite autrement blâmable.[9] D'autre part, c'est justement cette incapacité de juger du caractère blâmable d'une conduite donnée qui augmente significativement leur dangerosité. Dans ce contexte, le droit canadien a opté pour une solution mitoyenne, soit un verdict de non-responsabilité pour cause de troubles mentaux assorti, dans certains cas, d'une possibilité de détention à des fins préventives durant le traitement des troubles mentaux du délinquant. Si une détention à des fins préventives est ordonnée, l'état de la personne visée est réévalué chaque année (art. 672.81 C.cr.) afin de s'assurer que la détention en institut

---

[8] R. c. Rondeau, (1996) C.C.C. (3d) 474 (C.A.Q.).

[9] R. c. Ruzic, [2001] 1 R.C.S. 687, 2001 CSC 24.

psychiatre demeure nécessaire. Toutefois, si le juge est que le délinquant est un accusé haut risque en raison de la « probabilité marquée que l'accusé usera de violence de façon qu'il pourrait mettre en danger la vie ou la sécurité d'une autre personne »[10] la période entre les réévaluations pourra être allongée à trois ans (art. 672.81(1.31) C.cr.).

2. L'impact de la dangerosité post-condamnation

Sans surprise, la dangerosité constitue également un élément à prendre en considération une fois le verdict de culpabilité prononcé. L'apport de cette notion sera central lors du processus de détermination de la peine (2.1) ainsi qu'à l'étape de la déclaration de délinquant à contrôler/dangereux (2.2). Toutefois, elle justifiera rarement des mesures additionnelles une fois la peine purgée (2.3).

2.1. La dangerosité comme facteur aggravant (718 C.cr.)

Sans surprise, la dangerosité figure à la liste des 6 principaux critères de détermination de la peine prévus à l'article 718 du Code criminel. Le législateur y mentionne que le prononcé des peines a pour objectif essentiel de protéger la société « en isolant, au besoin, le délinquant du reste de la société ». La dangerosité constitue donc un facteur aggravant qui devra être prouvé hors de tout doute raisonnable par le poursuivant (art. 724(3)e) C.cr.).

Cela dit, la question la plus intéressante en ce domaine touche plus la question de l'absence de dangerosité à titre de facteur atténuant. En effet, le contrevenant qui ne présente pas de risques de récidive peut-il espérer obtenir une peine nettement plus clémente que celles habituellement prononcées pour le crime commis ? Une telle hypothèse se base notamment sur le libellé de l'article 718.2 C.cr. qui énonce les principes complémentaires en matière de détermination de la peine et impose spécifiquement l'obligation au juge d'examiner avant d'envisager la privation de liberté, « la possibilité de sanctions moins contraignantes lorsque les circonstances le justifient »[11].

---

[10] art. 672.64(1)a) C.cr.),

[11] Art. 718.3(e) C.cr.

À ce sujet, la Cour suprême rappelle, dans une décision phare en matière de détermination de la peine, que la protection de la société n'est pas la seule variable prise en compte pour fixer une peine juste. Plus spécifiquement, les juges écrivent :

La pertinence du châtiment et de la réprobation en tant qu'objectifs de la détermination de la peine fait bien ressortir que notre système de justice pénale n'est pas simplement un vaste régime de sanctions négatives visant à empêcher les conduites objectivement préjudiciables en haussant le coût que doit supporter le contrevenant qui commet une infraction énumérée. (...) Par conséquent, il faut examiner le sens de l'objectif de châtiment en corrélation avec les autres objectifs légitimes de la détermination de la peine, qui comprennent (notamment) la dissuasion, la réprobation, la réadaptation et la protection de la société[12].

Bref, on peut en conclure que si l'absence de dangerosité du délinquant est certes un élément qui lui est favorable, cela ne le dispense pas automatiquement d'une longue peine qui pourrait alors se justifier afin de dénoncer le crime et de favoriser la dissuasion des tiers[13], deux éléments qui font partie de la liste des objectifs pénologiques décrits par l'article 718 C.cr. :

718 Le prononcé des peines a pour objectif essentiel de protéger la société et de contribuer, parallèlement à d'autres initiatives de prévention du crime, au respect de la loi et au maintien d'une société juste, paisible et sûre par l'infliction de sanctions justes visant un ou plusieurs des objectifs suivants :

a) dénoncer le comportement illégal et le tort causé par celui-ci aux victimes ou à la collectivité ;

b) dissuader les délinquants, **et quiconque**, **de commettre des infractions** ;

c) isoler, au besoin, les délinquants du reste de la société ;

d) favoriser la réinsertion sociale des délinquants ;

---

[12] R. *c.* M. (C.A.), [1996] 1 R.C.S. 500, par. 81-82.

[13] La Cour suprême s'est toutefois récemment montrée plus dubitative quant à l'effet dissuasif des peines : R. *c.* SUTER, 2018 CSC 34, [2018] 2 R.C.S. 496

e) assurer la réparation des torts causés aux victimes ou à la collectivité ;

f) susciter la conscience de leurs responsabilités chez les délinquants, notamment par la reconnaissance du tort qu'ils ont causé aux victimes ou à la collectivité.

2.2. Le délinquant à contrôler / dangereux (752 C.cr.)

Le *Code criminel* canadien consacre une partie complète (la partie XXIV) au régime applicable aux délinquants dangereux et aux délinquants à contrôler. Ce régime s'applique aux contrevenants qui constituent un danger la vie, la sécurité ou le bien-être physique ou mental d'autrui.[14] Afin de donner un aperçu de ces règles, il importe d'examiner successivement son contexte, les critères applicables, les règles de procédure et de preuve et les conséquences d'une désignation à titre de délinquant dangereux ou à titre de délinquant à contrôler.

2.2.1. Le contexte

À peine quelques centaines de détenus sont présentement reconnus à titre de délinquants dangereux au Canada. Ces détenus sont généralement soumis à une peine d'emprisonnement d'une durée indéterminée. Un nombre plus grand de détenus sont qualifiés de délinquants à contrôler est font donc l'objet de mesures de surveillance particulières. Le régime des délinquants dangereux ou à contrôler est basé à la fois sur le comportement violent du détenu dans le passé et sur son risque élevé de récidive. La Cour suprême considère donc qu'il s'agit d'un régime axé sur la prévention, tout en reconnaissant qu'il s'agit de la forme la plus extrême et manifeste de détention préventive :

[19] Les dispositions de la partie XXIV du *Code criminel* sur les délinquants dangereux et les délinquants à contrôler créent deux exemples de sanctions préventives. Même si elles n'entrent en jeu qu'une fois que le délinquant a été déclaré coupable d'infractions

---

[14] R. *c.* Boutilier, 2017 CSC 64, [2017] 2 R.C.S. 936

d'une certaine gravité, elles visent surtout à imposer des mesures spéciales au délinquant de manière à parer le risque élevé de récidives. Un délinquant dangereux peut être condamné à une peine d'emprisonnement d'une durée indéterminée ; il s'agit de la forme extrême et la plus manifeste de détention préventive. Un délinquant à contrôler peut, pour sa part, être condamné pour l'infraction qu'il a commise et, en plus, faire l'objet d'une ordonnance enjoignant qu'il soit soumis à une surveillance de longue durée, d'une période maximale de 10 ans. Cette sanction préventive est limitée dans le temps et conçue en fonction d'une surveillance dans la collectivité[15].

La constitutionnalité du régime des délinquants dangereux a été confirmée par la Cour suprême du Canada dans l'affaire *R. c. Boutilier*[16].

2.2.2. Les critères applicables

L'article 753 du *Code criminel* oblige un juge a déclaré qu'un délinquant est dangereux si la preuve le convainc hors de tout doute raisonnable de l'une des deux possibilités suivantes :

a) L'infraction initiale constitue des sévices graves à la personne et le contrevenant constitue un danger pour la vie, la sécurité ou le bien-être physique ou mental d'autrui en raison de son incapacité à se contrôler, de son indifférence face aux risques de son comportement et de la nature brutale de ses gestes.

b) L'infraction initiale constitue des sévices graves à la personne et la conduite sexuelle illégale du délinquant démontre son incapacité à contrôler ses impulsions sexuelles et permet de prévoir des récidives futures en matière de sévices à autrui.

Précisons que la notion de sévices graves vise les infractions passibles d'au moins 10 ans d'emprisonnement (ce qui exclut les voies de fait simples) et qui comportent l'emploi de la violence à l'égard d'autrui ou une conduite qui crée un danger pour la vie ou la sécurité d'autrui.

Pour sa part, l'article 753.1 du *Code criminel* accorde la discrétion au juge de soumettre le délinquant à des mesures de contrôle supplémentaires (délinquant à contrôler) si l'infraction commise mérite une

---

[15] R. *c.* Sipos, 2014 CSC 47, [2014] 2 R.C.S. 423

[16] R. *c.* Boutilier, 2017 CSC 64, [2017] 2 R.C.S. 936

peine minimale de 2 ans d'emprisonnement et que l'accusé présente un risque élevé de récidive mais que ce risque peut être maîtrisé au sein de la société. Le risque de récidive nécessite la preuve hors de tout doute raisonnable que l'accusé a commis une infraction de nature sexuelle (incluant une infraction de pornographie juvénile) et que sa conduite sexuelle illégale répétée laisse présager qu'il commettra de nouveau des infractions comportant des sévices graves pour autrui.

2.2.3. Les règles de procédure et de preuve

La demande de désignation à titre de délinquant dangereux ou délinquant à contrôler doit émaner du poursuivant (article 753(2) du Code criminel) et ne peut viser que des personnes qui ont été condamnées pour une infraction constituant des sévices graves à la personne mais avant l'audition prévue pour la détermination de la peine pour cette infraction[17]. Dans des cas exceptionnels, la demande peut aussi être présentée au plus tard six mois après l'imposition de la peine pour cette infraction. Suite à la demande du poursuivant, le tribunal ordonne le renvoi pour évaluation du délinquant et l'expert retenu produit son rapport dans les 30 jours avec copie à la poursuite, à la défense et au juge (art. 752.1). Suite au rapport, l'audition pour déterminer le statut de délinquant dangereux doit être précédée d'un délai de 7 jours francs pour permettre à la défense de se préparer (art. 754). Le délinquant doit être présent lors de cette audition (art. 758) et il possède un droit d'appel en cas de conclusion défavorable à son égard (art. 759).

Si la preuve des critères applicables doit être faite hors de tout doute raisonnable par le poursuivant, celui-ci bénéficient toutefois d'une présomption prévue à l'article 753(4) du *Code criminel.* En effet, le délinquant qui a commis une infraction primaire qui mérite 2 ans ou plus d'emprisonnement et qui avait déjà été condamné pour au moins deux autres infractions de ce type par le passé sera présumé remplir les critères prévus pour être désigné délinquant dangereux à moins que la défense ne prouve, par prépondérance de preuve, que les critères en question ne sont pas rencontrés. Parmi les principales

---

[17] R. c. L.M. [2008] 2 RCS 163

infractions primaires, on note les contacts sexuels avec un mineur, l'inceste, la tentative de meurtre, les voies de fait graves, l'agression sexuelle et l'enlèvement.

Ajoutons finalement que le contrevenant ne peut exiger une procédure devant jury car la déclaration de délinquants dangereux fait partie de la peine et non du processus de détermination de la culpabilité[18].

2.2.4. Les conséquences de la désignation à titre de délinquant dangereux ou à titre de délinquant à contrôler

Le délinquant à contrôler sera soumis à une ordonnance de surveillance de longue durée d'une durée maximale de dix ans (art. 753.1(3) du *Code criminel*). Le défaut de se conformer à cette ordonnance de surveillance constitue un acte criminel passible d'une peine d'emprisonnement maximal de dix ans (art. 753.3 du *Code criminel*).

Pour sa part, le délinquant dangereux sera soumis à l'une des conséquences suivantes : l'infliction d'une peine de détention d'une durée indéterminée ou une ordonnance de surveillance de longue durée d'une durée maximale de 10 ans. La période de détention pour une durée indéterminée ne pourra être infligée que si le juge est convaincu que toute mesure moins sévère ne pourrait assurer une protection suffisante du public contre le risque de récidive du délinquant en matière d'infraction comportant des sévices graves pour autrui.

La peine d'emprisonnement d'une durée indéterminée fait l'objet d'une révision sept ans après son infliction et à un intervalle de deux ans par la suite afin d'établir si le délinquant peut être libéré (art. 761 du *Code criminel*).

Somme toute, le régime juridique applicable aux délinquants dangereux est rarement appliqué en raison de la sévérité de sa sanction ultime (peine d'emprisonnement d'une durée indéterminée) qui s'apparente, par ses effets, à une peine d'emprisonnement à perpétuité. La désignation à titre de délinquant à contrôler fait l'objet d'une application plus étendue car elle permet d'augmenter la durée de la surveillance post-détention d'un contrevenant.

---

[18] R. *c.* Lyons, [1987] 2 R.C.S. 309

2.3. Les mesures postérieures au prononcé de la peine

Contrairement à d'autres ressorts, le droit canadien ne contient pas de mesures législatives spécifiques applicables au contrevenant qui présente un danger élevé de récidive à l'expiration de sa peine. Cette absence de mesures s'explique notamment par la conclusion que toute mesure additionnelle constituerait une peine au sens de l'alinéa 11h) de la *Charte canadienne* qui prévoit qu'un inculpé ne peut être « puni de nouveau pour une infraction dont il a été définitivement déclaré coupable et puni ».

Cela étant dit, il est possible que les dispositions générales prévues aux articles 810 et suivants trouvent application. Ces dispositions, dont le fonctionnement a été décrit plus tôt, permettent aux juges de prononcer une ordonnance imposant des conditions restrictives de liberté à la personne visée.

3. Quelques réflexions critiques

Une analyse critique de l'essor de la notion de dangerosité en droit pénal canadien appelle trois commentaires.

D'abord, on notera que l'analyse criminologique du risque de récidive d'un individu se fonde, comme toute analyse probabilistique, sur des populations. Ainsi, il est possible de prédire avec une certaine certitude que le taux de récidive des personnes en liberté conditionnelle au Canada avoisinera 10% l'an prochain en raison des données historiques disponibles à ce sujet. Il est autrement plus hasardeux de prédire correctement si le détenu X récidivera ou non durant sa période de remise en liberté. Autrement dit, les prédictions les plus précises au niveau d'une population ne sont guère utiles lorsque ramenées au niveau individuel.

Ensuite, le droit doit se garder de sombrer dans les batailles d'expertise aussi connu sous le terme de « culte de la blouse blanche ». Cette mise en garde est d'autant plus importante que se développe la recherche d'algorithmes prédictifs de récidive. Si l'algorithme est en théorie objectif et donc dépourvu de stéréotypes ou de préjugés, il pourrait en être autrement de la personne qui le conçoit. La fascination actuelle pour cette avancée scientifique récente n'est pas sans rappeler l'engouement suscité par l'école positiviste italienne et sa promesse de déterminer la dangerosité en fonction de facteurs biologiques. Le danger de céder au chant des sirènes de la science lorsque vient le temps de déterminer la dangerosité est d'autant plus grand dans un système contradictoire comme celui en vigueur au Canada puisque la possibilité de faire témoigner des experts en défense est étroitement liée à la capacité financière de l'accusé.

Finalement, la dangerosité demeure un concept à texture ouverte difficile à saisir et encore plus à appliquer. Dans ce contexte, on perçoit sans peine la possibilité que le principe de précaution puisse se glisser subrepticement dans l'équation. En effet, le décideur qui hésite quant à la dangerosité de l'individu se trouve devant deux choix. Il peut conclure que l'individu est dangereux et imposer des mesures restrictives de liberté ou prendre le risque de taire son hésitation et refuser d'imposer des mesures. Une erreur d'appréciation qui mène à la première avenue comporte certes des inconvénients : une personne verra sa liberté indûment restreinte en plus de l'ajout d'une pression inutile sur les ressources déjà limitées du système pénitentiaire. On conviendra que ces inconvénients ne feront toutefois pas la manchette des journaux et n'empêcheront pas le décideur de dormir sur ses deux oreilles. Il en va tout autrement d'une erreur d'appréciation qui conduit à la libération d'un individu dangereux. L'exemple frappant d'une telle situation marque d'ailleurs le Québec depuis quelques jours alors qu'Eustachio Gallese, qui avait été déclaré coupable du meurtre sanglant de sa conjointe en 2006, a brutalement assassiné une travailleuse du sexe dans les mois qui ont suivi sa remise en semi-liberté. Devant la vive réaction de la population et de la Ministre de la Justice du Québec, le Service correctionnel du Canada a annoncé la tenue d'une enquête pour comprendre comment les décideurs ont pu conclure que Monsieur Gallase présentait un risque modéré de récidive et donc lui accorder une semi-liberté.[19] Devant la clameur publique et l'ampleur des conséquences d'une conclusion erronée en l'absence de dangerosité, on comprendra sans peine que le décideur pourrait être tenté de s'en remettre au principe de précaution lorsque vient le temps de trancher la question de la dangerosité.

---

[19] Paris, A, « Meurtre de Marylène Levesque : Service correctionnel Canada enquêtera », Radio-Canada, 27 janvier 2020 (https://ici.radio-canada.ca/nouvelle/1493303/service-correctionnel-canada-enquete-mort-marylene-levesque-eustachio-gallese)

Conclusion

Le droit pénal canadien recourt à la notion de dangerosité autant en présence d'un verdict de culpabilité qu'en son absence. Pourtant, l'analyse de la dangerosité nécessite que le juge évalue la probabilité qu'un événement se produise dans le futur alors que l'expertise du système porte habituellement sur la détermination des faits passés. Les méthodes éprouvées dans le contexte de l'exécution de la seconde tâche peuvent donc s'avérer rudimentaires lorsque vient le temps de mener à bien la première. Alors que la détermination des faits passés peut se comprendre selon une logique binaire (vrai ou faux), la prévisibilité du futur est affaire de probabilités qui laissent souvent le décideur dépourvu, lui qui est habitué de chercher des preuves tangibles convaincantes. Bref, la dangerosité n'est pas une question de vérité mais bien de degré.

Dans ce contexte, il convient de s'interroger sur la légitimité du recours au processus pénal pour gérer la question de la dangerosité d'un individu. En effet, la fonction première de ce processus, soit la détermination de la culpabilité et l'imposition de peines justes, concordent parfois mal avec les impératifs de protection de la société. La solution la plus simple devant ce constat serait peut-être de revenir aux enseignements de Beccaria et de s'en tenir à châtier le geste illégal plutôt que de vainement tenter de prévenir son éventuelle récidive. Après tout, il n'est pas dit que le droit pénal doit avoir réponse à tous les problèmes.

Les droits et devoirs des prisonniers dangereux et les normes internationales

Paulina Perska-Gradowska

Chaire de la Science Pénitentiaire
Faculté d'Etudes Educatives
Université Adam Mickiewicz de Poznan

1. Les droits et devoirs des prisonniers

Les droits et devoirs des condamnés sont définis par la loi du 6 juin 1997 - Code pénal exécutif[1]. Dans l'article 102 de ce code, le législateur a prévu un catalogue ouvert des droits des prisonniers. Les droits des personnes purgeant une peine privative de liberté portent particulièrement sur :

- les conditions de vie (le droit à une nourriture, des vêtements, des conditions de vie et des locaux appropriés, le droit à des services de santé et à des conditions d'hygiène appropriées),
- les contacts avec le milieu extérieur (le droit de maintenir des liens avec sa famille et ses proches, le droit de communiquer avec les associations, les fondations, les organisations et les institutions dont le but est la mise en œuvre des tâches liées à la participation de la société à l'exécution des décisions et à la réinsertion sociale des condamnés),
- la liberté de religion,
- les activités réalisées par les condamnés incarcérés lors de la détention (le droit à l'éducation et à l'auto-

[1] Code pénal exécutif - Loi du 6 juin 1997 (Dz.U. 1997 nr 90 poz. 557).

éducation, le droit aux activités culturelles et éducatives et aux activités sportives, le droit d'utiliser les livres et la presse).

Les devoirs des personnes condamnées sont inclus principalement dans l'article 116 du Code pénal exécutif. Il s'agit de l'obligation de respecter les dispositions définissant les règles et le mode d'exécution de la peine, de l'obligation de respecter l'ordre imposé dans un établissement pénitentiaire et de l'obligation de se soumettre aux instructions des supérieurs et d'autres personnes habilitées. Les obligations mentionnées par le législateur dans l'article 116 comprennent l'obligation de se comporter correctement, l'obligation de respecter l'hygiène personnelle, l'obligation de subir des examens et des traitements.

Il convient de noter que les droits et obligations des condamnés font également l'objet d'autres articles de la loi en question, par exemple le droit à la sécurité personnelle lors de l'exécution d'une peine (art. 108 § 1 du Code pénal exécutif polonais) ou encore le droit à des prestations médicales gratuites, médicaments et articles d'hygiène (art. 115 § 1 du Code pénal exécutif polonais).

2. Prisonniers dangereux - leurs droits et devoirs

Le code pénal exécutif (art. 104) contient une règle qui fixe des limites à l'exercice des droits par une personne condamnée. Premièrement, une personne condamnée ne peut exercer ses droits que dans la mesure où elle ne porte pas atteinte aux droits d'autres personnes condamnées. La deuxième condition est le respect de l'ordre établi dans la prison[2], qui détermine les heures d'activités culturelles et éducatives, d'activités sportives, du travail, les jours de réunions religieuses, la manière dont le condamné peut se déplacer dans la prison. De plus, exercer ses devoirs doit répondre à l'objectif d'exécuter une peine privative de liberté[3] et d'assurer la sécurité et l'ordre dans un établissement pénitentiaire. Compte tenu de ce qui

---

[2] S. Lelental, Kodeks karny wykonawczy. Komentarz (ed. 6), Warszawa 2017.

[3] Selon l'art. 67§1 du Code pénal exécutif, l'exécution d'une peine privative de liberté vise à créer la volonté d'un condamné de façonner ses attitudes socialement souhaitables, en particulier un sens des responsabilités et la nécessité de respecter l'ordre juridique.

précède, les conditions d'exercice des droits et obligations sont subordonnées au type d'établissement pénitentiaire et aux conditions d'influence.

Les condamnés, considérés comme représentant un grave danger pour le public ou un grave danger pour la sécurité de l'établissement, purgent leur peine privative de liberté dans un établissement pénitentiaire de type fermé[4]. C'est un type d'établissement pénitentiaire doté d'un niveau d'isolement des détenus le plus élevé. Les droits de circulation à l'intérieur et à l'extérieur de l'établissement sont les plus restreints.

Les prisonniers dangereux purgent leur peine dans une unité ou dans une cellule attribuée de l'établissement pénitentiaire de type fermé[5] aux fins d'assurer une protection renforcée de la société et la sécurité l'établissement même. Assurer des conditions particulières de sécurité ainsi que la mise en sécurité ont une incidence sur la réalisation des droits et obligations des prisonniers dangereux.

En établissement pénitentiaire de type fermé, le prisonnier a droit à deux visites par mois qui sont surveillées et contrôlées par l'administration de l'établissement. Les prisonniers dangereux reçoivent les visites dans des endroits dédiés, sous une surveillance renforcée (art. 88 b § 1 pt 8 du Code pénal exécutif polonais). Pendant la visite, le prisonnier dangereux ne peut pas consommer de nourriture ou de boisson. Il en est de même pour les appels téléphoniques qui sont contrôlés, le courrier est soumis à la censure.

Conformément à l'article 102 du Code pénal exécutif polonais, le condamné dangereux, lui aussi, a le droit de bénéficier des activités culturelles, éducatives et sportives. En cas de prisonniers dangereux, les activités peuvent avoir lieu uniquement dans l'unité de leur séjour

---

[4] Il existe des établissements pénitentiaires ouverts, semi-ouverts et fermés en Pologne, qui diffèrent par le degré de sécurité, l'isolement des prisonniers et qui se distinguent en termes de droits et d'obligations des prisonniers concernant leur déplacement à l'intérieur et à l'extérieur de l'établissement pénitentiaire.

[5] Il convient de noter qu'en raison des difficultés de classement des prisonniers dangereux pour un type de prison particulier, T. Kalisz postule la création d'un nouveau type de prison - une prison fermée avec un niveau de sécurité accru, voir : T. Kalisz, Osadzeni niebezpieczni. Procedura kwalifikacji, jej weryfikacja oraz zakres ograniczeń, Nowa kodyfikacja prawa karnego, n° 43/2017.

ce qui impose une certaine contrainte. Cette contrainte concerne également la pratique de la religion, le travail et la formation.

Parmi les obligations imposées aux personnes condamnées, il convient de souligner celle qui consiste à se soumettre à un contrôle. Il est effectué lorsqu'il est justifié par des raisons de sécurité ou d'ordre et ceci en vigueur d'une décision du directeur d'un établissement pénitentiaire. Concernant les condamnés dangereux, des fouilles personnelles sont réalisées à chaque sortie et à chaque retour à la cellule (art. 88b § 1 pt 5 du Code pénal exécutif polonais) et n'impliquent pas de décision du directeur.

Compte tenu du fait que les condamnés dangereux peuvent être soumis à une surveillance psychologique renforcée en raison d'une menace sérieuse à la vie ou à la santé ou à l'existence d'une crainte directe d'une menace sérieuse à la vie ou à la santé, il convient de souligner l'importance d'une obligation de subir des examens, des traitements, des procédures médicales, sanitaires[6]. Conformément à l'article 116 du code pénal exécutif, si le juge pénitentiaire a ordonné la réalisation des examens psychologique ou psychiatrique, un prisonnier est obligé de fournir des informations aux personnes qui mènent les examens et à réaliser des activités recommandées par un psychologue suite à l'examen.

Il convient de souligner que les conditions d'exécution d'une peine par les prisonniers dangereux, déterminées à l'art. 88b § 1 du Code pénal exécutif polonais, peuvent subir une modification faite par une commission pénitentiaire[7]. Ainsi, les conditions de détention des prisonniers classés comme dangereux peuvent être modifiées en fonction de la situation individuelle.

---

[6] Voir Code pénal exécutif, art. 88d.§1, art. 116§1,

[7] La commission pénitentiaire est nommée par le directeur de l'établissement pénitentiaire et se compose d'employés et d'officiers. Ses tâches sont définies à l'art. 76 du Code pénal exécutif. Selon l'article indiqué, elles consistent, entre autres, à diriger un condamné vers une prison appropriée, à le qualifier de dangereux, à évaluer les progrès de la réadaptation.

Tableau 1. Comparaison de certains droits et obligations des personnes purgeant une peine privative de liberté dans une prison de type fermé et dans une unité pour prisonniers dangereux en Pologne.

	Domaine	**Prison de type fermé**	**Unité pour prisonniers dangereux dans la prison de type fermé**
Droits	Contact avec le monde extérieur	deux visites par mois qui sont surveillées et contrôlées ; les appels téléphoniques sont contrôlés ; le courrier est soumis à la censure	deux visites par mois sous une surveillance renforcée ; les prisonniers ne peuvent pas consommer de la nourriture et des boissons pendant la visite ; les appels téléphoniques sont contrôlés ; le courrier est soumis à la censure
	Activités culturelles, éducatives et sportives	les activités conférences ont lieu au sein de la prison	les activités ont lieu dans l'unité de séjour des prisonniers dangereux
	Enseignement, formation	l'enseignement et la formation ont lieu au sein de la prison	l'enseignement et la formation ont lieu dans l'unité de séjour des prisonniers dangereux

	Religion	les services ou réunions religieuses ont lieu dans une chapelle ou une autre salle adaptée à cet effet ou dans une prison	les services ou réunions religieuses ont lieu dans l'unité de séjour des prisonniers dangereux
Devoirs	Contrôle, fouilles personnelles	les contrôles et fouilles personnelles justifiés par des raisons de sécurité ou d'ordre et ceci en vigueur d'une décision du directeur d'un établissement pénitentiaire	les cellules sont contrôlées plus fréquemment ; des fouilles personnelles sont réalisées à chaque sortie et à chaque retour à la cellule et n'impliquent pas de décision du directeur
	Santé	l'obligation de subir des examens, des traitements, des procédures médicales, sanitaires, tests de dépistage d'alcool, de stupéfiants ou de substances psychotropes	l'obligation de subir des examens, des traitements, des procédures médicales, sanitaires, tests de dépistage d'alcool, de stupéfiants ou de substances psychotropes

Source : élaboration propre établie sur la base de Code pénal exécutif polonais.

3. Réglementation polonaise et normes internationales

Plusieurs documents internationaux soulignent l'importance des droits conférés aux prisonniers qui purgent une peine privative de liberté et des obligations qui leur sont imposés. Les conventions, recommandations ou résolutions internationales attirent tout d'abord l'attention sur l'importance à traiter les personnes condamnées, dont les prisonniers dangereux, de façon digne et humanitaire. Ces documents soulignent la nécessité de protection des droits fondamentaux liés aux conditions de vie appropriées, à la liberté de religion, à la possibilité de maintenir des contacts avec le milieu extérieur, à la participation aux activités sportives, culturelles et à l'accès à l'éducation.

Les actes internationaux les plus importants comprennent :

- Recommandation n° R (82) 17 concernant les conditions d'isolement et de détention des détenus dangereux, adoptée par le Comité des Ministres le 24 septembre 1982,

- Ensemble de règles minima pour le traitement des détenus, adopté par le premier Congrès des Nations Unies pour la prévention du crime et le traitement des délinquants, tenu à Genève en 1955,

- Recommandation Rec (2006) 2 du Comité des Ministres aux Etats membres sur les Règles pénitentiaires européennes, adoptée par le Comité des Ministres le 11 janvier 2006.

Il convient également de mentionner la Recommandation CM/Rec (2014) 3 du Comité des Ministres aux Etats membres relative aux délinquants dangereux, adoptée par le Comité des Ministres le 19 février 2014. Cette recommandation s'applique aux criminels dangereux, c'est-à-dire, selon la définition, aux délinquants condamnés pour un crime sexuel ou avec violence d'une extrême gravité et présentant une probabilité très élevée de récidiver. Bien que les recommandations concernent les auteurs de certaines infractions et ne concernent pas le comportement du prisonnier à l'intérieur de la prison, dans certains cas, elles s'appliqueront[8].

Conformément à la recommandation indiquée ci-dessus[9], en cas de délinquants dangereux, il est particulièrement important d'assurer un bon équilibre entre les droits des personnes détenues d'un côté et la sécurité de la société et de l'établissement pénitentiaire de l'autre.

À cet égard, il convient de comparer les droits et devoirs des condamnés dangereux en Pologne avec les normes internationales.

L'un des droits énumérés à l'article 102 du Code pénal exécutif est le droit de maintenir des liens avec la famille et d'autres personnes proches. Ce droit s'exerce principalement par le biais de visites, d'appels téléphoniques et de correspondances. Selon les Règles pénitentiaires européennes, chaque détenu devrait avoir un minimum de contacts avec le monde extérieur, même si les restrictions à cet égard sont fondées sur des problèmes de sécurité et d'ordre dans l'établissement pénitentiaire (24.2). De plus, les modalités des visites doivent permettre aux détenus de maintenir et de développer des relations familiales de façon aussi normale que possible (24.4)[10]. En Pologne, les visites ont lieu dans des endroits désignés et elles peuvent être accordées de manière à éviter tout contact direct avec les visiteurs s'il existe une menace sérieuse pour la sécurité des visiteurs. Le directeur de prison prend des décisions en cette matière. En 2013, le Défenseur des droits a noté que certaines prisons ne disposent que de

---

[8] En Pologne, les condamnés considérés comme représentant un grave danger pour le public ou un grave danger pour la sécurité de l'établissement, comprennent, entre autres, la personne qui a commis une infraction avec une cruauté particulière.

[9] Recommandation CM/Rec(2014)3 du Comité des Ministres aux Etats membres relative aux délinquants dangereux, adoptée par le Comité des Ministres le 19 février 2014, lors de la 1192e réunion des Délégués des Ministres. Consulté sur: www.europeanrights.eu/public/atti/2014_-_3_fr.pdf.

[10] Recommandation Rec(2006)2 du Comité des Ministres aux Etats membres sur les Règles pénitentiaires européennes, adoptée par le Comité des Ministres le 11 janvier 2006, lors de la 952e réunion des Délégués des Ministres. Consulté sur: https://rm.coe.int/16806ab9b6.

salles empêchant un contact avec un visiteur[11]. Ainsi, le droit du condamné et les règles pénitentiaires ne sont pas pleinement appliquées.

Le deuxième droit est le droit de participer aux activités culturelles, éducatives, sportives et le droit à l'éducation et à l'auto-éducation, ainsi que d'exercer sa propre créativité. Selon le Code pénal exécutif les condamnés dangereux ne peuvent participer aux cours que dans l'unité où ils sont placés. Selon les Règles pénitentiaires européennes - "des activités récréatives – comprenant notamment du sport, des jeux, des activités culturelles, des passe-temps et la pratique de loisirs actifs – doivent être proposées aux détenus et ces derniers doivent, autant que possible, être autorisés à les organiser" (27.6)[12]. En outre, selon la règle 27.7 les détenus devraient pouvoir se réunir pour des exercices physiques et participer à des activités récréatives. La recommandation CM / Rec (2014) 3 adoptée par le Comité des ministres du Conseil de l'Europe le 19 février 2014[13] indique également le droit de participer aux activités - "les personnes en détention préventive devraient avoir accès à des activités utiles, au travail et à l'éducation, conformément aux principes énoncés dans la Recommandation Rec (2006) 2 sur les règles pénitentiaires européennes" (46). La recommandation de 2014 indique clairement que les détenus dangereux ne devraient pas être exclus du travail, de l'éducation et d'autres activités importantes en prison simplement en raison du risque qu'ils présentent dans d'autres contextes[14]. La nécessité de gérer correctement le temps libre est également soulignée par la Recommandation n° R (82) 17 concernant les conditions d'isolement et de prise en charge des détenus dangereux[15]. Selon ce document, les détenus dangereux devraient bénéficier d'une éducation, d'une formation professionnelle, d'un travail et d'autres activités de loisirs si cela n'est pas contraire à la nécessité d'assurer la sécurité. Selon le Défenseur

---

[11] Discours du Défenseur des droits au Ministre de la Justice de 22 février 2013, RPO-681171-II-706/11/EB.

[12] Recommandation Rec(2006) 2 du Comité des Ministres aux Etats membres sur les Règles pénitentiaires européennes, *op. cit.*

[13] Recommandation CM/Rec(2014) 3 du Comité des Ministres aux Etats membres relative aux délinquants dangereux, *op. cit.*

[14] Recommandation Rec(2006) 2 du Comité des Ministres aux Etats membres sur les Règles pénitentiaires européennes, *op. cit.*, règle 172.

[15] Recommandation n ° R (82) 17 concernant les conditions d'isolement et de détention des détenus dangereux, adoptée par le Comité des Ministres le 24 septembre 1982.

des droits de nombreuses prisons polonaises n'ont pas d'activités intensifiées (concernant l'éducation, les activités culturelles, les activités sportives) et certaines ne proposent pas d'activités aux prisonniers dangereux[16]. S. Lasocik a obtenu des conclusions similaires à partir de recherches effectuées en 2007-2008. Selon l'auteur de l'étude, au cours de la période considérée, les prisonniers dangereux n'avaient pas accès à l'enseignement (à l'exception de l'auto-éducation) et les activités culturelles et éducatives étaient limitées et consistaient à séjourner dans une salle commune[17]. Au vu de ce qui précède, on peut affirmer que dans certaines unités pénitentiaires, les condamnés dangereux n'ont pas accès aux activités culturelles, éducatives et sportives, ni à l'enseignement et donc les normes internationales ne sont pas pleinement respectées concernant cette catégorie de condamnés.

Un autre droit important est le droit d'exercer la liberté de religion. Les détenus dangereux dans les prisons polonaises peuvent participer aux services ou réunions religieuses et à l'éducation religieuse, mais uniquement dans l'unité où ils sont détenus. Les Règles pénitentiaires européennes prévoient que la liberté de religion doit être respectée à côté de la liberté de pensée, de conscience (règle 29.1)[18]. Selon la règle suivante (29.2), les détenus devraient pouvoir pratiquer la religion, participer à des réunions et services religieux et rencontrer des représentants religieux. De plus, ils devraient pouvoir disposer de livres ou de publications sur des sujets religieux. Des recommandations similaires concernant la liberté de religion ont été formulées dans l'Ensemble de règles minima[19]. La règle 66 établit que tout condamné a la possibilité de satisfaire ses besoins religieux en participant aux services. De plus, il peut avoir des livres religieux.

---

[16] Discours du Défenseur des droits au Ministre de la Justice de 22 février 2013, *op. cit.*

[17] S. Lasocik, Funkcjonowanie oddziałów dla tzw. „więźniów niebezpiecznych" w Polsce, Archiwum kryminologii, volume XXXI/2009, p. 338.

[18] Recommandation Rec (2006)2 du Comité des Ministres aux Etats membres sur les Règles pénitentiaires européennes, *op. cit.*, règle 29.1.

[19] Ensemble de règles minima pour le traitement des détenus, adopté par le premier Congrès des Nations Unies pour la prévention du crime et le traitement des délinquants, tenu à Genève en 1955. Consulté sur : www.ohchr.org/.

L'une des obligations les plus strictes à l'égard des condamnés dangereux est l'obligation de se soumettre aux contrôles. Selon la loi polonaise, une fouille personnelle est effectuée chaque fois qu'un prisonnier quitte et revient dans la cellule. Une des règles les plus importantes des Règles pénitentiaires européennes prévoit que les personnes fouillées ne doivent pas être humiliées par le processus de fouille[20]. De même, cette question est régie par l'Ensemble de règles minima des Nations Unies pour le traitement des détenus[21]. Selon la règle 50, les fouilles sont menées dans le respect de la dignité humaine et de la vie privée de la personne faisant l'objet de la fouille, ainsi que du respect des principes de proportionnalité, de légalité et de nécessité. D'après la règle 52 les fouilles invasives, y compris les fouilles personnelles et les examens du corps ne doivent être effectuées que si cela est absolument nécessaire. L'obligation de se soumettre à un contrôle personnel est souvent mise en cause par des condamnés dangereux. Ils affirment que les fouilles personnelles sont souvent humiliantes et violent la Convention européenne des droits de l'homme. A titre d'exemple, dans l'affaire Paluch contre Pologne[22] la Cour européenne des droits de l'homme a déclaré que les mesures relatives au régime applicable aux condamnés dangereux n'étaient pas nécessaires pour atteindre l'objectif consistant à assurer la sécurité dans une prison. La Cour estime que les fouilles personnelles (souvent utilisés plusieurs fois par jour) ont engendré des sentiments d'infériorité, d'angoisse et d'humiliation.

4. Conclusion

Qualifier un condamné comme celui qui représente un grave danger pour le public ou un danger pour la sécurité de l'établissement, purgent leur peine privative de liberté dans un établissement pénitentiaire de type fermé, compte tenu de certaines restrictions concernant l'exécution des droits et obligations. Les droits et obligations des condamnés font aussi l'objet de recours adressées à la Cour européenne des droits de l'homme. A titre d'exemple, il convient de mentionner

---

[20] Recommandation Rec (2006)2 du Comité des Ministres aux Etats membres sur les Règles pénitentiaires européennes, *op. cit.*, règle 54.4.

[21] Ensemble de règles minima pour le traitement des détenus, *op. cit.*

[22] CEDH 16 févr. 2016, *Paluch c. Pologne*, n° 57292/12.

l'arrêt de la Cour européenne des droits de l'homme dans l'affaire Karykowski contre Pologne[23] ou encore l'arrêt dans l'affaire Romaniuk contre Pologne[24]. Cela justifie une analyse comparative et la mise en œuvre de solutions juridiques et institutionnelles permettant d'adapter le système polonais aux normes internationales et d'exercer les droits des condamnés dangereux.

Il convient de noter qu'un condamné ne doit pas avoir le statut d'une personne représentant un grave danger pour le public ou un grave danger pour la sécurité de l'établissement pendant toute la période d'emprisonnement, mais selon les statistiques, il y a des condamnés qui ont purgé leur peine dans ce régime pendant de nombreuses années. Cela signifie que l'exercice de leurs droits pendant de nombreuses années était limité. Dans le même temps, les obligations des condamnés dangereux sont plus strictes par rapport aux condamnés purgeant une peine privative de liberté dans une prison de type fermé.

En résumé, il convient de se demander si la mise en œuvre effective des droits et obligations des condamnés dangereux contribue à l'objectif d'exécution d'une privation de liberté ou est destiné uniquement à assurer l'ordre et la sécurité. Deuxièmement, il convient de se demander, quels facteurs affectent la mise en œuvre des droits et obligations des prisonniers.

---

[23]CEDH 12 janv. 2016, *Karykowski c. Pologne*, n° 653/12.

[24]CEDH 12 janv. 2016, *Romaniuk c. Pologne*, n° 59285/12.

Les criminels dangereux en droit bulgare

Ognyan Velev

Chercheur en Droit pénal et Droit pénal international
à l'Académie bulgare des sciences et à l'Université de Roussé « Anguel Kantchev »

1. Introduction

Le problème des criminels dangereux n'est pas nouveau pour le droit pénal. Il reste pourtant actuel et l'on est toujours en quête de solutions adéquates à ce problème.

On considère généralement que la question de la dangerosité des criminels (ou encore de leur état dangereux) a été introduite en matière répressive par l'Ecole positiviste italienne qui se manifeste à la fin du XIXe siècle. Œuvre de trois Italiens – le médecin Cesare Lombroso, le professeur de droit pénal Enrico Ferriet le magistrat Raffaele Garofalo, ce mouvement est très vite appelé « l'Ecole nouvelle » à cause de sa confrontation radicale avec les principes de base du droit pénal classique et néoclassique.Les idées des positivistes sont qualifiées par la doctrine contemporaine d'« éclair »[1], de « révolte »[2] et même de « révolution »[3].

Les positivistes proposent un changement fondamental de la matière répressive. L'idée principale des Italiens se résume en la négation de l'existence du libre arbitre de la volonté humaine et l'affirmation qui en découle selon laquelle les actes humains sont déterminés. Plus

[1]PRADEL (J.) « Histoire des doctrines pénales », 2e édition, PUF, coll. « Que sais-je? », 1991, p. 68.

[2]ANCEL (M.) « La défense sociale nouvelle (Un mouvement de politique criminelle humaniste) », 3e édition, Edition Cujas, 1981, p. 67.

[3]GASSIN (R.) « Criminologie », 6e édition, Dalloz, 2006, p. 168.

précisément, en ce qui concerne le droit pénal, l'infraction est une conséquence plus ou moins fatale et inévitable de certains facteurs de l'existence desquels l'agent n'est pas coupable et, par conséquent, n'est pas moralement responsable.

La théorie du libre arbitre humain, que les positivistes rejettent, déjà formulée par Aristote et approfondie plus tard par les théologiens chrétiens, consiste en la croyance que l'homme est maître de ses actes, *i.e.* qu'il choisit librement son comportement et prend librement la décision d'accomplir un acte donné ou de s'en abstenir. Pendant de longs siècles cette théorie est considérée comme une vérité incontestable et détermine la conception de la peine dans les pays européens – cette dernière est imposée sur le fondement d'une responsabilité pénale de caractère particulièrement moral et elle est vue surtout comme une rétribution et une expiation de l'infraction, le « prix » que le délinquant doit payer pour le mal commis.

La réalisation de cette conception rétributive de la peine suppose l'observation de deux principes de base. Premièrement, le respect d'une proportionnalité stricte entre la gravité de l'infraction et la sévérité de la sanction. Deuxièmement, la règle selon laquelle, pour qu'un acte soit punissable, il faut qu'il provienne d'un individu imputable et qu'il soit fautif. Ce dernier principe fondamental repose sur la logique qu'il ne serait pas juste d'imposer une souffrance rétributive (qu'est justement la peine) à quelqu'un qui n'est pas moralement responsable de ses actes. Ainsi, quand à la fin du XVIIIe siècle le droit pénal moderne (ou encore classique) naît en Europe, de la catégorie métaphysique et philosophique de « libre arbitre » (définie comme « faculté de la volonté et de la raison ») se constitue la catégorie juridique d'« imputabilité ». Pour engager la responsabilité pénale de l'auteur d'un acte incriminé et lui infliger une peine, il faut qu'au moment des faits il n'ait pas été privé de discernement (*i.e.* de la possibilité de distinguer le bien du mal ou, autrement dit, de comprendre la portée de ses actes) ou de la possibilité de contrôler son comportement. On distingue ainsi deux groupes d'individus dont la responsabilité pénale est *a priori* exclue, car étant privés de discernement (et respectivement du libre arbitre), ils sont non-imputables et n'ont pas la capacité de commettre de fautes. Il s'agit des aliénés et des enfants. Tous les autres sont dotés de libre arbitre, *i.e.* ils sont imputableset s'ils commettent fautivement un acte incriminé, ils sont moralement responsables du mal commis et doivent subir une souffrance proportionnelle à l'infraction – la peine qui représente toujours le « prix » du mal causé.

L'affirmation des positivistes, selon laquelle le libre arbitre n'existe pas et les actes humains sont déterminés, lesconduit à proposer une transformation radicale des caractéristiques de la sanction pénale. Elle ne sera plus infligée sur le fondement de la responsabilité pénale, cette dernière étant basée sur la théorie du libre arbitre, mais sur un fondement que les Italiens appellent « responsabilité sociale », ou encore « état dangereux » (l'individu est responsable tout simplement parce qu'il vit en société et représente un danger pour elle). La sanction pénale ne sera pas adaptée à la gravité de l'infraction, de la commission de laquelle le sujet n'est pas moralement responsable, mais à la personnalité de ce dernier, à son « état dangereux ». Autrement dit, à ces traits et dispositions personnels du criminel qui rendent probable ou même certaine la commission d'un nouveau délit. La sanction en causeaura une fonction exclusivement préventive (éviter une nouvelle rechute, ou encore la récidive), elle sera imposée pour une période indéterminée (jusqu'à ce que le criminel ne cesse d'être dangereux) et elle sera constamment révisable (compte tenu de l'évolution de l'« état dangereux » du condamné).

Le changement pratique le plus important que la théorie des positivistes provoque se résume dans le fait que durant la première moitié du XXe siècle, plusieurs pays européens (et d'Amérique latine) introduisent dans leur législation, sans supprimer pour autant la peine classique rétributive (imputabilité et culpabilité), une nouvelle catégorie de sanctions. Ces dernières sont appelées « mesures de sûreté » (ou encore « mesures de défense sociale ») et correspondent aux caractéristiques théoriques de la sanction proposée par les positivistes. Au départ, les mesures de sûreté se résument en un enfermement prolongé de deux catégories de contrevenants à la loi pénale – les aliénés et les récidivistes[4].

A partir de ce moment et jusqu'à nos jours, on considère généralement que ce sont justement les aliénés et les récidivistes chez qui la dangerosité d'une commission future d'un acte incriminé paraît la plus prononcée et ce sont bien eux à qui l'on pense, surtout quand on parle

---

[4] Plus tard des mesures de sûreté apparaissent prévues pour des individus non privés de liberté.

de « criminels dangereux ». La présente étude se propose d'analyser la manière dont la législation bulgare règle les problèmes liés à ces deux catégories de criminels, ainsi que la question de la nature des sanctions applicables à ces individus.

Il faut tout de suite préciser que l'existence de la catégorie de « mesure de sûreté » dans notre législation n'est pas formellement reconnue – ni par le législateur lui-même, ni par la doctrine. Nous allons apercevoir pourtant que même si le droit bulgare ne se sert pas de la notion de « mesure de sûreté », tous les arguments sont là pour arriver à la conclusion que de telles sanctions existent dans notre législation et que les mesures qu'on applique aux aliénés et aux récidivistes appartiennent justement à cette catégorie[5].

Après avoir étudié la matière des questions liées aux aliénés (A), nous allons analyser celle des questions liées aux récidivistes (B).

2. Les aliénés

Les mesures applicables à des individus souffrant des maladies mentales sont réglées en droit bulgare par deux actes normatifs – « la Loi sur la santé » (plus loin LS) et « le Code pénal » (plus loin CP). Nous allons étudier dans un premier temps celles prévues par la Loi sur la santé (a), puis nous allons faire une lecture de celles prévues par le Code pénal (b). La conclusion ne sera pas difficile à établir dans les deux hypothèses, c'est bien de mesure de sûreté qu'il s'agit, étant donné que les sanctions en cause correspondent parfaitement aux caractéristiques théoriques de ce type de sanctions.

a) mesures applicables à des individus souffrant d'une maladie mentale, prévues par la Loi sur la santé

Les mesures analysées se trouvent au Chapitre V (« Santé mentale »), Section II (« Hospitalisation d'office ») de la Loi sur la santé. L'article 155 de la loi prévoit que : « L'hospitalisation d'office est applicable aux personnes mentionnées à l'art. 146, al. 1, 1 et 2 (*il s'agit de : 1) personnes souffrant de maladies mentales chez qui un trouble grave du fonctionnement psychique est constaté (psychose ou trouble grave*

---

[5]Cette conclusion est un peu plus discutable. On s'en rendra compte, aussi bien pour les récidivistes que les aliénés.

de la personnalité) ou qui se caractérisent par une lésion psychique durable, due à une maladie mentale ; et 2) personnes qui souffrent d'un retard mental léger, grave ou profond, ou d'une démence vasculaire et sénile) qui, à cause de leur maladie, peuvent commettre une infraction représentant une dangerosité (*c'est moi qui souligne - O.V.*) pour leurs proches, pour les autres citoyens, pour la société ou qui menace gravement leur santé ».

En dépit du fait que cette hospitalisation d'office soit réglée par une loi autre que le Code pénal, le lien avec la matière répressive est incontestable. Premièrement, c'est la suspicion de la commission d'une future infraction qui motive l'application de la mesure médicale[6]. Deuxièmement, c'est le procureur de la République qui est compétent pour demander l'application de l'hospitalisation d'office (sauf dans des hypothèses restreintes dans lesquelles c'est le directeur de l'établissement de santé qui est compétent) – art. 157 LS. Troisièmement, c'est le tribunal correctionnel qui l'applique – art. 156, al. 1 LS. Quatrièmement, il est obligatoire que le représentant du ministère public fasse partie du procès, mais également que la personne pour laquelle l'hospitalisation d'office est demandée soit assistée par un avocat – art. 158, al. 4 LS. Cinquièmement, l'art. 165, al. 1 LS prévoit que « sauf les dispositions spéciales, prévues par la présente section, ce sont les normes du Code de procédure pénale qui s'appliquent ».

Il est plus qu'évident ainsi que l'on se trouve dans l'hypothèse de l'application de mesures de sûreté *ante delictum* – avant la commission d'un acte incriminé quelconque et à cause du simple doute de

---

[6] L'utilisation du terme d'« infraction » n'est pas parfaitement précise car il est certain qu'au moins une partie des individus visés par la norme seraient non-imputables et leur comportement sera qualifié d'« un acte socialement dangereux » (c'est bien ce lexique qui est utilisé par le Code pénal bulgare dans son art. 9, al. 1 pour donner une définition de l'infraction) sans pour autant représenter une infraction, faute de l'élément moral de cette dernière. Il paraît plus correct de parler en ce sens de la probabilité de la commission d'« un acte incriminé ».

l'existence d'un risque prononcé d'une future commission d'un tel acte[7].

Le fondement juridique de l'application de la mesure n'est pas expressément défini par la loi. Etant donné qu'un tel fondement doit toujours exister, il est tout à fait légitime d'arriver à la conclusion qu'il s'agit bien de « la responsabilité sociale », proposée par les positivistes ou bien de « l'état dangereux » du sujet. L'individu subit des conséquences négatives pour lui (dans la mesure où l'Etat intervient sans égard à sa volonté, *i.e.* cette dernière n'est pas prise en compte) car il représente un danger pour la société. L'idée d'imposer une rétribution est absente dans ce cas. Le traitement n'a d'autres buts que d'empêcher la commission d'un futur acte incriminé. La sévérité de la sanction (*i.e.* la durée du traitement) n'est pas adaptée à la gravité de l'infraction (elle n'est pas commise), mais seulement à « l'état dangereux » du malade *i.e.* au type et à l'intensité de sa maladie et la probabilité plus ou moins prononcée de la commission d'un futur acte incriminé qui en découle.

La durée du traitement est déterminée par le tribunal compétent dans sa décision (art. 162, al. 2 LS). Il est prévu que la mesure peut prendre fin non seulement avec l'expiration de la durée ainsi déterminée, mais également quand « les conditions de l'application de la mesure ne sont plus remplies » (art. 164, al. 3 LS). On se souvient bien que l'une des caractéristiques théoriques de la mesure de sûreté est sa révisabilité permanente, compte tenu de l'évolution de « l'état dangereux » du sujet, et respectivement son annulation avec la disparition de cet état dangereux. La norme de l'art. 164, al. 3 LS représente bien cela quand elle parle de l'hypothèse où « les conditions de l'application de la mesure ne sont plus remplies » - le traitement sera

---

[7] L'hospitalisation d'office peut prendre la forme soit d'une hospitalisation complète, soit d'un traitement comportant des soins ambulatoires (art. 156, al. 2 LS). Bien que l'art. 148, 1 de la loi dispose expressément que l'un des principes directeurs du traitement de personnes souffrant d'un trouble mental soit « une restriction minimale de la liberté personnelle », il n'y a aucun doute que le plus souvent l'hospitalisation d'office se résumera en une détention du malade dans un établissement psychiatrique. Autrement dit, l'effet de la mesure est comparable, presque identique, à celui d'une peine privative de liberté.

interrompu immédiatement après la constatation que l'individu ne représente plus un danger pour les autres membres de la société[8]. Même plus, la loi (art. 164, al. 2 LS) oblige le tribunal à se prononcer d'office tous les trois mois sur la question si le traitement continue ou, à défaut, il y sera mis fin[9].

b) mesures applicables à des individus souffrant d'une maladie mentale, prévues par le Code pénal

La seconde loi bulgare qui prévoit l'application de sanctions à des individus souffrant d'une maladie mentale[10] est notre Code pénal au dernier chapitre de sa Partie générale, intitulé « Mesures médicales coercitives » (art. 89 – art. 92 CP). A la différence des mesures de sûreté *ante delictum*, prévues par la Loi de la santé, on se trouve ici dans l'hypothèse de contrainte imposée à un individu ayant déjà commis un acte incriminé, ce dernier étant la raison de l'intervention étatique par rapport à cet individu.

Le Code distingue deux groupes d'individus. Le premier groupe embrasse les personnes non-imputables ayant transgressé la loi pénale, *i.e.* celles dont la responsabilité pénale est exclue, car elles ont été privées de libre arbitre au moment des faits[11]. Au surplus, la loi ajoute les individus qui étaient imputables au moment des faits, mais qui sont tombés en état de non-imputabilité avant qu'ils ne soient condamnés ou lors de l'exécution de la peine. Le second groupe englobe

---

[8] Rien n'exclut la possibilité d'appliquer plus tard une nouvelle hospitalisation d'office au même individu si on s'aperçoit à un moment ultérieur donné que cette dangerosité est de nouveau présente.

[9] La loi n'est pas suffisamment claire au sujet de la possibilité de prolonger la durée du traitement au-delà du délai initialement fixé. Il me semble que la lecture correcte du texte cité impose la conclusion qu'une telle possibilité n'existe pas mais, comme je viens de le mentionner dans la note de bas de page précédente, une nouvelle hospitalisation d'office peut être appliquée à tout moment. La constatation paraît parfaitement correcte en ce sens que la durée de la mesure est entièrement indéterminée (elle peut s'étendre jusqu'à la fin de la vie du malade), ce qui représente une autre des caractéristiques théoriques de la mesure de sûreté.

[10] C'est à dessein que j'utilise la qualification générale d'« individus souffrant d'une maladie mentale », bien que l'un des groupes visés soit celui des alcooliques et des toxicomanes. La psychiatrie contemporaine reconnaît ces types de dépendance comme étant des maladies mentales.

[11] Ce sont les individus pour lesquels l'art. 33, al. 1 CP prévoit qu'ils ne sont pas pénalement responsables car à cause d'une déficience mentale ou d'un trouble psychique, durable ou passager, ils ne pouvaient pas comprendre la nature ou la portée de leurs actes, ou les contrôler.

les personnes qui n'étaient pas non-imputables ni au moment des faits, ni à un moment ultérieur, et respectivement elles sont pénalement responsables, mais elles sont des alcooliques ou des toxicomanes.

En ce qui concerne les individus appartenant au premier groupe, le Code (art. 89 CP) prévoit la possibilité de leur appliquer l'une des trois formes suivantes de soins psychiatriques sans consentement : 1) confier la personne à ses proches si ces derniers s'engagent à respecter son traitement sous la surveillance d'une unité médicale psycho-neurologique ; 2) hospitalisation complète dans un hôpital psycho-neurologique ordinaire ; et 3) hospitalisation complète dans un hôpital psychiatrique spécialisé ou dans une unité spécialisée d'un hôpital psycho-neurologique ordinaire. Quant auxindividus appartenant au second groupe, la loi ne parle que d'un « traitement coercitif » (art. 92, al. 1 CP).

On lit dans la doctrine bulgare que les mesures médicales coercitives prévues par les art. 89 - 92 CP « ne représentent pas une peine, ni ne possèdent un caractère pénal »[12], qu'elles ne représentent pas « une rétribution du mal commis »[13] et même « qu'elles appartiennent à une matière qui ne fait pas partie du droit pénal »[14].

Il ne fait aucun doute que ces mesures ne sont pas de peines et sont, par conséquent, dépouillées de tout caractère rétributif, car elles ne s'appliquent pas sur le fondement de la responsabilité pénale de l'agent. Cela est vrai aussi bien par rapport aux mesures applicables aux individus non-imputables, que par rapport à celles applicables aux alcooliques et aux toxicomanes.

En ce qui concerne les personnes ayant agi en état de non-imputabilité au moment des faits, leur responsabilité pénale est *a priori* exclue. Quant à celles chez qui l'état de non-imputabilité est né après la commission de l'infraction, mais avant le prononcé de la condamnation, le Code prévoit (art. 33, al. 2 CP) qu' « elles ne sont pas passibles

---

[12] NENOV (I.) « Droit pénal de la République de Bulgarie », Partie générale, vol. 2, SOFI-R, 1992, p. 233.

[13] STOYNOV (Al.) « Droit pénal », Partie générale, Ciela, 1999, p. 385.

[14] Ibid., p. 123.

d'une peine », mais qu'une peine peut leur être infligée si elles guérissent[15]. En ce qui concerne les personnes étant tombées en état de non-imputabilité, lors de l'exécution de leur peine, cette dernière est bien évidemment déjà personnalisée et imposée. Quant aux alcooliques et aux toxicomanes, le traitement coercitif est imposé « cumulativement avec la peine » (art. 92, al. 1 CP)[16].

L'opinion, selon laquelle les mesures médicales coercitives ne possèdent pas de caractère pénal, semble parfaitement correcte si l'on considère que l'auteur cité ci-dessus a voulu dire que ces mesures ne sont pas des peines (étant dénuées de tout caractère rétributif, propre à la peine). Il est pourtant difficile de partage l'opinion selon laquelle les mesures médicales coercitives n'appartiennent pas à la matière répressive[17]. Premièrement, la raison de leur application est la commission d'un acte incriminé (que l'on ne qualifiera pas « d'infraction » mais « d'un acte socialement dangereux », si l'auteur est non-imputable, mais qu'on qualifiera justement « d'infraction », si l'auteur appartient à l'un des autres groupes d'individus visés par l'art. 89 – art. 92 CP[18]). Et deuxièmement, ces mesures sont infligées par un tribunal pénal, soit dans le cadre du procès pénal « classique », soit dans le

---

[15] Cette décision parfaitement fondée de notre législateur entre en collision avec la base théorique du droit pénal classique rétributif. Si l'on pousse jusqu'au bout la logique de ce dernier, il faudrait ne s'intéresser qu'à l'état mental du sujet au moment des faits et ne pas prendre en compte les changements étant survenus ultérieurement. Mais suivre cette logique aboutirait à la situation absurde où l'on impose une peine à un individu complètement privé de la capacité de comprendre le sens des conséquences négatives qu'il se voit obligé de subir – le reproche de son comportement que l'Etat lui adresse et que la peine représente.

[16] Il me semble que la norme de l'art. 92, al. 1 CP n'est pas suffisamment précise. Notre législateur a envisagé seulement les hypothèses des infractions commises par des alcooliques ou des toxicomanes sans tenir compte de l'hypothèse où la norme pénale est transgressée par un individu qui souffre d'une autre maladie mentale qui n'exclut pas l'imputabilité. Autrement dit, une norme générale analogue à celle de l'art. 122-1, al. 2 du Code pénal français n'existe pas en droit pénal bulgare.

[17] C'est bien en ce sens d'ailleurs qu'on pourrait comprendre également l'affirmation précédente, qui insiste sur le fait que les mesures en cause ne possèdent pas de caractère pénal.

[18] C'est-à-dire, un individu chez qui la non-imputabilité est née après la commission de l'acte, mais avant la condamnation ou lors de l'exécution de la peine, ou un alcoolique, ou un toxicomane.

cadre de la procédure particulière, prévue par l'art. 427 – l'art. 432 du Code de procédure pénale bulgare (CPP).

Il est ainsi tout à fait légitime d'arriver à la conclusion que les mesures médicales coercitives sont des sanctions pénales. Elles ne sont pas autre chose (tout comme l'hospitalisation d'office prévue par la Loi sur la santé) que des mesures de sûreté, étant donné qu'elles correspondent parfaitement aux caractéristiques théoriques de ce type de sanctions. Les mesures en cause sont imposées sur un fondement différent de la responsabilité pénale et que l'on pourrait de nouveau qualifier de « responsabilité sociale » ou d'« état dangereux » - les conséquences coercitives sont subies par l'individu pour la simple raison que la société a besoin de se protéger de lui, car cet individu est dangereux. Puis, ces mesures médicales sont dénuées de tout aspect rétributif[19] et elles sont complètement préventives, étant orientées exclusivement vers l'avenir (leur seul but étant de voir la personne souffrante guérie afin qu'elle cesse d'être dangereuse et ne commette pas un futur acte incriminé). Et finalement, les mesures analysées sont adaptées exclusivement à « l'état dangereux » de l'individu, *i.e.* à la nature de sa maladie mentale et aux caractéristiques comportementales qui en découlent (le degré de la dangerosité de la commission d'une nouvelle infraction)[20].

Il est vrai que le Code pénal range la nature de l'acte socialement dangereux commis parmi les critères du choix du type du traitement (art. 90, al. 1 et al. 2). Il me semble pourtant que cette approche doit être interprétée comme quoi le type d'acte commis sera pris en

---

[19] STAYNOV (Al.), *op.cit.*, p. 385.

[20] L'art. 90, al. 2 CP qui prévoit les conditions pour l'application de la mesure la plus contraignante pour la personne souffrante – l'hospitalisation complète dans un hôpital psychiatrique spécialisé ou dans une unité spécialisée d'un hôpital psycho-neurologique ordinaire, dispose qu'elle est prononcée quand l'individu « compte tenu de son état mental et du caractère de l'acte socialement dangereux commis **apparaît particulièrement dangereux pour la société ou pour ses proches** (*c'est moi qui souligne – O.V.*) ». En même temps, l'art. 427, al. 2 du CPP prévoit qu'avant de formuler une proposition d'application d'une mesure médicale coercitive, le procureur compétent « ordonne une expertise médicale et demande à l'organe de l'instruction de le renseigner sur le comportement de la personne avant et après la commission de l'acte et sur la question de savoir **si cette personne représente un danger pour la société** (*c'est moi qui souligne – O.V.*) ».

compte lors de l'évaluation complexe du degré de la dangerosité que le sujet représente[21]. La conclusion s'impose ainsi que le lien rétributif entre la gravité de l'acte et la sévérité de la sanction est absent[22].

En outre l'art. 91, al. 1 CP prévoit que « l'interruption ou la modification de la mesure médicale appliquée est ordonnée par le tribunal, quand cela est nécessaire à cause d'un changement de l'état du malade ou à cause des besoins de son traitement ». Cela signifie que la sanction est révisable compte tenu de l'évolution de « l'état dangereux » de l'individu[23]. Même plus, elle est d'une durée indéterminée et elle ne prendra pas fin jusqu'à ce que la personne ne cesse d'être dangereuse. En ce qui concerne les individus visés par l'art. 89 CP (les non-imputables) cette conclusion découle de la lecture de la norme de l'art. 91, al. 1 que je viens de citer[24]. En ce qui concerne les individus visés par l'art. 92, al. 1, l'al. 5 du même article est suffisamment claire en ce sens : « Le traitement coercitif est interrompu par le tribunal dès qu'il n'est plus nécessaire ».

---

[21] A la différence des peines prévues pour chaque infraction concrète pour lesquelles le tribunal n'a pas la possibilité de s'écarter (impossibilité d'infliger une peine au-dessus du maximum légalement prévu et possibilité de descendre au-dessous du minimum légalement prévu ou de substituer une peine à une autre dans les seules hypothèses restreintes, limitativement énumérées par la loi), ici la nature de l'acte commis n'est pas liée à des conséquences si précises.

[22]STOYNOV (Al.), *op. cit.*, p. 385.

[23] Sur le fondement de l'art. 91, al. 2 CP et de l'art. 432, al. 1 CPP six mois après le commencement du traitement le tribunal est obligé de se prononcer d'office sur l'interruption, la prolongation ou la modification de la mesure s'il s'agit d'une hospitalisation complète. En outre, l'hospitalisation complète peut être interrompue ou modifiée même avant l'expiration des six mois, sur proposition du procureur compétent (art. 432, al. 2 CPP). C'est toujours sur proposition du procureur compétent que le tribunal peut interrompre ou modifier la mesure si la personne est confiée à ses proches. La lecture systématique des normes citées pose deux problèmes d'après moi. Premièrement, aucune régularité n'est prévue pour un réexamen de la situation du traité après l'expiration des six premiers mois, ce qui représente un grand danger d'une violation grave de ses droits et libertés personnels. Deuxièmement, et seulement si la personne a été confiée à ses proches – le tribunal n'est pas tenu à se prononcer d'office sur l'interruption, la prolongation ou la modification de la mesure, même une première fois après l'expiration des six mois du commencement de l'application de la sanction.

[24] Elle prévoit non seulement la modification de la mesure quand cela est nécessaire, mais également l'interruption de cette dernière dans les mêmes conditions, *i.e.* quand on arrive à la conclusion que la personne est guérie ou pour le moins, elle ne représente plus un danger car le risque de la commission d'un acte incriminé n'existe plus.

L'analyse ainsi réalisée rend parfaitement fondée la conclusion que les sanctions applicables à des aliénés en droit bulgare – aussi bien celles prévues par la Loi sur la santé, que celles prévues par le Code pénal, représentent des mesures de sûreté, bien que cette catégorie de sanctions ne fasse pas formellement partie de notre législation. Il nous reste à apercevoir que telle est également la nature des sanctions applicables aux récidivistes en droit bulgare, cette affirmation étant pourtant d'une moindre évidence que celle concernant les mesures applicables à des personnes souffrant d'une maladie mentale.

A) Les récidivistes

Le second groupe que l'on considère traditionnellement comme faisant partie de la catégorie de « criminels dangereux » est celui des individus qui violent à de multiples reprises la loi pénale, c'est-à-dire ceux qui commettent une infraction après avoir été condamnés définitivement pour la commission d'une autre infraction.

Le droit pénal bulgare connaît trois types de récidive légale – la récidive générale, la récidive spéciale (ou encore réitération[25]) et la récidive dangereuse. Ces trois formes de récidive légale sont réglées par l'art. 27 – l'art. 30 de notre Code pénal. Les conditions de la récidive générale sont décrites exclusivement dans la Partie générale du Code. L'approche législative des deux autres types de récidive légale diffère. Ils sont érigés en circonstances aggravantes de certaines infractions dans la Partie spéciale du Code (*i.e.* possibilité de prononcer une peine plus lourde que celles normalement prévues pour lesdites infractions), leurs éléments constitutifs étant décrits dans la Partie générale du Code.

Ce qui est commun aux trois types de récidive légale, c'est qu'il s'agit d'hypothèses où une personne commet une infraction après avoir été définitivement condamnée pour la commission d'une autre infraction.

---

[25] A la différence du droit français où le terme de réitération recouvre les hypothèses de récidive, qui ne répondent pas aux conditions de la récidive légale (art. 132-16-7 du Code pénal français), en droit bulgare ce terme désigne justement l'une des formes de récidive légale.

La première forme de récidive légale en droit pénal bulgare est la récidive générale. Il faut tout de suite préciser que cette dénomination ne représente pas un terme légal – elle est utilisée par la doctrine et non pas par le législateur[26]. Les éléments constitutifs de la récidive générale sont décrits par l'art. 27 CP. La lecture de la norme révèle que les conditions de l'existence de ce type de récidive sont réunies quand une personne pénalement responsable commet une infraction après avoir été définitivement condamnée d'une peine privative de liberté pour la commission d'une autre infraction, si la sanction imposée pour la commission de la seconde infraction est également une peine privative de liberté. Autrement dit, deux conditions doivent être remplies, liées à la nature de la sanction imposée pour chacune des deux infractions (et non pas à la nature des infractions en cause). Premièrement, il faut que la peine infligée à l'agent avec la condamnation définitive pour la première infraction commise soit une peine privative de liberté, sans égard à la durée de la sanction (c'est le premier terme de la récidive générale). Deuxièmement, la peine prononcée pour la commission de la seconde infraction doit également être une peine privative de liberté, et de nouveau sans égard à son quantum (c'est le second terme de la récidive générale).

Le législateur a distingué deux hypothèses principales compte tenu de la peine que le criminel doit exécuter s'il se trouve en état de récidive générale. La première englobe les cas où l'agent n'a pas exécuté la peine infligée pour la première infraction – soit il ne l'a pas du tout subie, soit il n'en a subi qu'une partie.

Deux sous-hypothèses peuvent être distinguées ici, toutes les deux prévoyant l'infliction d'une peine privative de liberté commune pour les deux infractions que le criminel doit subir, cette peine commune englobant obligatoirement la partie de la première peine qu'il n'a pas exécutée (*i.e.* soit la première peine dans son intégralité, s'il n'a pas du tout exécuté cette peine, soit cette partie d'elle qu'il n'a pas exécutée). A cette partie le tribunal ajoute soit intégralement, soit partiellement la deuxième peine privative de liberté, imposée pour la

---

[26] Il convient de mentionner que la notion n'est pas employée par tous les auteurs. Pour un exemple d'auteurs qui se servent du terme, voirSTOYNOV (Al.), *op. cit.* et VLADIMIROV (R.), HRISTOVA (K.), STEFANOV (N.) « Droit pénal », Partie générale, 2e édition, Ciela, 2017. Pour un exemple d'auteurs qui ne le font pas, voirNENOV (I.), *op. cit.* et GUIRGUINOV (A.) « Droit pénal de la République de Bulgarie », Partie générale, SOFI-R, 2002.

seconde infraction avec la seconde condamnation. Logiquement, la peine commune, que l'agent doit exécuter, est prononcée avec la seconde condamnation.

La première sous-hypothèse vise les cas où la peine imposée pour la commission de la seconde infraction est une peine privative de liberté d'une durée qui n'est pas supérieure à 5 ans et la seconde infraction ne remplit pas les conditions ni de la récidive spéciale, ni de la récidive dangereuse. Dans ces cas le tribunal est autorisé à décider si la peine prononcée pour la seconde infraction va être ajoutée intégralement ou partiellement à la partie non subie de la première peine pour la détermination du quantum de la peine commune que le criminel doit exécuter. La peine commune ainsi fixée ne peut être inférieure à la peine prononcée pour la commission de la seconde infraction.

La deuxième sous-hypothèse embrasse les cas où la peine prononcée pour la seconde infraction est une sanction privative de liberté d'une durée supérieure à 5 ans et ceux où la seconde infraction remplit les éléments légaux soit de la récidive spéciale, soit de la récidive dangereuse. Dans ces cas la seconde peine est obligatoirement ajoutée dans son intégralité à la partie non-subie de la première peine, la jurisprudence admettant ici que la peine commune peut dépasser la durée de 30 ans d'emprisonnement qui est la durée maximale de la peine privative de liberté en droit pénal bulgare[27].

La seconde hypothèse principale de la récidive générale intègre les cas où le criminel commet la deuxième infraction après avoir exécuté la peine pour la première infraction. Le Code prévoit ici que la peine infligée pour la commission de la seconde infraction sera subie en intégralité.

Le deuxième type de récidive légale que le droit pénal bulgare connaît est la récidive spéciale (ou encore la réitération). La lecture systématique de l'art. 28 et de l'art. 30 CP révèle que cette forme de récidive est présente quand le criminel commet une infraction du

---

[27] Notre droit connaît deux peines de privation de liberté à perpétuité (deux types d'emprisonnement à vie), mais ils sont vus formellement par le législateur comme des peines à part et non pas comme faisant partie des peines privatives de liberté.

même type que celle pour laquelle il a été déjà définitivement condamné, s'il est prévu dans la Partie spéciale du Code que la réitération représente une circonstance aggravante pour ce type d'infraction et un délai de 5 ans ne s'est pas écoulé depuis l'exécution de la peine prononcée pour la première infraction[28].

Autrement dit, pour que la récidive spéciale soit présente trois conditions doivent être remplies cumulativement.

Premièrement, les deux infractions doivent être du même type. Il en est ainsi quand l'agent commet une infraction après avoir été condamné définitivement pour la commission de la même infraction. La jurisprudence admet que cette condition sera remplie également dans les hypothèses où les deux infractions correspondent à des qualifications différentes appartenant au même type d'infraction.

Deuxièmement, il faut qu'il soit prévu dans la Partie spéciale du Code que la réitération de cette infraction entraîne une peine plus lourde, *i.e.* la réitération est expressément prévue comme une circonstance aggravante pour le type d'infraction en cause. La lecture analytique de la Partie spéciale du Code pénal bulgare révèle que la récidive spéciale est prévue comme une circonstance aggravante pour des infractions intentionnelles et si cette circonstance aggravante est présente, la peine prévue est toujours une peine privative de liberté.

Et troisièmement, pour que la récidive spéciale soit constituéeun délai de 5 ans ne doit pas s'être écoulé après l'exécution de la peine de la première infraction. Quand la première peine est une peine privative de liberté et elle a fait l'objet d'un sursis ou d'une libération conditionnelle, le délai de 5 ans commence à partir de la fin du délai d'épreuve.

Le troisième type de récidive légale en droit pénal bulgare est la récidive dangereuse.

La lecture systématique de l'art. 29 et l'art. 30 CP révèle le contenu de cette figure juridique du droit pénal bulgare. Deux hypothèses de récidive dangereuse existent. Des conditions communes pour sont prévues ainsi que pour chacune de ces formes de récidive légale.

---

[28] Pour qu'on se trouve dans l'hypothèse de réitération, il n'est pas obligatoire que le criminel ait exécuté la première peine intégralement ou partiellement, il suffit qu'il ait été condamné définitivement pour la commission de la première infraction.

Les conditions communespour l'existence des deux hypothèses de la récidive dangereuse sont au nombre de trois.

Premièrement, il faut que dans la Partie spéciale du Code, la récidive dangereuse soit prévue comme une circonstance aggravante pour l'infraction commise. Il s'agit d'infractions intentionnelles, surtout d'infractions contre les personnes et contre les biens. Deuxièmement, il faut qu'un délai de 5 ans ne se soit pas écoulé à compter de l'accomplissement de la peine imposée avec la dernière condamnation. Et troisièmement, ce ne sont que des condamnations prononcées pour des infractions commises par la personne après qu'elle ait atteint l'âge de la majorité, qui sont prises en compte dans le cadre de la récidive dangereuse et non pas de telles prononcées pour des infractions commises par elle, quand elle était mineure (*i.e.* avant que la personne n'ait atteint l'âge de 18 ans, qui est l'âge légale de la majorité en droit bulgare).

En ce qui concerne les conditions spécifiques pour chacune des deux hypothèses de récidive dangereuse, la première d'entre elles demande que trois conditions soient remplies cumulativement. D'abord, l'infraction ayant donné lieu à la première condamnation doit être une infraction intentionnelle grave. La catégorie d'« infraction grave » est définie par l'art. 93, 7 CP[29] - il s'agit d'une infraction pour laquelle la peine prévue est une peine privative de liberté supérieure à 5 ans ou l'un des deux types d'emprisonnement à vie que le droit pénal connaît. Les condamnations pour des infractions non-intentionnelles n'autorisent pas l'application de la norme de la récidive dangereuse, même s'il s'agit d'infractions graves. Puis, il faut que la peine prononcée pour la première infraction soit une peine privative de liberté qui n'est pas inférieure à un an. Et finalement, l'exécution de cette peine ne doit pas avoir fait l'objet d'un sursis. Il n'est pas besoin, par contre, que l'individu ait réellement subi cette privation de liberté, il suffit qu'elle ait été prononcée sans sursis.

---

[29] On appelle souvent métaphoriquement l'art. 93 CP « le vocabulaire » de notre Code pénal, car le législateur y a donné la définition de plusieurs termes utilisés par la loi répressive, le contenu de cette définition étant obligatoire aux fins de l'interprétation des normes du Code.

En ce qui concerne la seconde hypothèse de récidive dangereuse, les conditions sont au nombre de cinq et elles doivent aussi être remplies cumulativement. Premièrement, le sujet doit avoir fait l'objet d'au moins deux condamnations précédentes. Deuxièmement, au moins deux peines privatives de liberté doivent avoir été imposées, sans égard à leur durée. Troisièmement, les infractions ayant donné lieu au prononcé des deux peines d'emprisonnement doivent être des infractions intentionnelles. Quatrièmement, l'exécution d'au moins une des peines d'emprisonnement ne doit pas avoir fait l'objet d'un sursis, l'exécution effective n'étant pas pourtant exigée. Cinquièmement, un délai de 5 ans ne doit pas s'être écoulé après l'exécution d'au moins deux des peines précédentes.

Quelle est alors la nature juridique des sanctions applicables dans les cas de récidive légale en droit pénal bulgare ? Dans les hypothèses de récidive spéciale et de récidive dangereuse, érigées en circonstances aggravantes, la peine pour la seconde infraction (aussi bien la peine abstraitement prévue par la loi que celle personnalisée et prononcée) sera toujours supérieure à celle que le sujet aurait subie, s'il avait commis parfaitement la même infraction, mais sans avoir transgressé la loi pénale une première fois. Il est plus qu'évident que la raison pour laquelle deux infractions absolument identiques sont traitées de manière différente, à cause du fait que dans l'un des cas c'est de récidive légale qu'il s'agit, et dans l'autre non - c'est l'attention particulière que la personnalité du délinquant exige dans les cas de récidive. Autrement dit, le degré élevé de dangerosité, si manifeste ici, que l'individu représente pour la société, à cause de ses prédispositions criminogènes, fait qu'il est traité plus sévèrement. Il est parfaitement légitime d'admettre qu'on se trouve ici dans l'hypothèse de l'application d'une mesure de sûreté. D'une part, on pourrait soutenir que dans sa partie qui dépasse la peine qui aurait été prononcée pour cette infraction, s'il ne s'agissait pas d'une récidive, la sanction représente une mesure de sûreté, visant surtout l'isolement prolongé et la correction du criminel (*i.e.* on pourrait soutenir que c'est d'une application cumulative d'une peine et d'une mesure de sûreté qu'il s'agit). D'autre part, et si l'on n'adopte pas la logique de cette construction quelque peu artificielle, et si l'on analyse la sanction infligée dans son intégralité, on pourrait aisément conclure que la sanction en cause est infligée surtout, et avant tout, afin d'isoler un individu dangereux pour la société, ainsi qu'afin d'essayer de corriger cet individu lors de l'exécution de la peine. Autrement dit, cette sanction s'apparente beaucoup plus à une mesure de sûreté qu'à une peine.

Il est vrai que la situation diffère légèrement dans les hypothèses de récidive générale et surtout dans ces cas de récidive générale où le tribunal n'est pas obligé d'ajouter intégralement la peine prononcée pour la seconde infraction[30]. Dans ces cas la peine commune pour les deux infractions, que le sujet doit subir, ne peut aller au-delà du cumul du taux des deux peines. On a l'impression ainsi que le sort du criminel n'est pas plus grave que s'il s'agissait de deux peines imposées pour la commission de deux infractions sans aucun rapport entre elles. Tel n'est pourtant pas le cas, deux arguments pouvant être avancés en ce sens. Premièrement, la peine commune ne peut être inférieure à celle prononcée pour la commission de la seconde infraction. Et deuxièmement, quand il personnalise cette deuxième peine, bien qu'il ne soit pas formellement tenu de le faire, le tribunal prendra en compte, il ne faut pas en douter, l'existence de la condamnation précédente et il imposera une peine plus sévère par rapport à celle qu'il aurait imposée, s'il ne s'agissait pas d'un cas de récidive légale[31]. Autrement dit, dans les cas de récidive générale - tout comme dans les cas de récidive spéciale et de récidive dangereuse – la dangerosité que le sujet représente sera le critère décisif pour la personnalisation de la sanction, et l'on peut de nouveau légitimement parler ici de l'application d'une mesure de sûreté.

L'affirmation selon laquelle les caractéristiques personnelles du sujet sont le critère le plus important lors de l'individualisation de la sanction en cas de récidive – aussi bien celle abstraitement prévue par le législateur, ainsi que celle prononcée par le tribunal dans chaque cas

---

[30] C'est-à-dire quand l'agent n'a pas exécuté la première peine – soit il ne l'a pas de tout exécutée, soit il l'a exécutée partiellement – et la peine prononcée pour la seconde infraction n'est pas supérieure à 5 ans d'emprisonnement et la seconde infraction ne réunit pas les éléments de la récidive spéciale ou de la récidive dangereuse.

[31] Il en va de même dans les hypothèses de « récidive de fait » - quand une personne commet une infraction après avoir été définitivement condamnée pour la commission d'une autre infraction, mais sans que les éléments constitutifs de l'un des trois types de récidive légale soient remplis. Autrement dit, je parle ici des cas correspondant à la « réitération d'infraction » française.

particulier – se voit confirmée par des opinions émises dans la doctrine. L'un des pénalistes bulgares les plus reconnus du XXe siècle a pu ainsi écrire que « la récidive pose des problèmes compliqués de caractère socio-politique et juridique qui sont fondamentaux pour le domaine de la criminologie également »[32]. Cette référence à la criminologie est significative car les positivistes sont considérés non seulement comme « les pères » de la mesure de sûreté, mais également comme ceux de la criminologie[33], un lien étroit existant entre celle-ci et celle-là. Un autre auteur bulgare a écrit, en analysant la récidive dans notre droit pénal, qu'en individualisant la peine le tribunal doit tenir compte « de la dangerosité sociale de l'agent ». « La nouvelle infraction caractérise la personnalité du criminel comme particulièrement dangereuse pour la société, ce qui impose son isolement prolongé, accompagné d'un traitement correctif ». La récidive dangereuse révèle « la dangerosité sociale particulièrement élevée de l'agent et des infractions qu'il commet » et l'une des fonctions de l'existence de la même figure juridique (*i.e.* la récidive dangereuse) est « une défense plus efficace de la société contre des personnes qui ont des prédispositions à commettre des infractions graves »[34].

La doctrine française va dans le même sens quand elle écrit : « L'idée est que le fait d'avoir commis une nouvelle infraction, malgré un précédent rappel à la loi, procède à la fois d'une accoutumance à mal faire et d'une certaine dangerosité »[35].

Toutes ces opinions doctrinales confirment la thèse selon laquelle c'est la personnalité du criminel dont aussi bien le législateur que la juridiction compétente tiennent avant tout compte lors de la fixation de la sanction dans les cas de récidive, ce qui rend *ipso facto* légitime l'affirmation que c'est d'une mesure de sûreté qu'il s'agit. Il est vrai que cette conclusion n'est pas aussi facile à faire que celle concernant les mesures applicables à des individus soufrant d'une maladie mentale (aussi bien l'hospitalisation d'office prévue par la Loi sur la santé que les mesures médicales coercitives prévues par le Code pénal). Cela est ainsi car la sanction applicable aux récidivistes est formellement

---

[32]NENOV (I.), *op. cit.*, p. 218.

[33]Pour plus de détails sur cette question voir GASSIN (R.), *op.cit.*, p. 158 et suiv.

[34]STOYNOV (Al.), *op. cit.*, p. 363 et suiv.

[35]PIN (X.) « Droit pénal général », 4e édition, Dalloz, 2010, p.310.

qualifiée de peine, elle est infligée sur le fondement de la responsabilité pénale du sujet, elle n'est aucunement dénuée de caractère rétributif, elle n'est pas d'une durée indéterminée et elle n'est pas constamment révisable[36]. Ce que j'affirme pourtant, malgré toutes ces circonstances indiscutables, est que cette sanction est tournée beaucoup plus vers le criminel que vers le crime[37]. Cela signifie en soique la sanction analysée pourrait être qualifiée de « mesure de sûreté » ou pour le moins d'une forme particulière de ce type de sanctions.

3. Conclusion

Je me suis proposé deux tâches au début de la présente étude. D'une part, faire connaître au lecteur étranger la manière dont le droit bulgare règle la matière des questions liées aux deux groupes les plus représentatifs de la catégorie de « criminels dangereux » (les aliénés et les récidivistes). D'autre part, démontrer d'une manière analytique la nature juridique des mesures applicables à ces deux groupes d'individus. J'espère sincèrement avoir réussi à exposer de façon claire et accessible la matière commentée. J'espère avoir réussi également à convaincre le lecteur que tous les arguments sont là pour qu'on traite de « mesures de sûreté » les sanctions applicables aux aliénés et aux récidivistes en droit bulgare, bien que notre droit ne se serve pas formellement de cette catégorie de sanctions. J'espère finalement que la manière dont le législateur bulgare règle les problèmes liés aux aliénés et aux récidivistes puisse inspirer des réflexions à ce sujet dans d'autres pays – aussi bien chez les chercheurs que chez les législateurs locaux. Je crois profondément que chaque lecture de droit comparé possède un tel potentiel. Je souhaite vivement qu'à l'occasion ce potentiel se réalise.

---

[36] Il faut tenir compte quand même que la sanction en cause est susceptible à faire l'objet de certains aménagements de la peine et précisément d'une libération conditionnelle.

[37] On se trouve dans une hypothèse qui correspond parfaitement à la question suivante posée par la doctrine française : « le droit pénal est-il le droit du crime ou le droit du criminel ? », voir CONTE (Ph.), MAISTRE DU CHAMBON (P.) « Droit pénal général », 7e édition, Armand Colin, p. 22.

L'octroi d'avantages pénitentiaires aux criminels repentis : un moyen efficace ou irrecevable pour lutter contre la dangerosité de certains criminels ?

A propos d'un arrêt récent de la Cour de Strasbourg

Jean Pradel

Agrégé des Facultés de droit
Ancien juge d'instruction

1. Concept à la mode[1], la dangerosité appelle avant tout la recherche d'une définition. Or celle-ci – et l'on ne peut ici que le rappeler après beaucoup d'autres – n'est pas une notion unitaire. Il existe en effet deux sens au mot dangerosité ou si l'on préfère, il y a deux formes de dangerosité : la dangerosité criminologique qui est l'état « d'un individu qui présente des virtualités particulièrement marquées de passage à l'acte coïncidant avec une situation sociale »[2] et la dangerosité psychiatrique qui est « une manifestation symptomatique liée à l'expression directe de la maladie mentale »[3]. C'est évidemment le premier sens qui sera retenu ici.

---

[1] Depuis longtemps à vrai dire car déjà à la fin du XIXème siècle, Lombroso (L'homme criminel, 1872) et Ferri (La sociologie criminelle, 1885) classaient les délinquants selon un critère tiré de leur dangerosité, en opposant les délinquants d'occasion (peu dangereux) aux délinquants d'habitude (très dangereux).

[2] J.-L. Senon, M. Voyer, C. Paillard et N. Jaafari, « Dangerosité criminologique : données contextuelles, enjeux cliniques et comportementaux », *Rev. de l'information psychiatrique*, vol. 85, août 2009, p. 719 al. 5.

[3] B. Gravier, « Comment évaluer la dangerosité dans l'expertise psychiatrique pénale ? », Expertise psychiatrique pénale, audition publique des 25/26 janvier 2007, Montrouge, John Libbey, 2008.

2. Dès lors, à raisonner en termes de dangerosité criminologique, il va falloir déterminer le meilleur moyen (ou les meilleurs moyens) de la réduire. On pense immédiatement à l'application de peines privatives de liberté lourdes en application du précepte de Bentham qui entendait dissuader (intimider) les candidats au crime et, effectivement, les législateurs prévoient toujours de longues peines pour sanctionner les terroristes et criminels organisés[4]. Cependant, les législateurs offrent en même temps une réduction de la durée de la peine si le criminel, avant de passer en jugement, avait aidé la police et la justice, c'est le système bien connu des repentis[5] qui existe par exemple aux Pays-Bas, en Espagne, en Allemagne, en France[6].

3. Or certains législateurs vont plus loin en offrant des avantages pénitentiaires (réduction de peine et libération conditionnelle notamment) aux condamnés qui, du fond de leur cellule acceptent d'aider la justice. On va donner l'exemple de la loi italienne, sanctionnée récemment par un arrêt de la Cour européenne des droits de l'homme.

4. Que décide au juste le droit italien ? Le point de départ est l'extraordinaire développement de la criminalité mafieuse, notamment en Sicile au point que le législateur a prévu, à côté de l'association de malfaiteurs « ordinaire » une association de malfaiteurs mafieuse à l'article 416 bis C.P. italien qui se lit comme suit : « L'association est de type mafieuse lorsque ceux qui en font partie se servent de la force d'intimidation résultant du lien associatif et de l'état d'assujettissement et de réduction au silence qui en découle pour commettre des crimes et des délits, pour acquérir de manière directe ou indirecte la gestion ou le contrôle d'activités économiques, de concessions, d'autorisations de marchés et de services publics, pour réaliser pour eux ou pour autrui des profits ou des avantages injustes, ou encore pour empêcher ou entraver le libre exercice du vote ou procurer des voix pour soi ou pour autrui à l'occasion de consultations électorales ». Le texte est très intéressant car il donne des personnes mafieuses une définition large, concrète, collant à la réalité criminologique.

---

[4] Sur la valeur de l'intimidation, J. Pradel, *Droit pénal général*, 22ème éd., 2019, n° 623.

[5] Les *pentitis* en droit italien.

[6] J. Pradel, *Droit pénal comparé*, 4ème éd., 2016, n° 598, Précis Dalloz.

Il n'empêche que les crimes mafieux ne cessant de se développer, la justice italienne décida d'agir aussi sur le plan procédural. Furent dépêchés en Sicile des magistrats courageux comme le juge d'instruction R. Chinnici qui, à son tour appela en renfort le juge d'instruction G. Falcone et le procureur S. Borsellino. Hélas, le premier fut assassiné en 1983 par le placement d'une bombe sous sa voiture de fonction. Et en 1992, ses deux collègues furent à leur tour sauvagement supprimés[7].

Le législateur italien crut devoir intervenir avec la loi n° 356 du 7 août 1992 retouchant la loi n° 354 du 26 juillet 1975 dite loi sur l'administration pénitentiaire (*legge sull'ordinamento penitenziano*) relative au traitement des détenus en milieu carcéral : est créé *l'ergastolo ostativo* (privation de liberté à vie automatique sauf collaboration du condamné) par l'effet duquel l'absence de collaboration avec la justice fait obstacle à l'octroi de la libération conditionnelle et des autres bénéfices pénitentiaires prévus par la loi.

Plus précisément, l'article 4 bis de la loi de 1975 modifiée décide « 1° L'affectation au travail à l'extérieur, les permissions de sortie et les mesures alternatives à la détention... peuvent être accordées aux détenus pour les délits qui suivent seulement dans le cas où ces détenus... collaborent avec la justice au sens de l'article 58 bis et ter de la présente loi : délits commis à des fins de terrorisme, même international ou de subversion de l'ordre démocratique par la réalisation d'actes de violence, délit visé aux articles 416 bis et 416 ter du Code pénal... ».

1bis. Les bénéfices visés à l'alinéa 1 peuvent également être accordés aux détenus... à condition qu'aient été acquis les éléments permettant d'exclure l'actualité des liens avec la criminalité organisée, terroriste ou subversive, lorsque la participation limitée aux faits délictueux... rendent en tous cas impossible une collaboration utile avec la justice... ».

Quant à l'article 58 ter de cette loi, il décide que « les limites de peine prévues » aux articles 21 de cette loi (sur le travail à l'extérieur) et 30 ter de ladite loi (permission de sortie) ne s'appliquent pas à ceux

---

[7] Notamment, les mafieux placèrent sur une autoroute qu'il devait emprunter une forte charge d'explosifs. Il fut tué sur le coup et les restes de son corps furent propulsés à plusieurs centaines de mètres dans un verger.

qui... ont fourni à l'autorité de police ou judiciaire des éléments décisifs pour l'établissement des faits et pour l'identification ou l'arrestation des auteurs d'infractions criminelles ».

Enfin, la libération conditionnelle peut être accordée aux condamnés pour l'un des délits visés à l'alinéa 1 de l'article 4 bis précité « uniquement si les conditions prévues pour l'octroi des autres bénéfices légaux sont remplies » (loi n° 203 du 12 juillet 1991).

5. En somme, pas de libération conditionnelle et pas davantage d'autres bénéfices pénitentiaires pour certains grands criminels comme les mafieux sans collaboration avec la justice. Et c'est sur ce point qu'un condamné à la peine privative de liberté perpétuelle, le sieur *Viola* qui refusait d'aider la justice ne put bénéficier ni de la libération conditionnelle, ni d'aucun autre bénéfice pénitentiaire. Après avoir en vain saisi les juridictions italiennes de l'exécution des peines, il dépose une requête devant la Cour européenne des droits de l'homme, en se fondant sur l'article 3 Conv. EDH consacrant « l'interdiction de la torture ». Les juges européens rendirent leur réponse par un arrêt en date du 13 juin 2019[8].

6. Les juges de Strasbourg commencent par poser clairement la question à résoudre : « la question centrale qui se pose dans le cas du requérant est celle de savoir si l'équilibre entre les finalités de politique criminelle et la fonction de resocialisation de la peine ne finit pas, dans son application pratique, par restreindre excessivement la perspective d'élargissement de l'intéressé » (§ 110). Le lecteur devine déjà le sentiment qui anime les juges. Effectivement, l'Italie va être condamnée et elle va l'être sur la base de deux séries de raisons dont il faut apprécier la valeur.

a) La CEDH raisonne d'abord sur le plan de la *technique juridique*. Si la loi italienne offre bien au condamné le choix de collaborer ou pas avec la police et la justice, sa liberté de choix est réduite et même douteuse (§ 116) de sorte que la peine perpétuelle infligée au sieur *Viola* est de fait perpétuelle, ce qui la rend incompressible alors

---

[8] CEDH, 13 juin 2019, *Marcello Viola c./ Italie* (n° 2), n° 77633/16. L'Italie a bien tenté de faire réformer cette décision en saisissant la grande chambre, mais celle-ci a déclaré le recours non recevable par arrêt du 8 octobre 2019.

que la CEDH ne cesse de dire et répéter qu'une peine perpétuelle n'est compatible avec l'article 3 Conv. EDH que si elle offre « une chance d'élargissement »[9] ou « que si elle est compressible *de jure* et *de facto* »[10].

Que le condamné même à perpétuité puisse en droit obtenir un jour une libération conditionnelle ou, plus modestement un bénéfice pénitentiaire, est compatible avec l'article 3 Conv. EDH. Mais justement, il incombe au condamné, dans le cas présent, d'aider la justice. Et que l'on ne dise pas, comme le fait la CEDH, que le requérant est privé d'une liberté de choix. La CEDH raisonne ici de façon abstraire et générale en se fondant sur le fait que les dénonciateurs risquent des représailles. Habituellement, la CEDH raisonne *in croncreto* et l'on peut s'étonner qu'elle ait ici raisonné *in abstracto*. De plus, le droit italien est connu pour organiser des mesures de protection en faveur des repentis (les fameux *pentiti*) et l'on pourra encore s'étonner que la CEDH n'en parle pas.

b) La Cour de Strasbourg ne se place pas seulement sur le terrain de la technique juridique. Elle invoque aussi un argument fondé sur la *philosophie des fonctions de la peine*. Elle considère que le système italien sacrifie le principe de resocialisation qui, dit-elle, est prééminent même pour le condamné à une peine perpétuelle, que l'on raisonne en droit européen[11] ou en droit italien qui organise une participation active du condamné au programme individuel de rééducation (§ 111). La CEDH invoque même une décision de la Cour constitutionnelle italienne en date du 4 février 1966 qui « élève la fonction de rééducation de la peine au rang des principes constitutionnels » (§ 38)[12]. Il est vrai que très récemment la Cour constitutionnelle italienne vient, contre toute attente, de changer de position : par une

---

[9] CEDH, gr. ch. 9 juillet 2013, *Vinter c./ Royaume-Uni*, n° 66069/09, D. 2013, p. 1748, obs. Léna ; ibid p. 2081, note J.F. Renucci *ibid*, 2014, p. 1243, obs. J.P. Céré.

[10] CEDH, 26 avril 2016, *Murray c./ Pays-Bas*, D. 2016, p. 1542, obs. J.F. Renucci ; AJ pénal 2016, p. 322, obs. Voudelé et D. Van Zyl Smit ; Dr. pénal 2016, n° 120, obs. V. Peltier ; Rev. Sc. Crim. 2016, p. 582, obs. D. Roets ; Rev. Pénit. Dr. Pén., 2016, p. 425, obs. J.P. Céré.

[11] Aff. Murray, précité, § 111.

[12] Plus loin, l'arrêt *Viola* invoque des arrêts plus récents de la Cour constitutionnelle italienne insistant sur la finalité de resocialisation de la peine, v. not. arrêt n° 149 du 11 juillet 2018, cité, § 43.

décision du 23 octobre 2019, elle pose le principe de l'inconstitutionnalité de l'article 4 bis précité en considérant qu'il ne peut exister de présomption irréfragable de dangerosité pour un mafieux refusant de collaborer avec la justice et/ou la police.

Or cette vision strasbourgeoise de la peine est trop étroite car il n'est contesté par personne que la peine est également rétributive et dissuasive, et qu'elle doit notamment viser le public et les victimes[13]. On conviendra aisément que ces fonctions classiques de la peine valent encore plus quand les faits sont graves, ce qui est bien le cas en l'espèce et d'ailleurs la CEDH elle-même reconnait que la criminalité mafieuse constitue « un phénomène particulièrement dangereux pour la société » (§ 130).

De plus, ne peut-on pas soutenir que la rétribution et la resocialisation se rejoignent ? Dans la rétribution, il y a un aspect réparateur au profit de la société, victime des crimes commis par les délinquants et l'on peut rappeler cette phrase que « le criminel paye sa dette à la société par sa peine ». Or quelle meilleure réparation que celle qui consiste pour le malfaiteur à collaborer avec la justice ?

On ajoutera encore, de façon voisine, que la CEDH, dans son arrêt Viola, semble commettre une erreur de raisonnement en prétendant qu'il devrait être possible de bénéficier d'un aménagement de peines tout en refusant de collaborer avec la justice au motif qu'un tel refus « détermine une présomption irréfragable de dangerosité » (§ 127) : il faut rappeler en effet qu'un tel refus entraine un refus de socialisation, un refus d'utiliser le meilleur moyen pour réintégrer la société.

Ainsi la collaboration avec la justice permet bien la resocialisation du condamné. Et en même temps, elle aide la police et la justice à pénétrer dans le milieu mafieux. La Cour constitutionnelle n'a pas manqué de dire que « dans le contexte de la lutte contre le crime organisé », la technique italienne « représente un outil capital pour le travail des autorités de poursuite » (§ 39 de l'arrêt Viola)[14].

---

[13] CEDH, 20 février 2007, *Zeynep Ozcan c./ Turquie*, n° 45906/99, § 45 – 3 février 2015, *Hutchinson c./ Royaume-Uni*, n° 57592/08, § 42 – 25 janvier 2018, *Sidiropoulos et Papakostas c./ Grèce*, n° 33349/10, § 95.

[14] Cour constitutionnelle, décision n° 313 du 4 juillet 1990.

7. En définitive, la CEDH, avec de bons sentiments, a nui grandement à l'efficacité de la lutte contre le fléau épouvantable que représentent les crimes mafieux. Marquant son opposition à l'opinion majoritaire, le juge polonais Wojtyczek, dans son opinion dissidente avait proposé que la Cour applique le concept (qu'elle avait créé auparavant) de marge nationale d'appréciation en application duquel elle avait enseigné que « le choix par un Etat d'un système de justice pénale, y compris le réexamen de la peine et les modalités de la libération, échappe en principe au contrôle de la Cour »[15].

Une belle occasion manquée par la Cour de Strasbourg ! Et c'est d'autant plus grave que, suite à l'arrêt *Viola*, ce ne sont pas moins de 12 requêtes analogues qui viennent d'être déposées devant la Cour européenne ! Les magistrats italiens seraient-ils morts pour rien ? On peut le craindre[16].

---

[15] CEDH, 8 juillet 2014, *Harakchiev et Tolunov c./ Bulgarie*, n° 15018/11 et 61199/12, § 250.

[16] V. aussi de façon voisine, J. Pradel, « En hommage aux magistrats Chinnici, Falcone et Borselino et en réponse à la Cour européenne de Strasbourg (aff. *Marcello Viola*, 13 juin 2019) », D. 2019, Point de vue, novembre.

Table des matières

Membres Correspondants

Rodrigo DE SOUZA COSTA
(Professeur à l'Université d'Etat de Rio de Janeiro (Brésil)
Professeur à l'Université Fédérale Fluminense (Brésil)

Julie DESROSIER
Professeure à l'Université de Laval (Canada)

Ndiaw DIOUF
Professeur à l'Université Cheikh Anta Diop de Dakar (Sénégal)
Doyen de la Faculté des sciences Juridiques et Politiques

Joseph A. HADDAH
Avocat au barreau de Beyrouth (Liban)

Margarida GARCIA
Professeur à l'Université d'Ottawa (Canada)

Gustavo GARIBALDI
Professeur à l'Université de Buenos-Aires (Argentine)
Magistrat

Aleksandras GONČARKO
Professeur à l'Université Mykolas Romeris (Lituanie)
Avocat

Audrey GUINCHARD
Professeur à l'Université d'Essex (Royaume-Uni)

Christian JAËGER
Professeur à l'Université de Bayreuth (Allemagne)

Manon JENDLY
Professeur à l'Université de Lausanne (Suisse)

Ahmed KHALIFA

Professeur à l'Université Ain Shams du Caire (Egypte)

André KUHN

Professeur à l'université de Neuchâtel (Suisse)

Katalin LIGETI

Professeur à l'Université du Luxembourg (Luxembourg)

Ghislain david LUKOJI K

Professeur à l'Université de Gbadolite (République Démocratique du Congo)

Luca LUPARIA

Professeur à l'Université de Rome 3 (Italie)

Valérie MALABAT

Professeur à l'Université de Bordeaux (France)
Directrice de l'Institut de sciences criminelles et de la justice

---

Carlos Alberto MAHIQUES

Président de chambre du Tribunal de Cassation pénal, Buenos Aires (Argentine)
Professeur à l'Université de Buenos Aires

Mostefa MAOUENE

Professeur à l'Université Sidi belabbès (Algérie)

Anabela MIRANDA RODRIGUES

Professeur à l'Université de Coimbra (Portugal)
Doyen de la faculté de droit

Yvan MONTOYA
Professeur à l'Université Pontificale Catholique du Pérou à Lima (Pérou)

Philomene NASR
Professeur à l'Université Libanaise (Liban)
Doyen de la Faculté de droit

Nicky PADFIELD
Professeur à l'Université de Cambridge (Royaume-Uni)

Théodore PAPATHEODOROU
Recteur de l'Université du Péloponnèse (Grèce)

Hugues PARENT
Professeur à l'Université de Montréal (Canada)

Priit PIKAMÃE
Président de la Chambre criminelle à la Cour Suprême d'Estonie (Estonie)

Xavier PIN
Professeur à l'Université de Lyon 3 (France)

Jean PRADEL
Professeur émérite de l'Université de Poitiers (France)
Président honoraire de l'Association Française de Droit Pénal

Pierre RAINVILLE
Professeur à l'Université de Laval (Canada)

Joan Miquel RASCAGNERES
Avocat au Barreau d'Andorre (Andorre)
Ancien Bâtonnier
Ancien Membre du CPT (Conseil de l'Europe)

Eylem Aksoy RETORNAZ
Professeur à l'Université de Galatasaray (Turquie)

Jean-Christophe SAINT-PAU
Professeur à l'Université de Bordeaux (France)
Doyen de la faculté de Droit

Altin SHEGANI
Professeur à l'Université de Tirana (Albanie)
Doyen de la Faculté de droit

Yuji SHIRATORI
Professeur à l'Université d'Okkaido (Japon)

Rosaria SICURELLA
Professeur à l'Université de Catania (Italie)

Florin STRETEANU
Professeur à l'Université de Cluj-Napoca (Roumanie)
Doyen de la Faculté de Droit

Anas TALBI
Professeur à l'Université de Marrakech (Maroc)
(Président du groupe Marocain de Droit Pénal)

Tudorel TOADER
Professeur à l'Université de Lasi (Roumanie)
Doyen de la Faculté de droit
Membre de la Cour constitutionnelle

Hongyu WANG
Professeur à l'Université de Hainan (Chine)

Xiaowei ZHANG
Professeur à l'Université de Shangai (Chine)

Structures éditoriales du groupe L'Harmattan

L'Harmattan Italie
Via degli Artisti, 15
10124 Torino
harmattan.italia@gmail.com

L'Harmattan Hongrie
Kossuth l. u. 14-16.
1053 Budapest
harmattan@harmattan.hu

L'Harmattan Sénégal
10 VDN en face Mermoz
BP 45034 Dakar-Fann
senharmattan@gmail.com

L'Harmattan Cameroun
TSINGA/FECAFOOT
BP 11486 Yaoundé
inkoukam@gmail.com

L'Harmattan Burkina Faso
Achille Somé – tengnule@hotmail.fr

L'Harmattan Guinée
Almamya, rue KA 028 OKB Agency
BP 3470 Conakry
harmattanguinee@yahoo.fr

L'Harmattan RDC
185, avenue Nyangwe
Commune de Lingwala – Kinshasa
matangilamusadila@yahoo.fr

L'Harmattan Congo
67, boulevard Denis-Sassou-N'Guesso
BP 2874 Brazzaville
harmattan.congo@yahoo.fr

L'Harmattan Mali
ACI 2000 - Immeuble Mgr Jean Marie Cisse
Bureau 10
BP 145 Bamako-Mali
mali@harmattan.fr

L'Harmattan Togo
Djidjole – Lomé
Maison Amela
face EPP BATOME
ddamela@aol.com

L'Harmattan Côte d'Ivoire
Résidence Karl – Cité des Arts
Abidjan-Cocody
03 BP 1588 Abidjan
espace_harmattan.ci@hotmail.fr

Nos librairies en France

Librairie internationale
16, rue des Écoles
75005 Paris
librairie.internationale@harmattan.fr
01 40 46 79 11
www.librairieharmattan.com

Librairie des savoirs
21, rue des Écoles
75005 Paris
librairie.sh@harmattan.fr
01 46 34 13 71
www.librairieharmattansh.com

Librairie Le Lucernaire
53, rue Notre-Dame-des-Champs
75006 Paris
librairie@lucernaire.fr
01 42 22 67 13

www.ingramcontent.com/pod-product-compliance
Lightning Source LLC
LaVergne TN
LVHW010948061026
849535LV00006B/1623
9782343215181